臺灣水庫治理
翡翠水庫的經驗

姚祥瑞　著

蘭臺出版社

推　薦　序

　　全球水資源正面臨不足困窘，水資源已成為國際組織絞盡腦汁欲解決的全球議題。觀諸世界各國雖投入無數資源，以解決水資源問題，水資源問題仍無法有效解決，並列入全球五大風險議題之一。國內水資源正面臨開發困窘，蓋臺灣的水資源政策推動多年，早期主要以水庫興建為主，近些年來相關部門雖戮力於其他水資源開發，仍無法改變國內主要水資源來源係水庫蓄水的事實。

　　臺灣從北到南均建有大型水庫，多為兼具灌溉、發電、日常用水，甚而觀光等多目標功能，北部地區則有翡翠水庫及石門水庫以擔負供水重責；其中又以翡翠水庫肩負更為吃重的供水任務。翡翠水庫從規劃、設計到興建完成均由國人包辦，是國內唯一單目標供水的大型水庫，營運至今已滿 30 年。翡翠水庫 30 年來營運，滿足了大臺北地區民生用水需求，不僅達成當初供水無虞的興建目標，尚且行有餘力得以扮演供應他縣市用水的支援角色。

　　國內環保意識興起後，就再也沒有大型水庫的興建；即使進行規劃，最後亦無疾而終，包括：美濃水庫、坪林水庫等皆如此。既然新水庫興建已遇瓶頸，就須妥當維護原有水庫，始能擁有永續的水源。因之，舊有水庫的治理成功與否就顯得異常重要，此時探討水庫治理—「臺灣水庫治理：翡翠水庫的經驗」的著作完成，即甚具意義，它是結合理論與實務的重要著作，從公私協力、公民參與及跨域治理等角度，以探討分析翡翠水庫之治理作業，並以「生態」、「水土保持」、「水源維護」、「環境景觀」、「教育宣導」及「亢旱」等六大業務類型，以為分析構面。以治理的性質言之，已可涵蓋國內水庫的主要治理面向。由於作者長期於翡翠水庫任職，對水庫業務甚為熟稔，書中見解頗稱

深入，可供有司者推動業務之參考；尤其於北臺灣最大亢旱期間，渠兼任臺北翡翠水庫管理局新聞聯繫及發言人職務，得以參與決策的擬定，對事件始末更能精準詮釋和提出諸多發人深省之看法。

　　該著作主要以水庫治理為研究主軸，為國內首部以多層治理構面，有系統探討水庫的治理問題。從資料來源觀之，相關公部門首長從意見到資料的提供協助甚多，這是本著作除具學術研究價值外，亦極具實務參考之處，著有嘉許者在此。

紀俊臣

銘傳大學社會科學院

2017.11

自 序

　　翡翠水庫正式營運已 30 年了，當初政府規劃興建時，反對聲浪幾已淹沒其他意見，如今卻已成為大臺北地區最重要的水源，思前觀後豈不令人唏噓！水庫興建屬於水資源政策一環，在環保意識高漲下，臺灣要興建大型水庫解決水資源問題幾已不可能，在人口不斷增長需水迫切下，水資源政策面臨嚴峻挑戰，越發使現有水庫永續經營顯得重要。

　　翡翠水庫隸屬臺北市政府，為市府一級機關，當初思考翡翠水庫管理層級時，即顧慮翡翠水庫的重要性，為避免過多層級的非專業性干擾，始有列為一級機構構想，臺北翡翠水庫管理局先於 1986 年 9 月成立，當時翡翠大壩尚未竣工，直至 1987 年 7 月 1 日始正式營運，至 2017 年止已營運 30 年。觀其治理成效不僅是一個地方政府的資源能力，尚須各級政府的合作甚而公民的參與使能畢其功，此亦為本研究「治理」之精義所在，藉此研究，嘗試將翡翠水庫推動治理的經驗忠實呈現，若能激起水庫議題的研究，本書即有拋磚之效。

　　回顧翡翠水庫的治理決策，歷經翡翠水庫管理機構及集水區主管機關等多位首長的努力奉獻，始能成為國內水庫治理典範，包括前局長郭瑞華先生的大開大闔做法、康世芳及李公哲二位局長的穩定經營、劉銘龍局長的巧思治理、謝政道局長的創新推動等，皆使翡翠水庫累積成果，除此，臺師大前校長黃生教授的鍥而不捨精神，成為推動翡翠水庫與學術機構生態調查及水資源生態教育合作的重要推手。

　　本研究能順利完成，主因於有關的政府機關首長及相關人員的大力協助，其中臺北翡翠水庫管理局謝政道局長及臺北水源特定區管理局周文祥局長，不但熱心說明且協助提供研究所需資料，僅此致謝。

另外，本研究過程亦獲得先後擔任翡管局長及北水處長的郭瑞華先生、前北水局長李鐵民等協助，以及前中興工程科技研究發展基金會執行長姚長春先生的熱誠相助，使研究順利進行。

　　研究過程中恩師紀俊臣教授給予意見，紀教授現為銘傳大學社會科學院長，百忙中仍積極給予指導，獲益甚多！

姚祥瑞

謹致於臺北市立大學公共事務系

2017.11

目　次

第十章　結論

圖表目次

一、表目次

二、圖目次

第一章　緒論

　　臺灣地狹人稠，用水需求量大，由於地形因素儲水不易，自 1950 年代起至 1990 年代止，國內分別以建水庫方式，供作為民生、工業、灌溉等用水來源，水庫設施成為重要蓄水方式，惟自 1990 年代起國內環保意識日益高漲，保護家園反水庫興建的聲浪使得水庫興建政策面臨停滯，在無法興建新水庫的環境下，已有的水庫如何永續經營，就成為治理的一大課題。目前臺灣地區實際運轉且有營運統計資料之公告水庫計有 95 座，主要水庫則有 40 座。[1]本研究以北部地區最大的翡翠水庫治理經驗為研究之標的，並與石門水庫比較，[2]本章內容則包括研究動機與目的、研究方法、名詞界定與研究範圍、水庫治理文獻回顧與探討、訪談構面設計、研究架構流程及章節安排等面向。

---

[1] 經濟部水利署（2015）。104 年蓄水設施水量營運統計報告（額外增補之報告），E4，取自：經濟部水利署各項用水統計資料庫 http://wuss.wra.gov.tw/annuals.aspx

[2] 翡翠水庫設計總容量 4.06 億立方公尺，為北部地區容量最大之水庫，國內僅次於設計總容量 7.48 億的曾文水庫。石門水庫設計總容量則為 3.09 億立方公尺，國內第三大水庫，取自：經濟部水利署網站 http://www.wra.gov.tw/ct.asp?xItem=11775&ctNode=1945 及經濟部水利署北區水資源局網站 http://www.wranb.gov.tw/ct.asp?xItem=2573&ctNode=703&mp=5.

第一節　研究動機與目的

研究動機與目的分述如下

壹、研究動機

翡翠水庫為北臺灣重要水庫，蓄水量規模為臺灣第二大，供水人口達 600 萬人以上，約佔全國四分之一人口，[3]翡翠水庫自 1984 年 6 月初期蓄水至 2015 年底止總淤積量約為 2,542.9 萬立方公尺，平均年淤積量為 80.7 萬立方公尺，尤其近 5 年（2011 至 2015）年平均淤積量僅約 39.2 萬立方公尺，使現有蓄水總容量仍保有 93.7 ％[4]，相較於國內其他水庫，翡翠水庫的防淤減淤工作成效顯著，管理與治理經驗確實值得探討。

除了業務面的減淤工作，面對乾旱之應變及支撐能耐，相較其他水庫言，更是令人印象深刻，以北部地區近年乾旱時間 2011 及 2013 為例，2011 年乾旱時翡翠蓄水量仍有 92%，然而從北至南的其他主要水庫包括石門、寶山第二、德基及曾文等均無一倖免的產生旱象。同為北部地區大型水庫的石門水庫，2013 年更因水庫水位持續下降，而於 2 月 18 日成立旱災災害緊急應變小組。南部地區亦因水庫水情吃緊，南水局及水利署同於 2 月 25 日分別成立緊急應變小組，中部水庫水情部分水利署亦於 3 月 5 日召開第一次供水檢討議

---

[3]　臺北翡翠水庫管理局（2016）。翡翠水庫位於新北市，為什麼是由臺北市政府管理？取自：臺北翡翠水庫管理局網
　　http://www.feitsui.gov.taipei/ct.asp?xItem=9336244&ctNode=31508&mp=122011。

[4]　臺北翡翠水庫管理局（2015）。淤積調查水庫容量及淤積量一覽表，取自：臺北翡翠水庫管理局網站 http://www.feitsui.gov.taipei/ct.asp?xItem=117240&CtNode=31441&mp=122011。臺北翡翠水庫管理局書面工作報告，臺北市議會公報 第 103 卷 第 1 期，（2015：82）

時，為及早因應乾旱，中水局應於該日成立應變小組。[5]

即使回朔 2002 年北部亢旱情景，桃園以北兩座主要水庫「翡翠」與「石門」雖枯旱異常；但亢旱過程翡翠水庫卻仍支援石門水庫供水區，由於翡翠水庫原水調度的成功，使北部二座水庫均能撐到颱風降臨，[6]若非翡翠水庫苦撐，及民眾配合節約用水以共體時艱，大臺北民眾將處於更為嚴峻的限水情勢。

翡翠水庫由臺北翡翠水庫管理局（以下簡稱翡管局）管轄，隸屬於臺北市政府，以翡管局現有預算額度及人員編制，要獨立做好包括 303 平方公里集水區在內的防淤減淤等管理工作，有其結構上困難，而亢旱時操作運轉順暢，背後顯示的努力是平時水土保持治理的成效及民眾正確用水觀念的配合，這些前置治理工作，必須有賴其他機關（構）、民間團體、個人及學術機構的共同合作始能做好，而前述翡管局以外的公、私團體究竟在翡翠水庫合作治理上扮演了什麼角色，均使個人產生極強的研究動機。

貳、研究目的

在全球治理思潮下，世界各國水資源治理均面臨極端的環境變化，包括國內社會、政治環境變化下的治理議題的增加，以及氣候變遷帶來的治理變數，使得攸關國內水資源成敗的水庫治理亦起了變化，歷任水庫決策者均無法以現狀為滿足，在多年的治理下，隨著前述環境的變化，原推動的業務亦會有修正的地方，隨著水庫年

---

[5] 張炎銘（2013），「2013 年 3 月 22 日－2013 年乾旱事件」，取自：經濟部水利署電子報，http://epaper.wra.gov.tw/Article_Detail.aspx?s=BF4542E5DB2AF1B2。

[6] 姚祥瑞（2016）。臺灣的六都與中央權力互動參考-府際治理觀點（220），蘭台出版社。

歲增加，會有新的問題需要解決，面對全球環境的極端變遷，翡翠水庫治理就應有更好的反思與精進作為，不但可供學術研究者後續研究參考，翡翠水庫治理的經驗，亦可作為其他水庫治理的借鏡，這是本研究的目的所在。

第二節　研究方法、名詞界定與研究範圍

　　研究方法能為本研究找出結果，不同的研究方法會影響呈現的結果，名詞的概念若混淆不清，將毀損科學研究的價值，須加以釐清，以確定研究內容。了解本研究範圍則可明瞭經篩選的業務職掌屬性，聚焦於篩選的議題。

壹、研究方法

　　本研究採取多種資料蒐集方法，包括藉由以往水庫治理文獻的蒐集、與其他水庫之研究比較及深度訪談等。採取文獻分析在於了解以往水庫治理議題的研究情形及政府管理面的看法，而比較研究則將其他水庫與翡翠做一比較分析，始能得出客觀結果。深入訪談則能找出文獻以外的個人深入看法，補足文獻論點的不足，說明如下：

一、文獻分析法

　　文獻分析法（literature review）為資料收集的「技術」（techniques），本研究針對以往水庫治理議題探討的期刊、論文、專書、研究報告、政府新聞稿等，及政府出版品、市議會書面工作報告等蒐集分析，

作為本研究之佐證。

二、比較研究法

比較研究法(comparative method)，也有人將之視為一種途徑（approach），而稱之為比較研究途徑。本研究主要與國內其他水庫的治理比較，得出其治理相同性與差異性。

三、深度訪談法

深度訪談主要分為三種類型，依其訪談內容拘束性程度依序分為標準化開放式訪談（the standardize open-ended interview）、訪談指引法（the interview guide approach）與非正式對話式訪談（the informal conversational interview）。「非正式對話式訪談」的結構鬆散及缺乏系統化，本研究不採取。提綱設計時難免無法周全性考量的特性，若採「標準化開放式訪談」則因過於制式化，將因前述特性而凸顯無法窺知議題全貌的缺點，本研究亦不採取。「訪談指引法」則可視訪談情境增加訪談面向，或就原設計問題，更深入探討，可彌補前述二種訪談類型之不足。本研究將於訪談前先設計訪談提綱，並對主管之政府機關首長、學術機構參與人員、私人團體及志工等共同合作者進行深度訪談（In-depth Interview）。

貳、名詞界定

本研究名詞須做界定，包括「水庫治理」、「第三部門」及「亢旱」等，以確定研究內容及範圍：

一、「水庫治理」的界定

「治理」與「管理」在水庫研究中常混為一談，主因在於國內

外各學說對「治理」概念的定義莫衷一是，聯合國全球治理委員會（Commission on Global Governance）因而對治理的概念進行了界定，認為「治理」是指「各種公共的或私人的個人和團體管理其共同事務的諸多方式的總和，是使相互衝突的或不同利益得以調和，並採取聯合行動的持續過程」，這篇報告中，將「治理」界定為各種「公共的或私人的個人和機構」管理其共同事務之諸多方式的總和，[7]該定義被認為具有很大的代表性和權威性。本研究即以聯合國全球治理委員會的「治理」定義，將「水庫治理」界定為水庫管理機構與公部門、非公部門、私團體或個人共同合作解決問題或推動業務的方式。

二、「第三部門」界定

「第三部門」用語一般認為源自於 1970 年代的美國，國內外學者對第三部門（The third sector）定義並未完全統一，普遍看法認為第一部門（Public sector，或稱為公部門）與第二部門（Private Sector，或稱為私部門）之外，既非政府單位、又非一般民營企業的事業單位之總稱。依前述普遍看法，只要不屬於前述兩類部門的團體，均屬於第三部門，如此，舉凡非政府組織（NGO）、非營利組織（NPO）、社團法人、財團法人、基金會等不同類型均包括在內，其中本研究涉及的公立大學部分，是否歸類於第三部門，或歸類於第三部門何種類型則較不明顯，本研究主要研究機構之一的「臺北水源特定區管理局」（以下簡稱水源局）在「經濟部水利署臺北水源特定區管理

---

[7]　Ingvar Carlsson et al.（1995），The Commission on Global Governance,1995, Our Global Neighborhood: The Report of the Commission on Global Governance. Oxford University Press.

局與 NGO 團體公私協力交流」第 5、6 次會議中，分別將國立臺灣
師範大學（以下簡稱臺師大）、國立政治大學等公立大學納入非政府
組織平台，[8]政府機關將國立大學納入非政府部門組織，即作為本研
究將公立大學歸類為第三部門「非政府組織」類型的依據。

三、「亢旱」界定

依據「經濟部水利署災害緊急應變小組作業要點」有關旱災部
分開設時機規定：「一級狀況經濟部應成立緊急應變小組，如須跨部
會協調辦理救災工作時，應陳報中央防災會報同意後成立中央災害
應變中心」。本研究「亢旱」界定，即以經濟部成立緊急應變小組時
即達「亢旱」標準。至於文內亦會有「抗旱」同時出現，與「亢旱」
意義不同。

參、研究範圍

主要以翡翠水庫管理機構的翡管局業務為主，主要業務依其業
務職掌包括：[9]

安全檢查：掌理大壩及附屬設施之安全管理與檢查，技術資料
簿冊之建立、保管與更新，水庫及壩之安全評估，緊急措施計劃及
大壩與附屬設施維護改善之計畫事項。

水庫操作：掌理水庫操作運轉，自來水原水之供應，翡翠電廠
之營運，水文、文質、水庫淤積等資料之觀測、調查與分析及洪水

---

[8]　臺北水源特定區管理局（2014），經濟部水利署臺北水源特定區管理局與 NGO 團體公私協力
　　交流第 5 次會議紀錄（1-2）。同上，第 6 次會議紀錄，2014：2-3。
[9]　臺北翡翠水庫管理局，業務職掌，取自：臺北翡翠水庫管理局網站
　　http://www.feitsui.gov.taipei/lp.asp?ctNode=31416&CtUnit=7001&BaseDSD=7&mp=122011。

期間與石門水庫聯合運轉事項。

　　經營管理：掌理水庫及水庫區之經營管理，各項設施之維護改善與工務行政及集水區治理之協調事項。

　　公共關係：綜理公關股參訪接待、環境教育等。

　　前述業務以推動方式大致可分為以管理局預算、人力獨立進行以及與管理局以外的公、私團體或個人共同合作完成等二種。本研究已將「水庫治理」意義界定，研究的範圍即聚焦於翡管局與其他公、私團體或個人，彼此合作共同治理部分，並以翡管局、水源局歷年對臺北市議會書面工作報告；以及歷年出版的年刊、年報及其他出版品、記載雙方合作項目之文獻等，作為本研究部分題材，有關治理的合作項目則涵蓋生態、水土保持、水源維護、環境景觀、教育宣導及亢旱等類型。至於資料時間涵蓋 1999 年至 2017 年，為便於分析比較，部分資料會較前述起始時間早，另統計資料至研究截稿止，受限機構出版時間，部分則引用至 2016 年底，一併敘明。

第三節　水庫治理文獻回顧與探討

　　公、私團體合作的治理研究發展不算早，但「治理」研究文獻數量卻猶如浩瀚無垠，相較於以「水庫治理」為名的研究文獻，則後者研究數量卻猶如寥若晨星般的稀奇可貴，雖如此，本部分仍蒐集 10 年來水庫治理主要文獻，將其研究面向、作者、發表年及論文名稱及研究主要內容等做一回顧如下表：

表 1-1 近十年水庫主要治理文獻研究面向、作者、發表年、論文名稱及主要內容

研究層面	作者	發表年暨論文名稱	研究主要內容
生態保育	陳亞婷	2010 初探石門水庫集水區保育治理工程生態保育措施推動歷程及參與觀察者環境教育學習行為模式之轉變	以參與觀察者角色探討推動歷程、分析，研討角色互動及研究者環境教育學習之轉變。主要以收集之文件、訪探紀錄進行分析，並輔以 who-idea 思議方法交叉檢核佐證之
棲地保育	林信輝等	2009 水庫集水區環境棲地管理與治理保育對策之研究	以國內石門水庫與德基水庫為研究對象，分別探討其道路、保安林、原住民保留地等管理策略與自然復育、工程治理、植生導入等治理保育方法，提出管理與治理之最佳對策與建議方案，作為水庫集水區環境棲地管理與治理保育執行之參考。
水土保持	財團法人成大研究發展基金會	2007 財團法人成大研究發展基金會的曾文水庫集水區整體治理規劃	主要針對集水區內的溪流、崩塌地、土石流潛勢溪流、農地、道路、重要聚落及防砂壩進行調查、蒐集、評估，及中下游河道、水庫庫區於未來之沖淤趨勢，研提治理對策，最後並評估整體的經濟效益及土砂整治率。
	洪繼懋	2008 石門水庫集水區崩塌地保育治理管理系統之研擬	以 Borland 的 Delphi 為主要的開發程式，建立一套石門水庫集水區崩塌地資訊管理系統，彙整歷年崩塌可能發生原因、可行治理方案、影響治理因子及計算治理之優先順序崩塌地保育治理資料，提供設計及施工時之參考，建立管理系統之功能及資料庫架構，促使資料儲存與再利用，達成管理之效益。
	何幸娟等	2012 石門水庫集水區崩塌時空變遷與保育治理成效探討	評析「石門水庫及其集水區整治計畫」崩塌地時空變遷歷程以及整治工程進駐前後保育治理成效。
生態保育與水土保持	陳文欣	2010 水庫集水區整體治理規劃之探討―以德基水庫為例	針對其水庫集水區內整體性規劃工作內容九大項目進行探討，提供臺灣未來水庫集水區相關整治之建議。
	李佳純	2016 石門水庫集水區	利用各式評估方式，追蹤更新石門水庫

		整體治理規劃成效評估	集水區治理執行成效。採取問卷調查針對災害整治、生態保育及人文提升三部分設計，利用問卷數據分析得出評估治標，將指標進行驗證，藉以評估石門水庫經由整治後對於土砂運移及生態復育等效益，得知石門水庫治理其成效是否持續維持，作為後續相關單位治理參考依據。
保護帶管理	葉昭憲等	2010 水庫保護帶土地取得方式評估研究	針對水庫保護帶土地管理，提出土地取得方式評估參數及標準，透過問卷調查、階層分析程序法(Analytic
計畫探討	侯耀棠	2013 阿公店水庫延壽對策之研究。以高雄阿公店水庫為例	研究其為延長使用壽命之對策所作之更新計畫，包括水庫淤砂浚渫採放乾水庫陸挖外運方式、每年汛期採空庫防淤操作、降低溢洪管高程、水文及淤積監測、集水區治理等方法。
空間管理	江昌宇	2014 水庫集水區空間規劃策略之研究-以烏山頭水庫風景特定區為例	分析當前水庫集水區治理癥結，反思臺灣對於水庫集水區特殊空間的管制方式及其內涵，並針對國內外（臺北水源特定區、美歐澳）對於水資源管理、集水區治理、集水區土地管理之各種規劃模式做出分析以及彙整，進而提出空間規劃上的解決策略。
土地佔用	張淑娟	2013 曾文水庫集水區內國有土地佔用問題之研究	主要在探討曾文水庫集水區內土地使用現況及國有土地被占用之情形。分析曾文水庫集水區內土地管理制度和相關法令，評估如何落實集水區的土地管理及保育與防災等，確保曾文水庫營運的功能，有效提升南部區域水源備載即常態供水能力，並使曾文水庫集水區自然生態環境資源能永續發展。
	呂宗盈、張淑娟等	2015 水庫集水區國有土地占用問題之研究-以曾文水庫為例	主要探討曾文水庫集水區內土地使用現況及國有土地被占用情形，分析曾文水庫集水區內目前土地管理制度與相關法令，進而評估如何落實集水區之土地管理、保育及防災。
人文探	孫稚	2012 流域治理與土地	藉由災變的反省，重新思考人與自然的

索	堤、顏愛靜等	倫理之研究－以石門水庫上游集水區的原住民族部落為例	相處之道，闡釋土地倫理在流域治理中扮演的重要角色，藉由環境歷史的脈絡分析，連結社會與生態、人文與自然間不可分割的雙連關係，以提出符合在地資源特性與社會脈絡的永續治理策略。
治理政策	傅小芝	2012 建構以部落為基礎之流域資源治理策略	是以以新竹縣尖石鄉石門水庫集水區為例。分析治理政策、相關法規範及個案，採個案居民深度訪談、觀察的田野調查等方式，檢視個案符合治理共用資源制度有利原則及達成之可及性主客觀因素，進而探討可能面臨的課題並研析解決方案或策略，作為政府在部落地區實施共同治理流域資源體制的參考。
政風探討	陳柏宇	2012 政策執行中跨域協力預防貪腐之探討-以「曾文南化烏山頭水庫治理及穩定南部地區供水計畫」為例	採質性研究，研究方法以文獻分析法及深度訪談法，以跨域協力中擔任各種不同角色之人員為受訪對象，並提出四點建議供管理參考。

資料來源：本研究整理

　　前述研究層面包括生態、棲地、水土保持、保護帶管理、土地占用、治理政策、計畫探討、空間管理、人文及政風探討等，層面雖廣，但針對翡翠水庫治理的研究部分則未見文獻。近十年來水庫相關治理文獻研究出現之國內水庫以曾文、石門、德基、烏山頭及阿公店等為主，其中石門水庫分別被研究 8 次，曾文水庫出現 4 次，德基有 2 次，烏山頭與阿公店等水庫各 1 次。若以國內水庫文獻年、研究議題及研究水庫等區分，研究情形可顯示於下表 1-2。

表 1- 2　2007-今水庫治理文獻研究情形

文獻年	研究議題	研究水庫
2007	曾文水庫集水區整體治理規劃	曾文
2008	石門水庫集水區崩塌地保育治理管理系統	石門
2009	集水區環境棲地管理與治理保育對策	石門、德基
2010	水庫保護帶土地取得方式評估	石門
	保育治理工程生態保育措施推動歷程及參與觀察者環境教育學習行為模式	石門
	水庫集水區整體治理規劃之探討	德基
2012	政策執行中跨域協力預防貪腐之探討	曾文
	石門水庫集水區崩塌時空變遷與保育治理成效探討	石門
	流域治理與土地倫理之研究－以石門水庫上游集水區的原住民族部落為例	石門
	以部落為基礎之流域資源治理策略-以新竹縣尖石鄉石門水庫集水區為例	石門
2013	阿公店水庫延壽對策之研究	阿公店
	曾文水庫集水區內國有土地佔用問題之研究	曾文
2014	水庫集水區空間規劃策略之研究-以烏山頭水庫風景特定區為例	烏山頭
2015	水庫集水區國有土地占用問題之研究	曾文
2016	石門水庫集水區整體治理規劃成效評估	石門

資料來源：本研究整理

第四節、研究架構、流程及章節安排

經由前述各節說明後，本節分就研究架構、流程及章節安排等述之。

壹、研究架構

本研究架構分從全球水資源風險探索、國內水庫治理政策、治理構面過程分析、治理變數影響、治理理論建構及深度訪談等鋪陳如下：

一、全球水資源風險

世界經濟論壇 WEF（World Economic Forum）的全球風險調查，除了全球 29 種風險的說明，也為全球風險下了定義。在分類的全球五大範疇中，「水資源危機」及與之息息相關的「氣候變遷應對失敗」均列入其中。

二、國內水庫治理政策

國內水資源政策產生是經由產、官、學、研各界意見，獲得共識後做為政策主軸及施政策略擬定重要依據，全國水利基本政策暨水資源政策綱領則為水庫治理依循，共分三個階段，隨著階段不同，綱領面向強調重點就不同。

三、治理構面過程分析

本研究治理構面篩選主要以水庫治理成效的兩大標準：優質的「水質」及豐沛「水量」為依據，亦即「質優量豐」的標準，這兩項目標顯示於業務的就是「水質」與「淤積」，水質要好，淤積要少，秉持這兩項水庫治理標準，篩選出有關的本研究構面，包括業務與

六旱二大治理層面。

（一）業務治理

業務治理研究構面依據「水質」與「淤積」標準的達成，篩選出包括生態、水土保持、水源維護、環境景觀及教育宣導等五類型業務構面，述之如下：

1.生態面：生態好壞可以窺知水質良窳，生態與水質可謂息息相關。本研究生態部分以生態基礎調查及棲息地保育等合作業務，與歷年與學術機構的合作過程、成果等，作為生態治理研究分析主軸。合作機構包括臺師大、臺北市立大學（以下簡稱北市大）及國立屏東科技大學（以下簡稱屏科大）等學術機構，以及與行政院農業委員會林務局（以下簡稱行政院農委會林務局）、農委會特有生物保育中心（以下簡稱特生中心）等的跨機關合作。

2.水土保持面：水土保持治理效果直接影響水庫淤積量，本研究部分以集水區造林暨崩塌地治理等二種合作類型作為研究主軸。此部分屬跨機關的公部門合作治理。合作機構包括行政院農林局、臺北縣政府（後改制為新北市政府）、臺北水源特定區管理委員會（後改制為水源局）、臺灣省林務局（後改隸行政院農委會）與臺北自來水事業處（以下簡稱北水處）等。

3.水源維護面：水源維護治理主要影響水庫的水質，本研究部分主要為水源區汙染案件稽查，合作機關包括新北市政府、北水處、水源局、國道高速公路新建工程局（以下簡稱國道新工局）等單位，主要互動機關為經濟部水利署的水源局，為跨機關合作類型。

4.環境景觀面：景觀環境治理呈現管理機構的行政管理面向，也是民眾對機關管理的第一印象，也是主觀印象。本研究部分包括

國內翡翠與石門等二水庫的環境清潔及景觀綠美化、維護暨設施更新等項目，翡翠水庫合作對象包財團法人錫瑠環境綠化基金會，除提供翡管局治理經費協助，並協助景觀、設施等規畫設計工作，石門水庫則多以委託發包方式為之。

　　5.教育宣導面：教育為百年大計，教育宣導效果耗時雖久，卻是正確水資源觀念產生的最有效方式。本研究部分主要為生態導覽解說的合作，合作對象包括私人的個別參與，及臺師大、北市大等學術機構，以及荒野保護協會的合作。

　　（二）亢旱治理

　　由於全球氣候變遷，使國內水庫亢旱機率變高，如何度過亢旱期，已成為水庫治理課題。本研究部分先以個案探討，主要以北臺灣最嚴重的 2002 年亢旱個案的應變過程，包括與中央相關機關的府際配合、平行機關的跨組織合作、學校機構、民間團體及個人的共體時艱，次以非亢旱年與亢旱年支援供水情形，並將翡翠與石門等二水庫比較作探討，分析檢討如何安然度過艱困的亢旱期及衍生的供水區域是否妥適等。

四、治理變數影響

涵蓋颱風期變數及非專業指令變數，簡述如下：

　　（一）颱風期變數

　　國內水庫治理變數包含颱風帶來大雨、驟雨等，致使水庫治理成本增加，效益受到影響，以國內蓄水量前三大水庫言，治理變數的颱風包含：

翡翠水庫：1996 年賀伯颱風、2001 年納莉風災。

石門水庫：1996 年賀伯颱風、2004 年艾利颱風。

曾文水庫：2009 年莫拉克颱風。

前述翡翠水庫等三大水庫碰到的治理變數，由於非單一水庫獨有，本研究仍納入變數面比較。

（二）非專業指令變數

水庫運轉操作依據操作規範，除秉持專業考量外，亦杜絕主觀性的人為判斷，然在過程中偶有非專業指令下達情形，影響正常操作，此種非專業判斷影響水庫正常操作，亦造成嚴重淤積影響水庫壽命。本部分即以實例探討剖析。

五、治理理論建構

以治理概念演進及特點、模式運用等建構本研究所需之相關理論。

（一）概念演進

以聯合國全球治理委員會（Commission on Global Governance）的「治理」觀點及 Bevir & Rhodes 對於治理理論的發展研究等，闡述治理發展過程概念的演進。（2011）

（二）理論、模式的篩選運用

翡翠水庫治理經驗研究範圍涉及政府與第三部門的協力關係、公民參與情形及跨域治理等論述，故本研究理論運用涵蓋前述三個領域。

1. 協力關係：九0年代起，為因應社會多樣性的環境變化，社會議題亦呈現複雜性，於是強調公部門與第三部門協力（collaboration）關係的新治理（New Governance）受到重視。包括 Rhodes 提出治理概念的四個特點及三種國家治理模式、（1996）

Gidron 等分別提出的政府與第三部門的四種模式、（1992） Lewicki 等則更進一步提出信任程度的三個階段，（1996）均為當代研究「政府與第三部門」協力關係的重要論述。

2. 公民參與：新治理運動源自於當代盛行的新公共管理的改革運動，此期間過於強調成本效益的概念，並未能實質解決民眾對公共事務的需求，於是公民積極參與治理的主張被 King 等提出，甚而提出「公民治理」的論述。（1998）本研究公民參與的模式篩選考量，主要以最早最具影響力、規劃者角色、參與計畫程度及與公民社群的合作關係等為主，包括 Arnstein 的公民參與八階梯論，（1969）Irland 的公民參與系統，（1975）Eidsvik 的公民參與模式，（1978）最後為 Cavaye 公民及社群的參與型態，（2004）。

前述協力關係、公民參與等治理的論述模式，由於可適度詮釋翡翠水庫的治理經驗，成為本研究篩選的主要依據。

3. 跨域治理：經由各國實施後的檢視，跨域治理（across boundary governance）在治理面已扮演關鍵性角色，隨著環境變遷，治理研究發展漸趨成熟，國內學者亦針對公、私部門合作類型，另提出四種不同的關係面向，藉以說明跨域治理的各種關係。本研究則從學者提出的跨域治理的互動、運作及結構等三個層面觀點，（李長晏，2012：55-65）（李柏諭：1-39）另建構本研究所需的跨域治理模式，並嘗試以建構之模式強化翡翠水庫治理跨域治理面的論述。

六、深度訪談分析

針對本研究提出訪談構面設計，作為訪談基礎，訪談對象涵蓋

公、私部門人員暨個人，經由深度訪談過程、分析，深化及正確本研究基礎。

　　經由前述架構的分析，將翡翠水庫治理與石門水庫作比較，提出翡翠水庫治理經驗的反思與期許，最後得出研究發現與建議以及未來研究之發展。本研究架構如下：

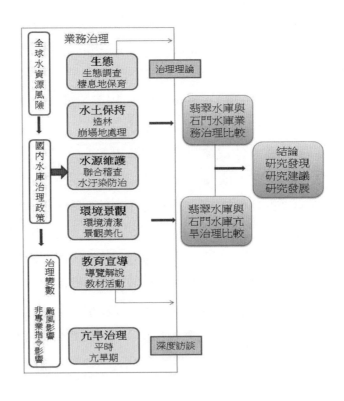

圖 1-1　研究架構
資料來源：本研究繪製

貳、研究流程

　　本研究的治理文獻資料浩大繁瑣，先就治理文獻蒐集，再就水庫治理文獻蒐集瞭解，既有的研究成果、分析使用的研究方法與程序等先做確認。其次建立研究、分析的架構，包括研究架構圖的確立。根據研究設計深度訪談提綱，涵蓋提綱的構面設計、受訪談人篩選及訪談題目擬定、訪談時間安排等，並於調查訪談後完成分析工作；同時進行原始及次級等資料的蒐集，面向包括業務的生態、水土保持、水源維護、環境景觀、教育宣導及亢旱等六構面。最後根據前述的資料蒐集、比較、分析後得出本研究結論。本研究流程如圖 1-2 如下

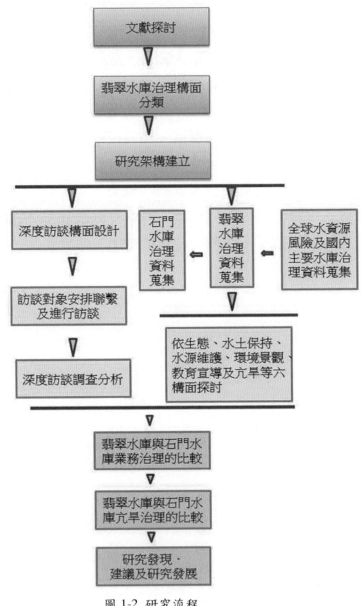

圖 1-2 研究流程
資料來源：本研究繪製

參、章節安排

本研究共分十章：

第一章說明研究動機與目的、研究方法、水庫治理界定、變數與研究範圍、水庫治理文獻回顧與探討以及研究架構、流程及章節安排等。

第二章為水庫治理理論建構。先從治理概念重視因素、治理理論階段性重點、強調公部門與第三部門協力關係等三個層面探討變遷中的治理概念，再以 Arnstein 的公民參與八階梯論、Irland 的公民參與系統、Eidsvik 的公民參與模式及 Cavaye 公民及社群的參與型態等四種模式探討公民參與模式的興起，最後以跨域治理模式、信任為跨域治理的成功基石等探索跨域治理的興起。

第三章為水資源維護與水庫治理。本章先從全球水資源的挑戰、水資源危機引發國際爭端及全球水庫治理與水資源關係等探討全球水資源風險，次以政策綱領引導、保育綱要具體措施暨落實、水庫蓄水範圍使用管理辦法為依循規範及新店溪上游保育治理機制等，探討國內水庫治理現況發展，最後以風災影響及非專業干擾等二部分探討國內主要水庫治理變數影響。

第四章為翡翠水庫治理面向。先提出翡翠水庫治理五個構面及亢旱期應變，作為翡翠水庫治理構面之剖析單元，再以本研究的訪談抽樣途徑、訪談提綱設計等探討深度訪談途徑之運用分析，最後則依五個構面及亢旱應變等剖析翡翠水庫治理可能因素。

第五章為翡翠水庫業務治理現況與效益。先從水源特定區管理機構設置、翡翠水庫管理機構業務重點及治理策略、水源區治理經費權責釐清暨法制化等，探討翡翠水庫的主要治理策略選擇，次以生態、水土保持、水源維護、環境景觀及教育宣導等五個治理構面，探討翡翠水庫業

務治理過程，最後從水質、淤積及供水等三個指標，檢視翡翠水庫治理效益。

　　第六章為翡翠水庫亢旱治理過程與影響。從初期警訊處理、亢旱三階段應變計畫、中央支援臺北市抗旱、亢旱期間的爭議等，探討北臺灣最大亢旱治理過程，再從翡翠水庫亢旱期民眾建議情形、亢旱期間民意調查部分探討北臺最大亢旱期的公民參與，最後從翡翠水庫支援原水角色加重、亢旱後翡翠水庫供水效益的增進作為及亢旱主導權機制修正等，探討北臺最大亢旱影響。

　　第七章為翡翠水庫治理模式探析。分別從業務面及亢旱面等二層面的協力關係、公民參與治理及跨域治理等模式探討翡翠水庫的協力關係治理、翡翠水庫的公民參與治理及翡翠水庫的跨域治理等探析翡翠水庫治理模式。

　　第八章為翡翠水庫與石門水庫業務治理比較。先從石門水庫的業務職掌及五個構面的業務治理歷程等說明石門水庫的治理歷程，再以五個治理構面分別就翡翠水庫與石門水庫生態治理協力關係比較、公民參與治理的比較及跨域治理的比較作探討。

　　第九章為翡翠水庫與石門水庫亢旱治理比較。先就石門水庫亢旱治理歷程、翡翠水庫與石門水庫供水比較等探討石門水庫的亢旱治理暨供水的比較，再就協力關係、公民參與及跨域治理等模式等分別探討比較翡翠水庫與石門水庫亢旱治理協力關係、亢旱治理公民參與及亢旱治理跨域治理。

　　第十章為結論。經由前述各章探討後，提出研究發現、建議及針對未來研究發展，提出增加翡翠水庫的研究層面及納入曾文水庫研究等之期許。

第二章　水庫治理理論建構

　　公、私部門合作治理公共事務的概念，始於尼斯卡南（William.A.Niskanen）1971 年的《官僚與代議政府》（Bureaucracy and Representative Government）一書，該書從理性經濟人假設出發分析官僚機構和官僚行為，提出包括官僚機構間的相互競爭機制、私有市場機制代替公有官僚機構提供某些服務等的重要觀點。此種創新看法，深得當時英國首相柴契爾夫人的賞識，Niskanen 有關私有市場機制代替部分公有官僚機構功能的公共治理觀點開始受到重視，對 1980 年代改革中的英國政府產生了重要影響，成為理論結合實務的具體實踐。隨後治理學說歷經變遷至今，成為解釋公共事務治理的重要理論，本章即從治理理論的三波發展，及跨域治理的興起等探討，並嘗試建構本研究理論。

第一節　變遷中的治理概念

　　早期公共事務「治理」（governance）由政府主導，私部門在公共事務領域，與公部門是屬於依存關係，全然配合地位，合作模式屬於國家立於主導地位的垂直關係模式，（詹中原等，2006：281）

在歷經國外的國際化、自由化及國內的民主化後，「治理」漸跳脫由政府主導公共事務的範疇，治理與純政府主導的差異，在於治理活動範圍較大，而治理過程中政府機構與非政府組織都可扮演重要角色。（Rhodes,1996：652）聯合國全球治理委員會認為「治理」是指「各種公、私團體和個人管理其共同事務的諸多方式的總和，是使相互衝突的或不同利益得以調和，並採取聯合行動的持續過程」，則治理與政府傳統威權統治雖不同，政府卻未完全退出公共事務，而「治理」亦成為世界各國推動具有重塑社會功能的「政府再造」與「行政革新」時的最高指導原則。（Bellamy,2011：78-92 ）（Grindle, 2004：525-548）

壹、治理概念重視因素

分二部分探討如下

一、治理概念受重視原因

「治理」概念的受到重視，在於現代社會面臨國內、外環境的變化，政府既有的組織力量已無法解決日益複雜的公共議題，於是須尋求組織外的力量進行「治理」。具體言之，各國政府重視的理由有以下五點 ：（O' Toole ,1997：46-47）

（一）環境變遷下，公共議題趨於複雜，傳統官僚體系無法滿足民眾需求。

（二）協力治理運作與當時自由主義思潮符合。

（三）在政府將非政府部門觀點納入後，有助於政府人員回應民意代表的政治需求。

（四）當公、私協力的資訊累積，且有效果產生，制度自然形成。

（五）很多公部門業務需依賴跨域合作完成，協力模式即成為機關重視觀點。

二、治理與傳統公共管理的差異

受到全球環境變遷影響，「治理」方式的產生，成為各國重視且有效率解決公共問題的解決途徑。然而政府的業務是否適合與組織外的力量合作甚而替代國家角色與職能，以及政府有無為治理而治理或為逃避政治苛責而為之情形，確實也成為學術研究與實務運作的焦點，「治理」理論經時間演變，可謂適度的詮釋了前述的質疑。

英、美等國在二戰後，不但府際運作已有分權趨勢，公共議題上更以治理取代政府概念，將公共事務的服務與福利的提供者由政府公部門移轉至民間私部門，即藉由其他政府機關、第三部門等的協助，制定或推動政策，其目的為藉由效能與效率的提高，降低政府財政負擔和政府超載的問題，（Bevir & Rhodes,2011：203-217）此種治理即為當代盛行的新公共管理（New Public Management; NPM），在與傳統公共管理比較後，可發現二者差異明顯，尤其新公共管理批評傳統官僚體制已令人民喪失對政府的信賴，在政府龐大財政赤字充斥下，使公共行政成為無能與浪費的代名詞。（Rosenbloom & Kravchuk,2002：21）二者差別顯現在價值、組織結構、對個人的觀點、知識建構的途徑、預算制定的標準、決策及政府機關重心所在等面向，如表 2- 1　所示。

表 2-1 傳統管理與新公共管理之比較

課題	傳統的行政理論	新公共管理
價值	經濟、效率、效能	成本效能、對顧客的回應性
組織結構	組織基本架構採官僚體制理念型	競爭、效法企業
對人的觀點	視民眾為非人的個案、假定人類是理性自利的行動者	顧客
知識建構的途徑	理性-科學的方法	理論、觀察、測量、實驗
制定預算標準	成本利益考量	以績效為基礎、市場導向
決策	所有方案中最佳者的抉擇方案理性-廣博模式	分權化、樽節成本
機關重心	行政部門	行政部門

資料來源： Rosenbloom, D. H., & Kravchuk, R.S. 2002：39.

貳、治理理論階段性重點

治理隨著時間而愈受政府暨研究者青睞，然而治理的理論浩瀚，各家學說依環境、時間的不同而各領一方，依據 Bevir & Rhodes 對於治理理論的發展研究，可觀之治理理論不同時間有階段性的不同重點。

一、國家空洞化議題的階段

第一波治理理論發展，源於國內外環境，「國家空洞化」成為當時期探討議題，當全球化潮流已成勢難擋，「政策網絡」與「網絡治理」即成為該期前後治理途徑的趨勢。「網絡治理」部分成為主流即是因應全球化潮流，將早期的「政策網絡」觀點，進一步推論到轉化為「網絡治理」的結果，使「網絡治理」的概念取代「政策網絡」

觀點，經由概念的演變，復使「網絡治理」猶若組織功能的再更新，此種主張「權力分散」國家與社會雙贏的「網絡治理」觀點，亦讓「公、私協力夥伴」的概念被賦予合理化的地位。（Bevir & Rhodes,2008a：77-91） 由於網絡治理在對國家機關角色功能、權力分配與行為主體等定位上的差異，以致同時出現了「以社會為中心」及「以國家為中心」兩個歧異的發展趨勢。（Marsh,2011：32-48）

前項發展趨勢觀點，事實的反應在 Rhodes 在治理概念的看法上，其認為治理的範圍包括了政府機構與非政府組織，比傳統政府範圍廣泛。其認為此種治理概念有四個特點：（Rhodes, 1996：652-667）

（一）組織間的相互依賴

治理涵蓋了非國家的行動者，比政府的概念更廣泛，國家界限因而改變，使得公、私以及志願部門之間的界限模糊。

（二）持續的互動

雙方互有需求，包括交換資源與協商共同目標，網絡成員之間的互動會正常而持續進行。

（三）賽局的（game-like）互動關係

雙方互動基於信任基礎，透過網絡參與者協商和同意的遊戲規則來約制。

（四）相當程度的自主性

國家基於主權的立場，間接引導網絡，而具互動關係的自組式網絡則不需對國家負責。

Rhodes 的共同治理範圍雖涵蓋公、私雙方，但是政府被民眾期待角色並未遞減，基於政府仍不能逃避應有苛責的論點，即使討論網絡治理其意在鼓勵社會資本的形成與肯定市民社會的力量，但仍

不能捨棄「結構」、「權力」與「權力資源」等具政府意涵的概念。
（Marsh,2011：32-48）

二、返回政府治理觀點的階段

　　針對治理觀點的抬頭，亦有一股再次反省的聲音，即是從以往的「從政府轉向治理」觀點的公共治理潮流，重新回到「政府治理」的觀點。第二波治理理論即強調以國家為主的網絡治理，堅持國家職能與特殊權力的傳統保守觀點，此種以「國家為中心的網絡治理」路線，認為國家的資源條件優於其它網絡成員，包括政治菁英與官僚均擁有更充沛的資源、合法工具與機會，可提出更具宏觀角度的國家路線藍圖，對去行使「後設治理」（meta-governance）的職能仍深具信心。（Kooiman& Jentoft, 2009：818-836）根據 Pierre 研究，西歐國家其時已開始尋求政府治理的秩序，恢復政府失去的管控能力，其認為政府一直是治理的核心，並提出以下四個理由：（Pierre,2007：63-66）

　　（一）新治理模式並未達到預期成果。

　　（二）治理過程參與者也會做成本利益考量，使參與夥伴可隨意進出，而政府卻須全程參與。

　　（三）許多國家雖已實施治理策略，但人民仍期待政府提供服務甚而為陳情對象。

　　（四）政府在治理上退居二線的角色，反而產生負面的效果。

　　由於治理觀點經由實務運作呈現，諸多不完善現象陸續顯現，經由前述理論與實務的檢驗，人民對政府角色的期待更為渴望，並未因新的治理觀點而改變，使在治理理論的府際治理部分再次受到

重視。

三、以社會為中心的網絡治理基礎階段

第三波理論發展主要建立在「以社會為中心」的網絡治理的基礎上，Bevir 與 Rhodes 提出以「去中心性理論」與「無國家性」等概念，成為第三波治理理論的主要基礎。此波治理模式是以「審議式民主」取代「代議式民主」，重視「在地的聲音」。總之，依 Bevir 與 Rhodes 的見解，所謂治理即是指後現代社會中無數個自主又自治的「無國家性」網絡對所面臨困境的敘事詮釋。（Bevir & Rhodes, 2011：203-217）

前述三個階段前後沒有取代性，前波治理理論不必然由後波取代，每個階段論點至今仍被研究重視，會有不同階段原因與當時國內外環境均有關係，各波重點只能代表當時研究的顯學，在治理演進過程，每個階段立論至今仍扮演治理實務的解釋功能。傳統的治理至跨域治理，歷經多年演變，其進展以圖 2-1 所示。

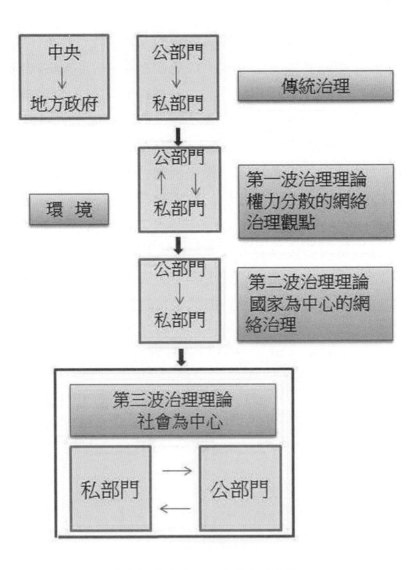

圖 2-1　傳統治理至跨域治理進展
資料來源：本研究繪製

參、強調公部門與第三部門協力關係

因應社會多樣性的環境變化，社會議題亦呈現複雜性，九０年代亦有強調公部門與第三部門協力（collaboration）關係的新治理（New Governance）受到重視。惟談到公、私部門之協力關係時，學者看法並未統一，多數認為雙方並非侷限在需訂定正式契約的形式上，而是著重於協力關係的實質作用，亦即協力過程中的信任關係，包括政府與企業、第三部門與個別的公民，彼此合作分享各自擁有的資源。（Bloomfield,2006：400-411）

一、經費提供與服務輸送類型的模式

此種統稱為第三部門的非政府團體，參與公共事務主要涉及到經費提供與服務輸送兩層面，由此互動發展出政府與第三部門的四種模式：（Gidron, Kramer, & Salamon ,1992：16-21）

（一）政府主導模式（Government-Dominant Model）

政府提供經費與服務，屬於概念上認為的福利國家模式，但當所謂第三部門不願提供或無法提供福利項目時，政府仍有可能擔任最終的福利國家角色。

（二）雙元模式（Dual Model）

政府與第三部門各自提供福利服務需求，兩者經費並無交集，處於平行競爭範圍，同時由政府和第三部門提供資金與傳送服務，第三部門所提供的服務須是政府部門未普及到的，且可完全自行設計服務方案，雙方各有其明確的範圍。

（三）合作模式（Collaborative Model）

此類型合作模式是由政府提供資金，第三部門則負責實際的服

務傳送。但是相反的情形亦有可能，此種合作模式常見於美國。此合作模式有兩種關係，其一為兩者共同推動政府福利政策，即所謂「共銷模式」（Collaborative-Vendor Model）其二為共同討論研商的參與政府社會福利決策的「夥伴關係」（Collaborative-Partnership Model）。

　　（四）第三部門主導模式（Third-Sector Dominant Model）

　　第三部門同時扮演資金提供與服務傳送的角色，享有足夠自主性與彈性發展，可針對特殊性服務對象設計適時反應。此四種模式並以表 2-2 顯示。

表 2-2　　政府部門與第三部門關係之模式

功能	政府主導模式	雙元模式	合作模式	第三部門主導模式
經費提供者	政府部門	政府部門與第三部門	政府部門	第三部門
服務輸送者	政府部門	政府部門與第三部門	第三部門	第三部門

資料來源：：Girdon, B., Kramer, R. M. and Salamon, L. M.（1992：18）

二、協調類型模式

　　前述 Gidron 等的政府部門與第三部門關係，是以經費提供與服務輸送兩層面之觀點判別，在後續 Rhodes 的研究中，則以協調機制為主，將治理的三種模式依據不同協調方式列出其特徵，前者以雙方提供的資源為依據，後者則以雙方協調的方式論斷，從資源提供到協調方式，可以適度窺知治理模式在不同資源提供及不同協調方式下的類型。Rhodes 在針對不同治理協調機制特徵裡，將治理分為科層（Hierarchues）、市場（Markets）及網絡（Networks）模式等三

種國家治理模式：

（一）科層模式（Hierarchues）

Rhodes 的科層模式概念與韋伯（ Max Weber ）科層體制
（Bureaucratic）的理念相近，依法而治為官僚體制運作特徵，由於
概念相同，科層模式亦面臨政府與公民社會之間支配式互動的困窘。
因而科層治理在協調上，面臨國家與社會互動及國家與其內部組織
的互動均由國家支配的情形。科層模式強調整個運作過程皆有明文
規範，且以命令為基礎，並依此控制與指揮。由於組織習於採用功
能性分工，組織較少不需與其他機關，甚至外界溝通協調與合作。
所顯示與社會的基礎屬於雇傭關係，在資源依賴程度上國家顯示出
強勢作為，國家以權威為交換媒介，權威的基礎則來自法令規章，
不論內部組織亦或社會團體，皆須堅守以服從為主的組織文化。此
種依循法規程序及層級節制的科層架構，具有以下的主要特質：
（Hughes,1998：22-30 ）（標題為本研究加上 ）

1. 政治和行政區別

政治和行政明顯區分，經選舉產生的政治領導人所扮演角色，
與派任的政府官員，有所區別。

2. 行政為持續可預測性

行政必須是持續和可預測性，必須依循法令規章來運作。

3. 品質專業任用

行政人員應具任用條件標準，並施以專業化訓練。

4. 資源屬於組織

機關擁有資源歸於組織，沒有組織情況下個人即無法運作。

5. 源自職責與公共利益

基本動機源自職責或公共利益，其優先性凌駕組織或個人利益。

（二）市場模式（Markets）

市場模式表現出以市場導向（market-based）或者企業家政府（entrepreneurial government)的治理模式，是以交易行為作為基礎，明顯不同於以命令為基礎的科層模式，主張政府以彈性化的市場治理機制，取代傳統的官僚體制，以增進行政效率，此種強調市場特性的模式，涵蓋權威分權化、去官僚化、私有化及組織精簡等核心概念。（Lan & Rosenbloom,1992：535-537） Rhodes 的市場模式概念以市場暨準市場機制（quasi--market）從事公共治理，包括價格及市場競爭機制，在其界定的新公共管理（Governance as NPM）即提及效法企業的公司化，及引入市場機制的市場化；在公、私治理（Governance as Corporate Governance）則強調一體適用的管理主義，其認為公私部門使用的管理機制不應有別，亦即凡適用於私部門的管理技術必能適用於公部門，同樣公部門管理亦可適用於私部門。（Rhodes,1996 ：653-655.）

（三）網絡模式（Networks）

網絡治理為 Rhodes 提出的重要概念，是市場與科層之外的另一治理模式，其具有自主性與自我管理的特質，不同於市場與科層模式的治理結構，藉由網絡可成功扮演政府新型式的合作，其顯示的治理特質如下：（Rhodes,1996：660）

1.組織、團體之間的相互依賴

治理範圍較政府廣泛，涵蓋非國家行為者，此種相互依賴特性使公部門、私部門與志願性部門間組織界限的改變與模糊化。

2.成員間的持續互動

網絡成員間的互動關係頻繁，顯示出協商與資源交換的重要性。

3.可議價（negotiable）的互動方式

網絡成員間的互動關係是基於信任，和參與者成員間相互認同的遊戲規範。

4.自主性

網絡擁有自主與自我管理的環境。政府處於網絡情境，雖然無法完全佔據權威的地位，惟仍具網絡間接的控制能力。

5.行動者間相互學習的過程

網絡情境各行動者相互配合，相互依存，由於各取所需，成為網絡各行動者的學習場域。

前述三種模式，Rhodes 分別以基礎關係（Basis of Relationships）、依賴程度（Degree of dependence）、交換媒介（Medium of exchange）、解決衝突和協調的手段（Means of confilct resolution and co-ordination）及文化淵源（Culture）等五個細項，區分治理協調機制的不同特徵。（Rhodes,1999：xvii）依 Rhodes 的三種治理模式下協調機制特徵如表 2-3。

表 2-3 Rhodes 的三種治理模式下協調機制特徵

協調方式	市場	科層	網絡
基礎關係	協議、財產權	雇傭關係	資源交換
依賴程度	獨立	依賴	相互依賴
交換媒介	價格	權威	信任
衝突解決和協調手段	價格競爭、說服	規則、命令	對話、關係
文化淵源	競爭	服從	互惠

資料來源：R.A.W.Rhodes.（1999：xvii）

第二節　公民參與模式的類型

　　新公共管理的改革運動後，由於過於強調成本效益的概念，並未能實質解決民眾對公共事務的需求，於是另一種強烈主張公民積極參與治理的必要性被提出，甚而提出「公民治理」的論述。（King ＆Stivers,1998：49-67）　其主要論述在於公民在公共治理中可擔負更為積極性的角色，使公民在治理中與公共官僚成為合作和夥伴關係。當時期公民參與的論述多元，本研究篩選主要包括 Arnstein 的公民參與八階梯論，此為當時最早且最具影響力之模型，Irland 的公民參與系統，則以規劃者的角色和定位將公民參與程度分類，Eidsvik 的公民參與模式，將居民的參與計畫依深度與參與決策程度之高低，加以順序排列，最後為 Cavaye 公民及社群的參與型態，依公民及社群與政府所進行的合作關係做型態分類，易言之，在本研究公民參與的模式篩選考量，主要以最早最具影響力、以規劃者角色、參與計畫程度及與公民社群的合作關係等為主。

壹、Arnstein 的公民參與八階梯論

　　最早研究公民參與政府決策程度，且提出具影響力模型，首推時任美國聯邦政府顧問的 Sherry Arnstein 提出的「公民參與階梯論」（1969,A Ladder of Citizen Participation），該理論主要核心在於發現八種公民參與層次的模式，其主要研究為關於社會中的權力結構和它們如何相互作用，打破以往公民無緣參與公共事務機會，雖針對1960 年代美國而研究，但其認為 1960 年代美國的概念適用於任何等級社會。

一、八梯級論主要重點

Arnstein 將公民參與程度，從完全無到完全參與分成三部份八個等級，由下往上層級提升排列猶如階梯狀：（1969：216-224）

（一）無參與狀態（Nonparticipation）

1.操縱式參與（Manipulation）

2.治療式參與（Therapy）

操縱式參與及治療式參與位於階梯最底部，公共事務完全由政府控制，位此梯級，屬於無參與狀態，政府的目的並非讓人們參與政策的規劃或執行，而是「教育」或「治療」參與者。

（二）象徵式參與（Tokenism）

3.告知式參與（Informing）

4.諮詢式參與（Consultation）

5.安撫式參與（Placation）

梯級往上為第三梯級的「告知」和第四梯級的「諮詢」，位此梯級階段已允許人民發聲，但無法保證人民意見會被重視，象徵意義大過實質。第五梯級「安撫」，民眾對政府政策雖有部分影響力，但充其量只是一個更高級的象徵主義，因為權力持有人仍繼續保有決定權力。

（三）公民權力（Citizen Power）

6.夥伴式合作參與（Partnership）

7.授權式參與（Delegated Power）

8.公民控制式參與（Citizen Control）

再往上為第六梯級的「夥伴關係」，位此梯級，人民已能談判，並與傳統權力持有人進行權衡，政府與公民呈現水平夥伴關係，共同治理與共同承擔責任。第七梯級的「授權」階段，政府已採取授權民間公民團體、私部門團體、志願團體等公權力方式，讓該等民間組織替代官僚運作公共事務。第八梯級的「公民控制」，此階梯顯然已是公民參與的重要等級，政府之決策非由政府官員或政治精英來控制，而由公民來主導整個政府運作方向。其八梯級三層次圖如下

公民參與的八個梯級		
8	公民控制式參與（Citizen Control）	公民權力（Citizen Power）
7	授權式參與(Delegated Power)	
6	夥伴式合作參與(Partnership)	
5	安撫式參與（Placation）	象徵式參與（Tokenism）
4	諮詢式參與（Consultation）	
3	告知式參與（Informing）	
2	治療式參與（Therapy）	無參與狀態（No-participation）
1	操縱式參與（Manipulation）	

圖 2-2　公民參與的八個梯級
資料來源：引自 Arnstein, 1969, "A Ladder of Citizen Participation,"

二、八階梯論的修正

Arnstein 對公民參與的階梯理論於 1977 年做了一次修正，將原來的八階簡併成六階，包括政府權力（government power）、告知（information）、諮詢 1（consultation 1）、諮詢 2（consultation 2）、權力分享（power sharing） 及公民權力（citizen power）等，依其層次分類，公民權力及權力分享的實質內容屬於公民完全參與層次，政府權力與告知則屬無參與層次，諮詢公眾 1、2 則為象徵性層次。（1977：240-243)Arnstein 雖提出修正版本，然而學者研究時仍以引用八階論者較多。二者比較如圖 2-3。

梯級	公民參與階梯八階論		層次	公民參與階梯六階論		梯級
8	公民控制 Citizen Control	公民擁有絕對的控制權與決策權。	公民權力 Citizen Power	公民權力 Citizen power	公民能完全自主行為、決策，不需政府領導、協助或參與。	6
7	授權 Delegated Power	公民擁有顯著的決定權與代表權。		權力分享 Power sharing	政府和民間已能共同解決問題。	5
6	夥伴關係 Partnership	公民組織具高度自主與獨立性，與行政單位呈現對等地位，共享規劃和決策。				
5	安撫 Placation	公民雖參與，惟議題意見未必被採納，故影響力不大。	象徵式參與 Tokenism	諮詢公眾 2 Consultation 2	政府較能聽取意見，進而要求公民進行有意義的參與。	4
4	諮詢 Consultation	政府願採納意見，惟無法擔保公民對其關心的決策產生影響。				

3	告知 Informing	由上而下、單向資訊交流，公民無法主動參與，僅被動接受資訊。		諮詢公眾 1 Consultation1	人民有限度的參與決策。	3
2	治療 Therapy	公民僅配合政府要求。	無參與狀態 Nonparticipation	告知 Information	政府對公民進行最初步的政令宣導。	2
1	操縱 Manipulation	公民被動接受政府資訊。		政府權力 (government power)	公民關心議題由執政者單方面決策、執行。	1

圖 2-3 Arnstein 公民參與階梯理論修正前後比較
資料來源：本研究整理

　　其後，史提夫馬丁（Steve Martin，2009）在《Engaging with Citizens and Other Stakeholders》一文中闡述從真正的「公民權力」（citizen power）到非實質的「假參與」（non-participation）階段，其提出的公民涉入（involvement）層次，與 Arnstein 同樣為公民控制、授權權力、夥伴關係、政策安撫、政策諮商、政策告知、政策治療及單方控制等八階段，惟以不同排列方式呈現。

貳、Irland 的公民參與系統

　　艾倫（Irland，1975）則提出以規劃者的角色和定位將民眾的參與分為七種參與系統（Participation System）：（1975：263-269 ）

一、告知

　　政府將計畫告知民眾，屬於單向的通告，民眾無法表達意見，屬於無參與狀態。

二、通告及徵詢

較前改善，已另增加公聽會、說明會等讓民眾表達意見的機會，惟民眾意見不一定會被採納，屬於象徵性參與。

三、協調

此系統已進展由規劃專業者蒐集各方意見來做規劃，協調各方參與者的意見，所以各方的意見有被採納的可能，仍屬於象徵性參與。

四、居間

規劃專業者客觀中立，不代表任何一方，協調各方利益團體，減少產生的摩擦，屬於象徵性參與。

五、辯護式計畫

各利益團體均有其專屬的規劃師及計畫方案，以公開的辯論程序得到最終結果，為象徵性參與。

六、仲裁

規劃者能以客觀、公正立場來裁決各方團體意見，屬於完全參與。

七、複式計畫

計畫方案提出須顧及各個利益團體，儘其提出一個符合各方團體需求的計畫，可謂完全參與。

前述七種參與系統，其中「告知」屬於無參與層次，通告及徵詢、協調、居間、辯護式計劃等屬於象徵性參與，仲裁及複式計畫則屬於最高層級的公民權力。

參、Eidsvik 的公民參與模式

愛德斯威克（Eidsvik，1978）則另提出五種公民參與模式：（1978：34-35）

通告模式：為最基本的決策內容告知的模式，民眾處於無參與狀態，在歸類上屬於象徵性參與。

說服模式：說服參與者接受原計畫的安排，屬於象徵性參與。

諮商模式：徵詢各方意見並做成決策，屬於象徵性參與。

合作模式：民眾與決策者雙方合作，相互需求，互蒙得利，民眾於過程中已屬參與狀態。

民眾控制模式：原決策者處於協助、執行地位，民眾主導規劃過程，屬於完全參與。

肆、Cavaye 公民及社群的參與型態

卡佛伊（Cavaye，2004）則在研究澳洲公民及社群與政府所進行的合作關係時，提出了另種參與的型態：（2004：85-101）

直覺的表達（intuitive representation）

行使公共治理的投票僅是讓公民無法彰顯身為社群成員的角色。

決策的告知（information of decisions）

此種互動仍屬於單向，僅為政府將待決策事項告知，稍具參與空間。

諮商（consultation）

議題由政府設定甚而控制決策程序，故其雖有雙向溝通，但僅為提供資訊給政府之功能。

結構良好的社群參與（Well-structured community participation）

計畫目標確定下，提供誘因，使公民與政府一同投入特定方案或其他形式的參與。

社群夥伴關係（community partnership）

政府和社群納入決策，公民完全參與過程。

社群主導發展的促成（facilitation of community-leddevelopment）

政府採取作為促使社群主導，使公共治理時公民與社群積極創造所需的政策方案。

前述學者提出的模式，部分依其高低註明層級，未註明者亦可依內容區別層次，各學者對層次標準設定條件中未必相同，雖如此，仍能從層次、階段等列表比較其差異性，各學者提出之公民參與模式層次比較如下表 2-4。

表 2-4　公民參與模式層次比較

提出者	參與模式	參與層次							
亞恩斯丹（Arnstein, 1969）	公民參與階梯	無參與（Nonparticipation）		象徵式參與（Tokenism）			公民權力（Citizen Power）		
史提夫馬丁（Steve Martin,2009）	公民參與階梯（相反排列）	政府操控(manipulation)	治療性(therapy)	告知(informing)	諮商(consultation)	安撫(placation)	夥伴關係(partnership)	授權權力(delegated power)	公民控制(citizen control)
艾倫（Irland,1975）	規劃者的角色和定位	告知		通告並徵詢	協調　居間	辯護式計畫	仲裁		複式計畫
愛德斯威克（Eidsvik,1978）	民眾參與計畫模式			通告模式	說服模式	諮商模式	合作模式		民眾控制模式
卡弗伊（Cavaye,2004）	參與公共治理型態			直覺的表達　諮商	決策的告知	結構良好的社群參與	社群夥伴關係		社群主導發展的促成

資料來源：本研究整理

第三節　跨域治理的興起

治理概念發展隨環境變遷有更寬廣內涵，此種因應環境變遷的新治理研究發展，有另一相似概念即「跨域治理」（across boundary governance），（林水波、李長晏，2005）跨域治理強調跨疆界、跨政府部門，由於國際化、全球化的刺激，公共議題的解決涉及國內、外更複雜的環境因素，多非人力、資源受限的單一政府機關所能處理，跨疆界、區域的跨域合作即成為思考趨勢。國內有學者將「跨域治理」定義為：「針對兩個或兩個以上的不同部門、團體或行政區，因彼此之間的業務、功能和疆界相接及重疊而逐漸模糊，導致權責不明、無人管理與跨部門的問題發生時，藉由公部門、私部門以及非營利組織的結合，透過協力、社區參與、公、私合夥或契約等聯合方式，以解決棘手難以處理的問題」。本研究即以此概念作為跨域治理理論的基礎。

壹、跨域治理模式

跨域治理從不同層面觀之，可了解其發展內涵，本研究試圖建構跨域治理的互動、運作及結構等三層面模式如下：

一、互動面

在互動面部分，跨域治理涵蓋了公、私協力夥伴關係，亦同時有兩個公部門、甚而跨疆界的公部門等三層面的關係：

（一）公、私協力夥伴關係（public-private partnerships）

此種公、私夥伴關係為公共服務或政府業務委外（contracting out）實踐過程中，所衍生出來的一個概念，它指涉了公、私部門之間透

過正式契約或跨組織之間所建立的一種合作關係，（Grimshaw, Vincent & Willmott,2002：475-502　）而根據學者看法及實務經驗顯示，公、私部門之間的合作關係非必然屬契約關係，由於雙方共同價值願望的追尋，屬於自發性的合作行動亦常發生。

（二）跨組織合作關係（inter-organizational cooperation　）

此種合作關係是指一群各自獨立的組織，為特定的目的及清楚的結果（outcome）彼此合作承諾，但在過程中保有各自主權（autonomy）；當目的達成時，這些組織將終止合作關係或轉換為其他型式的組織。（Abramson &Rosenthal ,1995：1479-1489）

（三）跨越轄區的合作關係（jurisdiction cooperation　）

此種合作關係涉及跨越轄區範圍，包括地理範疇或空間領域。環境變遷下，公共事務常超越區域疆界，原有地方機關無法負荷，為使地方議題順利解決，急需採取跨區域的合作。針對此種跨越轄區的互動趨勢，學者認為促使地方自治團體之間，必須打破舊有本位主義、掌控地盤的思想藩籬，超越行政區劃的疆界隔閡，以同心協力攜手共進的思維來思考問題。（李長晏，2004：55-65）

二、運作面

跨域治理從運作面觀之，不離區域合作平台及協力共識與誘因等基礎面考量，由於區域合作為跨疆域、跨地方自治團體的合作，跨域機關又包括垂直層級及水平層級，如何將議題策略、資源商議及不同意見等整合，端賴平台機制之設計，而不論政府機關間或與民間團體，協力共識與誘因都是成功合作的主要因素。學者李長晏曾針對跨域治理的運作亦提出六點原則，（2012：58-61）經筆者整

理後，以運作原則、問題意識及可能導向等面向重新建構，顯示如下表跨域治理運作 2-5 所示。

表 2-5 跨域治理運作

運作原則	問題意識	可能導向
具系統思維理念	公共問題解決或推動侷限於單一機關、單一政府、單一轄區的狹隘眼光等問題。	採取機關間、府際間及跨域轄區的通力合作思考模式。
達成協力與共識	不同層級政府間無法形成廣泛共識，極易產生整合問題。	1.擴大區域整合的認同基礎與區域政策中的協調幅度。 2.建立制度化的政策協調行動。
構築互動機制	1.公共事務相關者包括各級政府、個人、企業及其他社會組織力量的全面動員及激發問題。 2.區域成員的公平參與機會和發展權利及合理利用各類區域資源等問題。	1.政府部門建立區域上下級政府及政府的不同職能部門間協力合作與整合一致。 2.構築政府部門和私人間夥伴關係。
協商治理建立區域合作平台	公共決策過程因權力運用形成的支配、控制、運輸、宣傳等因素。對各層級政府、地方政府間、社會意願以及不同企業與職能部門等對區域資源的配置要求。	跨域政策議題建立不同治理主體間多層次、多元化協商治理，以此建立區域合作平臺。
監督審查機制	區域治理審查如何進行、審查規則的依據何在。	由區域議會和區域發展署官員共同治定的協議框架內進行，並提供規則。協議同時確立監督審查機制的定位，建立夥伴關係。
參與者的互依管理	參與跨域協調的組織會形成一種組織網絡，而組織網絡的意涵即在凸顯跨域協調的參與者彼此間存在著互依性。	彼此間互依性，促使跨域治理之參與者的通力合作。

資料來源：本研究整理

三、結構面

若以結構面來看，跨域治理主要受到協力治理（collaborative governnance）、領域治理（territorial governance）及參與治理（participatory governance）等三種治理趨勢的影響。無論是治理或跨域治理，政府的公共事務處理已從傳統治理，變遷為跨組織治理、與非政府部門間的合作治理等，而其互動結合種類由於包括不同公部門間、私部門以及第三部門的結合，故其治理類型又可分為下列四個面向：（李柏諭，2010：1-39）

（一）中央與地方關係

此面向從中央集權、地方分權到強調中央與地方形成的夥伴關係等階段，其中夥伴關係的形成，可為未來跨域公共事務之合作治理作可相互因應的制度設計。

（二）地方政府間關係

此面向論及多重組織夥伴關係及多中心治理體制，前者治理模式，從傳統「地方政府」轉變為充滿複雜網絡行動者的「地方治理」，不同於傳統全能型政府的政府單位；而後者意味著同一地區存在著多個不同功能且單一的地方政府，不僅能夠回應由下而上的地方與社區居民之需求，更能提升公共服務的品質。

（三）政府機關與公民社會關係

此面向包括公、私協力的合產機制與社區主義的治理模式。前者即政府與其他公民社會中的組織或團體，經由資源與資訊交換的網絡關係，形成公、私夥伴模式，基於功能互補的權力互賴，從而共同提供公共服務，達成「合產」的效果，以解決官僚制度面臨的困境。後者針對公民對在地社區的參與，將治理模式朝向一個國家、市場、公民社會的多中心治理網

絡格局。

（四）政府機關與企業組織關係

　　強調行政法人與政府委外辦理，前者掙脫現行政府相關法令與科層組織的束縛，使其組織能夠更為自主彈性運作。後者即政府部門將業務委託民間辦理，由政府與民間簽訂契約，政府提供全部或部份經費或硬體設施，由民間履行契約規定之項目提供服務，契約載明雙方權利義務關係及監督考核機制。

　　前述跨域治理不同層面類型的互動程度，同樣為中央與地方，則跨轄區的合作互動較緊密，地方政府間亦存在相同情形，跨轄區的合作關係較為緊密，至於政府機關與企業組織、公民社會等的合作關係則有互動，但並未呈現緊密程度。其彼此互動關係建構如表 2-6。

表 2-6　跨域治理三層面與治理類型四面向互動關係

	公私協力夥伴關係	跨組織合作關係	跨越轄區的合作關係
中央與地方		有互動	互動程度緊密
地方政府間		有互動	互動程度緊密
政府機關與企業組織	有互動		
政府機關與公民社會	有互動		

資料來源：本研究整理

　　為利治理模式分析，本研究建構跨域治理的互動、運作、結構等三個層面及政府與第三部門的四種模式，經本研究系統歸納為層面、屬性及合作內涵等項呈現如下表 2-7。

表 2-7　治理模式層面、屬性及合作內涵

層面	互動面		運作面				結構面	
屬性	政府部門間	政府與第三部門	政府部門間		政府與第三部門		政府部門間	政府與第三部門
			原則	問題與可能導向	原則	問題與可能導向		
合作內涵	跨組織合作關係、跨越轄區的合作關係	政府主導模式、雙元模式、協力模式、第三部門主模式	具系統思維理念	偏限單一機關、政府、轄區的狹隘眼光抑或採取通力合作思考模式。	達成協力與共識	不同層級政府間無法形成共識，抑或擴大區域整合基礎，建立制度化的政策協調行動。	中央與地方關係、地方政府間關係	政府機關與企業組織關係、政府機關與公民社會關係
			監督審查機制	在協議框架內進行抑或協議確立監督機制，建立夥伴關係。	構築互動機制	公共事務相關參與者全面動員、公平參與、發展、利用資源等問題，抑或政府部門建立區域協力合作與整合及構築政府部門和私人間夥伴關係。		
			參與者的互依管理	跨域協調組織網絡僅凸顯互依性抑或進而促使跨域治理參與者通力合作。	協商治理建立區域合作平台：	公共決策產生各層級政府、地方政府間、社會意願以及私部門等區域資源的配置要求，抑或建立跨域政策議題多層次、多元化協商治理，以建立區域合作平臺。		

資料來源：本研究整理

貳、信任為跨域治理的成功基石

　　前述提及，不論是個人參與或是團體合作，公、私合作的治理，不必然需透過正式的契約來塑造；亦即並不限於在正式契約下運作，雙方可能基於共同價值或各自需求產生自發性的合作行動，由於持續互動過程，若以平等互惠與相互信任為基礎，反而更能有效達成共同目標或解決共同面對的公共議題。

一、信任的特徵

　　無論個人或團體，也無論是政府與政府或政府與民間等類型的合作，成功的治理都必須伴隨雙方的信任，Pope（2004）曾將信任定義為「基於對方特定行動對自己重要性的期望，即使預期因對方許多行為而受到傷害，亦無怨悔甚至放棄監控對方的計畫。」此種信任的表現終將面臨實務的嚴酷檢驗，主因在於信任具有的容易受傷害（vulnerability）的特徵，（Pierre,1997：11-33）一旦信任受傷害，雙方即無共同價值與目標的追求動力，權力共用的組織文化便不會建立，反之，當信任產生後，雙方即有機會建立起延續的關係。

二、信任的三階段

　　Lewicki 及 Bunker 則針對信任關係更進一步提出信任程度的三個階段：（1996：120-150）

　　第一階段，以計算為基礎（calculus-based trust）：此階段並無信任可言，相互間處於摸索、徵信階段。

　　第二階段，以知識為基礎（Knowledge-based trust）：經由前述階段的磨合，他方資訊已可了解，對其並有預測性。

　　第三階段，以認同為基礎（identification-based trust）：此階段雙方互動

融合，不論價值或資訊、資源等均可共享，雙方信任關係已是種主觀的信任。

第三章　水資源維護與水庫治理

臺灣地形狹長且山高陡峭，早期以蓋水庫方式儲存雨水，以供應各標的用水需求，惟在全球環保意識高漲後，臺灣水資源開發受到衝擊，加以臺灣地區工商業發展，用水量持續增加，用水成本遂逐年增加，在新水庫開發受阻下，原有水庫治理即益形重要，目前臺灣水資源主要仍以水庫蓄水供應為主，以 2015 年統計，國內 95 座公告水庫，取水量為 225.70 億立方公尺，其中水庫供應灌溉用水量為 25.76 億立方公尺，水庫供應工業及公共給水為 28.64 億立方公尺，而水庫供應水力發電之用水量為 157.92 億立方公尺，[1]　水庫已為國內各標的主要用水來源，水資源即使與水庫畫上同等概念，亦不為過。本章即以全球水資源風險探微、國內水庫治理現況及國內主要水庫治理變數影響等三節分別探討於後。

第一節　全球水資源風險探微

根據聯合國的資料，全球有近 5 成人口都面臨用水短缺，缺水

---

[1] 經濟部水利署（2015），104 年蓄水設施水量營運統計報告，E18，取自：經濟部水利署網站 http://wuss.wra.gov.tw/annuals.aspx。

已造成人類日常生活的不便，而其引發的連鎖效應卻最令人擔憂，包括糧食短缺、社會動盪甚至國際糾紛等等，故而全球已將缺水問題列為嚴重議題。以下即從全球水資源的挑戰、水資源危機引發國際爭端及全球水庫治理與水資源關係等三面向探討。

壹、 全球水資源的挑戰

水資源嚴重缺乏已為全球問題，在氣候環境變遷的推波助瀾下，使國際社會解決水資源更面臨嚴苛挑戰，以下先就水資源明確定義，再將水資源危機為何列為全球性高風險議題因素做一探討如下：

一、水資源定義

水資源因全球環境不同，定義會有地域及種類的差異，聯合國教科文組織（UNESCO）和世界氣象組織（WMO）在 1988 年曾對水資源有較明確、統一的定義，即認為水資源應為「可以利用或可能被利用的水源，具有可用的品質和足夠數量，且在某一地點為滿足用途而被利用。」[2] 依此定義，水資源可包括給水、灌溉、發電、養殖等用途的地表水和地下水，以及海水、冰川、湖泊、江河、沼澤、雨水、井水、泉水等存在於自然界，未經處理過的自然水。

二、水資源危機為全球性高風險議題

自 1993 年聯合國通過「世界水資源日」起，為加強水資源保護，解決日益嚴峻的缺乏淡水問題，水資源危機隱然成為全球性高風險議題，而世界經濟論壇 WEF 自 2007 年開始進行全球風險調查工作

---

[2] water-Resources Assessment Activities,Handbook for National Evaluation，UNESCO and WMO，Geneva，1988.

後，水資源危機更列入風險議題，以下即就水資源危機列為全球風險範疇及氣候變遷影響水資源等二部分說明如下：

（一）水資源危機列為全球風險範疇

世界經濟論壇 WEF（World Economic Forum）公布了針對 2016 年全球風險的調查，該調查涵蓋了 29 種風險。WEF 這份調查報告為全球風險下了定義，即未來十年中，能對多個國家或產業造成負面影響的事件或情況。依其報告中的分類，全球風險分為五大範疇，分別是環境、經濟、社會、地緣政治與科技。其中水資源危機列為第三，第一則為氣候變遷應對失敗。值得注意的是，最大風險的氣候變遷應對失敗仍與水資源危機息息相關。由報告顯示，即使是最大風險的氣候變遷亦會影響供水，有的產業會因此在某些地區難以運作；政治社會的動盪會讓投資裹足不前，還會破壞生產活動及資產。[3]世界經濟論壇 WEF 自 2007 年開始進行全球風險調查工作，其調查樣本來自世界經濟論壇近 750 位專家和決策者參與。受訪者來自商界、學術界、公民社會和公部門等不同專業領域、地區和年齡群體。近五年來，世界經濟論壇所公布的全球性風險項目，水資源危機一直列為全球高風險前三名，其中 2015 年水資源危機更是列為第一，2012 年及 2013 年均為第二、2014 年及 2016 年則列第三，如表 3-1 顯示。

---

[3]　CSRone 永續報告平台的「世界經濟論壇」2016 年全球最關注的風險議題，取自：
　　http://www.csronereporting.com/topic_2313

表 3-1 水資源危機於近五年的全球性風險影響力排名

影響力	2012	2013	2014	2015	2016
第一	重大系統性財務失敗	重大系統性財務失敗	財政危機	水資源危機	氣候變遷調節與適應失靈
第二	水資源供應危機	水資源供應危機	氣候變化	傳染病大規模迅速擴散	大規模殺傷性武器
第三	糧食短缺危機	財政長期失衡	水資源危機	大規模殺傷性武器	水資源危機

資料來源：本研究繪製

（二）氣候變遷影響水資源

聯合國政府間氣候變遷小組（Intergovernmental Panel on Climate Change　IPCC）第二工作小組（WG2）在 2014 年 3 月底發表報告亦同時指出，水資源將因氣候變遷而產生以下改變：[4]

1.旱災頻率與程度增加

乾旱頻率增加，主因在乾燥地區的降雨與土壤水份減少之故，故其乾旱發生頻率超過六成五的機會將會增加，亦極可能造成地表水與地下水位的下降。

2.改變水資源的可利用性

不同緯度因溼度不同面臨水資源情形亦不同，一般而言，中緯度地區與亞熱帶的乾燥地區將面臨水資源危機，但高緯度地區與中緯度的潮濕地區則情況較佳，享有較多水資源。然因冰雪存量減少與降水變化度的增加，使水資源增加的地區亦可能面臨短期缺水問題。

3.生水品質下降，飲用水風險增加

---

[4]　Intergovernmental Panel on Climate Change（2014）。Climate Change 2014: Impacts, Adaptation, and Vulnerability-- "Ch3: Freshwater Resources,（11-18）。標題為作者自行加入。取自：http://ipcc-wg2.gov/AR5/images/uploads/WGIIAR5-Chap3_FGDall.pdf.

溫度上升結果，使大雨沖刷後的水中養分與沉積物增加、乾旱時水中污染物濃度又提高，相互交錯下使混濁的生水，易超出淨水處理能力，影響使用者健康。例如，現有氣候變遷與地下水質研究顯示，經雨季與極端降雨後地下水的大腸桿菌量會上升，對於缺乏先進淨水設施的貧窮地區及飲用地下水的城市來說，飲用水品質無法保障。

4.淡水生態系統受到衝擊

氣候變遷導致的水量與水質改變，影響淡水生態系統，即使人類防洪建造的堤防，都可能對淡水生態系統造成壓力。

5.淡水物種面臨滅絕風險

部分淡水物種將在氣候變遷下面臨滅絕風險，再加上棲地改變、過度開發與汙染等因素之後，此種風險更為鮮明。

近二年國際氣象單位的觀測資料，已明顯感受氣候變遷的嚴峻，如日本氣象廳（Japan Meteorological Agency,JMA）、美國的國家航空暨太空總署（National Aeronautics and Space Administration ,NASA）、美國國家海洋暨大氣管理署（National Oceanic and Atmospheric Administration ,NOAA）、歐洲中期天氣預報中心（European Centre for Medium-Range Weather Forecasts ,ECMWF）等。前述國際機構 2016 年 8 月資料顯示刷新了兩項溫度紀錄：[5]

1.連續第 16 個月破高溫紀錄

根據 NOAA 的數據，今年 8 月的氣溫較氣候平均值（20 世紀的 8 月平均氣溫）高出 0.92℃，而此項紀錄過去的冠軍是 2015 年 8 月的 0.87

5　Climate and Weather（2016）。August 2016 Global Temperatures Set 16th Straight Monthly Record，取自：https://weather.com/news/climate/news/august-2016-global-temperature-record.

℃。自 2015 年 5 月起，全球月均溫接連破歷史高溫紀錄，累計至今年 8 月已達 16 個月。

2.最炎熱的夏季（6-8 月）溫度。

截至目前，2016 年 1-8 月皆是破紀錄的高溫，6-8 月的夏季更首次較氣候平均值（20 世紀夏季平均氣溫）高出 1℃，毫無疑問地，2016 年將成為新的史上最熱一年。

貳、水資源危機引發國際爭端

水資源危機引發的國際爭端主要以流經或分隔兩個和兩個以上國家的國際河流（international river）為主，多數集中在亞洲，以下就亞洲國家間水資源的衝突及國際社會看法，述之如下：

一、亞洲國家間水資源的衝突

水資源危機（water crisis）自 1970 年以來即為全球性議題，主要的危機來源為水的匱乏。近年來更儼然成為全球關注焦點，具體衝突例子則以中國大陸與印度為最，這二個位居全球人口前二名的亞洲國家，常因水資源問題引發爭端，除了印度方面表達不滿之外，中國也曾因發源於青藏高原的湄公河和怒江上游建設水電站引起包括孟加拉、緬甸等幾個國家的不滿，由於中國大陸境內約有四十二條國際河流，多數上游均興建水壩，影響下游面的十四個鄰國，使水資源問題成為時時牽動鄰近國家神經的議題。[6]

---

[6]　BBC 中文網（2016）。中國截流雅魯藏布江支流印度媒體關注，取自：BBC 中 文網 http://www.bbc.com/zhongwen/trad/china/2016/10/161001_china_india_dam 郭玟君（2016）。「雅魯藏布江陸截流建壩 印度反彈」，聯合報，A10 版，取自：聯合新聞網站 https://udn.com/news/story/7331/1998334.

二、國際社會看法

國際知名水資源專家，亦為聯合國生命之水十年計畫加拿大合作倡議的主席 Bob Sandford 認為「未達水資源目標將造成廣泛的負面後果，導致更多國際緊張和衝突。缺少水資源的人們為了生存將不擇手段。改變基本的水文可能導致新型態的衝突，水資源缺乏和洪水將成為主要的跨國水議題。」[7] 聯合國副秘書長 Jan Eliasson 則指出，隨著水資源短缺風險造成地理政治的緊張並抑制發展，國際社會必須準備迎接「水資源外交」的時代。[8]

參、全球水庫治理與水資源關係

全球水庫興建歷史追朔久遠，對水庫設施的關注則自 2012 年 7 月，由國際大壩委員會、聯合國際灌溉與排水委員會、國際水資源協會和國際水電協會聯合起草《儲水設施與可持續發展》世界宣言，具體關注並呼籲全世界共同努力，採取可持續發展的方式發展儲水基礎設施。其中有關水庫設施部分內容如下 ：[9]

> 儲水基礎設施提供了多樣性的供水服務，對人類的發展是至
> 關重要的。世界每年淡水資源總量約有 40 萬億立方公尺，人
> 類可利用量每年只有 9 萬億立方公尺。過去 5000 年中，人類

---

[7]　姜唯編譯（2015）。「搶水戰爭未來 10 年開打？ 聯合國促反貪、能源轉型」，摘譯自 ENS 美國，紐約報導，2015.2.24。取自：環境資訊中心網站 http://e-info.org.tw/node/105536.

[8]　姜唯編譯（2015）。「世界水論壇 聯合國預告『水資源外交』新時代」摘譯自 ENS 南韓，大邱報導，2015.4.14。取自：環境資訊網站 http://e-info.org.tw/node/106766.

[9]　中國水利發電工程學會（2012）。世界宣言「儲水設施與可持續發展」。2012 年 6 月 5 日于日本京都通過。取自：中國大壩協會網站
　　http://www.hydropower.org.cn/showNewsDetail.asp?nsId=7767.

興建了五萬多座大壩和幾百萬座小型水庫，使今天的很多社
區能夠享受可靠的水服務。這些儲水設施每年調節了大約 4
萬億立方公尺。

該宣言說明全球每年淡水資源總量約有40萬億(兆)立方公尺，
目前人類每年可利用量 9 萬億（兆）立方公尺，大小型水庫即佔了
大約 4 萬億（兆）立方公尺，約為 44％。並強調為因應 21 世紀人
口增長對水、糧食和能源的需求，非常需要加強儲水設施的建設和
維護。宣言強調的加強儲水設施的建設和維護，即為「興建」水庫
與「治理」水庫，然而全球環保意識高漲，加上國際反水庫運動的
崛起 [10]，致新水庫興建面臨阻礙，為使全球水資源不致匱乏，原有
水庫的維護治理已較水庫興建更顯重要。

---

[10] 「國際河流組織（International Rivers Network），簡稱 IRN」於 1985 年成立，以國際連結為反
水庫運動的當務之急。1990 年代起，IRN 與世界其他國家組織合作，包括北美的加拿大的國
際探索組織（Probe International）、美國的環境保衛基金（Environmental Defense Fund）、中
歐的瑞士伯恩宣言組織（Berne Declaration）、北歐的挪威國際水資源與森林研究協會
（Association for International Water and Forest Studies）、西歐的荷蘭兼顧組織（Both Ends）、
德國的厄吉華德組織（Urgewald）、英國的經濟學人（The Ecologist）、亞洲的日本地球之
（Friends of the Earth）、澳洲的援助觀察組織（AidWatch）等協調合作，配合在第一線鬥爭
的反水庫組織，針對世界銀行所資助的大型水庫計劃，進行調查與批判，成功地勸退了許多
大型水庫的國際資金來源。參見夏曉鵑「為河流、水資源與生命而行動─國際反水庫運動簡
史」，環境資訊中心，取自：環境資訊中心網站
http://e-info.org.tw/issue/water/issue-water00070301.htm.

第二節 國內水庫治理現況

國內水庫治理從政策引導,至重要水庫上游的保育治理規範,不論通案性或針對性,均牽引著國內水庫治理走向,以下依序就政策綱領引導、保育綱要具體措施暨落實、水庫蓄水範圍使用管理辦法為依循規範及新店溪上游保育治理機制等四個層面說明。

壹、政策綱領引導

政策綱領引導部分,分別就水庫歷年治理依循依據及各階段水庫治理重點等二部分說明如下:

一、水庫歷年治理依循依據

國內水資源政策形成,主要先由主管機關召開全國大型水利會議,廣徵產、官、學、研各界意見,獲得共識後做為政策主軸及施政策略擬定重要依據,「全國水利會議」自 1989 年起至今分別於 1989、1994、1998、2003、及 2009 等年召開,並依此制定全國水利基本政策暨水資源政策綱領,作為水庫歷年治理依循,共分三個階段,第一個階段為 1986 年至 2000 年,政策綱領為「水利基本政策」。第二階段 1996 年至 2010 年,其綱領為「現階段水資源政策綱領」。第三階段 2006 年至 2020 年則為「新世紀水資源政策綱領」,隨著階段不同,綱領面向強調重點就不同。如表 3-2。[11]

---

[11] 資料為民國年,為配合本研究,將表內年統一改為西元年。

表 3-2 　歷年水資源政策綱領比較及演進

面向	政策沿革		
	水利基本政策 （1986～2000 年）	現階段水資源政策綱領 （1996～2010 年）	新世紀水資源政策綱領 （2006～2020 年）
防洪	保護河道空間	整體規劃治理	流域綜合治水
	確保設施安全	河川地管理	非工程措施
水資源	分區開發、分配	因應需求增闢水源	以供定需
	有效使用水源	水資源調配	多元化水源經營管理
水環境	保育集水區	集水區治理	集水區經理與水源涵養
	地下水管制與保育	地下水與海岸管理	合理規劃利用水土資源
	防治水污染	維護河川生態機能	河川及海岸環境營造
經濟	循環再利用		回收再生利用
			水價及水利產業
科技	開發技術	科技研究與發展	運用新科技
	基本資料蒐集		整合氣象與水文資訊
實施計畫	無	1996 年現階段水資源政策綱領實施計畫 實施期程：1996～2001 年	無 （2006 年水資源白皮書）

資料來源：經濟部水利署新紀元水利施政綱領（2013～2022 年），4。

二、各階段水庫治理重點

　　歷次水資源政策綱領有關水庫業務重點內容分別為：1986 年至 2000 年的分區開發、分配、有效使用水源、保育集水區及防治水汙染。1996 年至 2010 年的因應需求增闢水源、水資源調配、集水區治理及維護河川生態機能。2006 年至 2020 年的以供定需、多元化水源經營管理、集水區經理與水源涵養及合理規劃利用水土資源等。水資源政策制定主軸亦受不同期間背景影響，初期是以防洪、水資源利用、減低旱澇災害為主軸；且此期間受產業快速發展與都市化等的影響，水資源污染、超抽地下水問題逐漸浮現，至 1996 年所訂之

現階段水資源政策綱領開始納入生態保育重要策略，水資源利用策略則從積極開發水源調整以區域水資源調度為主；1991-2001 年間，則因環保、民意與媒體意識抬頭，2006 年之新世紀水資源政策綱領則在各項策略內積極納入民眾參與機制，水資源利用策略則調整以加強已開發水源運用為主。[12] 歷次有關水庫業務重點的基本政策暨政策綱領如表3-3。

表 3-3 與水庫治理有關之水利基本政策暨政策綱領

水利基本政策時期 （1986～2000 年）	現階段水資源政策綱領 （1996～2010 年）	新世紀水資源政策綱領（2006～2020 年）
有效使用水源	水資源調配	以供定需
保育集水區	集水區治理	多元化水源經營管理
防治水污染	維護河川生態機能	集水區經理與水源涵養

資料來源：本研究整理

貳、保育綱要具體措施暨落實

以具體措施暨落實保育綱要等二部分說明如下：

一、具體措施

水庫集水區治理策略及不同機關的權責分工，為確保推動順利，行政院依據「新世紀水資源政策綱領」精神，於 2006 年 3 月 20 日核定「水庫集水區保育綱要」，並以公共給水為主要標的之翡翠、石門、德基、曾文等

---

[12] 經濟部水利署（2013）。新紀元水利施政綱領（102~111 年），4，取自：經濟部水利署網站 http://www.wra.gov.tw/ct.asp?xItem=62930&ctNode=9983.

4 座大型水庫集水區為優先實施對象。[13] 該綱要並依法規面、管理面、治理面及組織面等四個面向，提出具體措施及主管或相關機關，綱要內敘明國內水庫受環境條件、管理問題、治理問題等面臨的困境，其中在治理問題上，更述明水庫集水區因土地開發利用之密度增加，降低了緩衝及防災之能力，災害逐年變劇，社會付出的治理成本與救災成本也更大，相較於土地利用之效益，實在得不償失，未來水庫集水區應加強保育工作。[14] 「水庫集水區保育綱要」主要內容如下：

（一）法規面部分

依據水土保持法、水利法、森林法及「國土復育」行動方案原則，整合及推動水庫集水區管理與治理相關法規。（各相關部會）

（二）管理面部分

1.依據土地利用整體計畫，加強水庫集水區土地利用管理。（內政部、經濟部、財政部、農業委員會、原民會、縣市政府）

2.加強教育與宣導及推動社區自治意識。（內政部、經濟部、交通部、農業委員會、縣市政府）

（三）治理面部分

1.依法定權責及業務專長分工。水庫集水區保育計畫有關水土保持工程依業務權責及專長分工治理，包括：

（1）經濟部水利署負責水庫蓄水範圍（含保護帶）治理。

（2）農業委員會林務局負責國有林班地治理（不含蓄水範圍）。

（3）農業委員會水土保持局負責二者以外之山坡地治理。

---

[13]　同上，第 13 頁。

[14]　經濟部水利署（2006）。水庫集水區保育綱要，取自：經濟部水利署網站
　　　https://www.wra.gov.tw/ct.asp?xItem=110456&ctNode=10611&comefrom=lp.

（4）有關道路水土保持部分，則由道路主管機關依權責辦理（路權及上下邊坡不可分割之治理範圍）。

2.推動水庫集水區整體保育。（內政部、交通部、經濟部、農業委員會、環保署、原民會）

（四）組織面部分

1.加強橫向整合協調，共同維護水庫集水區之保育及安全（經濟部、內政部、農業委員會、環保署、原民會、縣市政府）

2.由於業務涉及經濟部、內政部、農業委員會、環保署、原民會、縣市政府等不同機關，若需協調，則各水庫管理機關（構）可視實際需要，成立水庫集水區協調小組。遇跨部會協調事項，則提送「經濟部水資源協調會報」研議。綱領推動措施面向、內容及權責分工如表3-8。

表3-4　水庫集水區保育綱要措施面向、內容及權責機關

措施面向	措施內容	權責機關
法規	依據水土保持法、水利法、森林法及「國土復育」行動方案原則，整合及推動相關法規。	各相關機關
管理	依據土地利用整體計畫，加強水庫集水區土地利用管理	內政部、經濟部、財政部、農業委員會、原民會、縣市政府
	加強教育與宣導及推動社區自治意識	內政部、經濟部、交通部、農業委員會、縣市政府
治理	水庫蓄水範圍（含保護帶）治理	經濟部水利署
	國有林班地治理（不含蓄水範圍）	農業委員會林務局
	二者以外之山坡地治理	農業委員會水土保持局
	道路水土保持	交通部
	水庫集水區整體保育	內政部、交通部、經濟部、農業委員會、環保署、原民會
組織	加強橫向整合協調，共同維護水庫集水區之保育及安全	經濟部、內政部、農業委員會、環保署、原民會、縣市政府

	各水庫管理機關（構）視實際需要，成立水庫集水區協調小組	各水庫管理機構
	如有需要跨部會協調事項，提送「經濟部水資源協調會報」研議	經濟部水利署

資料來源：本研究整理

二、落實保育綱要

　　經濟部為強化前述保育綱要的落實，復依據該綱要，於 2007 年頒布「水庫集水區治理權責分工暨有關事項處理原則」，明訂國內各水庫管理機關（構）的治理權責分工，該原則第一條即明訂依「水庫集水區保育綱要」辦理推動集水區治理工作時，各有關主管機關（構）之權責分工、協調機制以及砂石與漂流木之處理程序，依該原則處理。復於第二條更訂有水庫管理機關（構）應依「水庫集水區保育綱要」，對所管理之水庫，擬訂其水庫集水區治理之分年、分期實施計畫及其所需經費，奉核後交由各權責機關辦理之規定。[15] 至於集水區治理權責分工及協調機制，則分別訂於處理原則的第三章與第四章，其主要內容如表 3-5。

表 3-5　水庫集水區治理權責分工及協調機制

權責分工		協調機制	
項目	負責機關	性質	負責機關
水庫蓄水範圍（含保護帶）	水庫管理機關(構)	屬地方或局部性，涉及單位較少之業務	水庫管理機關(構)或成立水庫集水區協調小組
國有林班地治理（不含蓄水範圍）	林務局	水庫管理機關(構)無法協調事項	提報水利署進行協調
前述範圍以外的山坡地治理	水保局	跨部會協調之重大業務事項	提由水利署送「經濟部水資源協調會報」研議

---

[15]　參見「水庫集水區治理權責分工暨有關事項處理原則」。2007 年 1 月訂定。

道路水土保持	道路主管機關	特殊個案	水利署邀集相關單位另行成立跨部會專責機制

資料來源：本研究整理

參、水庫蓄水範圍使用管理辦法為依循規範

　　國內水庫管理規範較早為 1999 年依據水利法第五十四條之二規定制訂的「水庫蓄水範圍使用管理辦法」，該法歷經多年修正，最後一次修正在 2015 年 2 月，主要規範有主管機關、使用管理、蓄水範圍之界限與核定公告程序及其他應遵行事項之辦法等，為水庫管理機構在水庫管理上依循的規則。依該辦法第二條規定，翡翠水庫為水源供應達二縣（市）以上之水庫，故中央主管機關為經濟部。[16]以翡翠水庫為例，翡翠水庫為供應大臺北地區 500 萬居民民生用水之重要水源，其維持保護優良水質之執法依據即為「水庫蓄水範圍使用管理辦法」、經濟部 2005 年 10 月 21 日公告之「翡翠水庫管理機關、蓄水範圍及其管理事項」及水利法等相關規定。

　　前述「水庫蓄水範圍使用管理辦法」、「水庫集水區治理權責分工暨有關事項處理原則」及「水庫集水區保育綱要」等，皆為國內水庫管理與治理通案性的依循規範，至於如何依循則視各水庫特性、所處環境、人力財務資源等條件而定，故而各水庫治理方式不盡相同。另外，集水區管理問題涉及法規繁多，依保育綱要說明的即有區域計畫法、國有財產法、原住

---

[16]　參見「水庫蓄水範圍使用管理辦法」第二條第一項：本辦法所稱水庫主管機關，除下列各款應以中央主管機關為主管機關外，其餘之水庫以該水庫所在之地方主管機關為主管機關：一、多目標之水庫。二、水源供應達二縣（市）以上之水庫。三、中央主管機關興建之水庫。四、位於中央管河川之水庫。五、其他達一定規模之水庫。取自：水利法規查詢系統網站 http://wralaw.wra.gov.tw/wralawgip/cp.jsp?lawId=8a8a852d1faed55a011fb0cc1e0800c1

民保留地管理辦法、水土保持法、森林法、山坡地保育利用條例、自來水法、飲用水管理條例等多項法規，由於屬法規層面，不在本研究探討內。

肆、新店溪上游保育治理機制

以下從颱風衝擊後建立上游治理機制及新店溪上游治理綱要計畫主要內容等二部分說明。

一、颱風衝擊後建立上游治理機制

2015 年 8 月，蘇迪勒颱風侵襲，與大臺北飲用水源息息相關的新店溪上游，受到嚴重衝擊，南勢溪上游產生坡地沖蝕、土石崩落、道路崩塌、堰塞湖及淹水等災情，同年 9 月 10 日「行政院重要河川流域協調會報」決議成立「新店溪上游流域保育治理工作分組」作為跨部會專責推動平台，2015 年 9 月 30 日遂針對新店溪上游流域保育治理工作訂頒「新店溪上游流域保育治理及區域穩定供水綱要計畫工作分組設置要點」，並在行政院重要河川流域協調會報工作小組下，設新店溪上游流域保育治理及區域穩定供水綱要計畫工作分組，共同研提「新店溪上游流域保育治理及區域穩定供水綱要計畫」，計畫內容歷經多次會議討論、協商與現勘等，達成分工共識，綱要計畫已於 2016 年 1 月 26 日奉行政院核定。

二、新店溪上游治理綱要計畫主要內容

前述新店溪上游綱要計畫區分為「建立流域災害監測預警系統」、「加速集水區保育治理與管理」、「加強河川規劃、治理與非工程措

施」及「建構高濁度因應處理及備援能力」等四大工作區塊，[17] 所謂新店溪上游流域依據該要點規範為青潭堰以上之全流域面積，涵蓋新北市新店區（部分）、烏來區、石碇區（部分）、坪林區及雙溪區（部分）等五區，其中石碇、坪林及雙溪等三區為翡翠水庫集水區。至於工作任務依該要點規定包括：

（一）　涉及新店溪上游流域保育治理相關事務，各權責機關推動事務之協調處理、列管與追蹤。

（二）　新店溪上游流域保育治理綱要之擬定。

（三）　新店溪上游流域保育治理綱要各執行機關相關執行計畫之協調、列管與追蹤。

（四）　彙整及提報新店溪上游流域保育治理、其他保育資訊及相關事務執行情形。

（五）　其他新店溪上游流域保育治理之修正及推動事項。

依該要點規範，其工作任務主要為綱要擬定及協調、列管、追蹤等項目，提供第一線主管機關處理之方向，及列管追蹤執行情形，並附有機關間之協調功能。至於工作分組則置委員二十二人至二十四人，除召集人及共同召集人為當然委員外，餘由經濟部聘兼，成員包括

（一）　行政院農業委員會林務局代表一人。

（二）　行政院農業委員會水土保持局代表一人。

（三）　行政院原住民族委員會一人。

---

[17]　經濟部水利署保育事業組（2016）。「行政院核定『新店溪上游流域保育治理及區域穩定供水綱要計畫』」，取自：經濟部水利署 e 河川知識服務網 http://www.e-river.tw/System/NewArticle/DealData.aspx?s=BB897A5B70F7523C&index=445C5B233C379604&sm=B3DA5383F527AD3D.

（四）　內政部營建署代表一人。

（五）　交通部公路總局一人。

（六）　臺灣自來水股份有限公司代表一人。

（七）　臺灣電力股份有限公司代表一人。

（八）　經濟部中央地質調查所代表一人。

（九）　經濟部水利署代表一人。

（十）　經濟部水利署第十河川局局長。

（十一）　經濟部水利署臺北水源特定區管理局局長。

（十二）　國家災害防救科技中心代表一人。

（十三）　臺北市政府代表二人（臺北翡翠水庫管理局、臺北自來水事業處各一人）。

（十四）　新北市政府代表一人。

（十五）　相關專家、學者二人至四人。

前述參與人員包括各政府相關部門代表，並納入第三部門專家學者，針對工作任務就新店溪上游流域保育治理提供意見並配合共同推動。

第三節　國內主要水庫治理變數影響

國內水庫治理多年，風災與非專業指令不時會影響水庫治理成效，其中風災部分是屬於天然災害，對水庫造成的破壞常使治理功虧一簣，而非專業指令的干擾卻是使得前述風災損失雪上加霜，二者形成的災害已成為水庫治理的變數。以下即從風災影響及非專業干擾等二部分探討。

壹、風災影響部分

國內主要水庫歷經天災地變後，使水土保持治理增加難度，1999 年 921 地震已使國內主要水庫集水區地表土層鬆動，遇地震更易使集水區土石坍塌，國內前三大水庫，包括南部的曾文及北部的翡翠、石門等，自營運以來皆已發生嚴重風災，致庫容淤積量增加，情形如下：

一、翡翠水庫風災影響

北部的翡翠水庫於 1996 年遭受「賀伯」颱風侵襲，為最早重創翡翠水庫的颱風，當年淤積高達 347.6 萬立方公尺，較年設計推估量 113 萬立方公尺超出三倍，至今仍為該水庫歷年淤積最大量，除此，在 1998 年及 2001 年翡翠水庫又分別遭受颱風「瑞伯」及「納莉」的侵襲，致淤積量分別達 137.7 萬立方公尺及 135.4 萬立方公尺，使前述三個颱風侵襲的淤積量，至今仍分占翡翠水庫歷年年淤積量的前三名。

二、石門及曾文水庫風災影響

石門水庫受風災重創最嚴重則屬 2004 年的艾利颱風侵襲，短短 4 日內為石門水庫集水區帶來平均 973mm 超大雨量（水庫年平均雨量約 2,467mm），集水區內大面積的崩塌使集水區約 2,788 萬立方公尺（占歷年累積量的 30%）泥砂沖入水庫，已讓石門水庫縮短了 10 年以上的壽命。（姚祥瑞，2014：21）

曾文水庫則於 2009 年受到莫拉克風災衝擊，集水區大量崩塌的淤泥造成 9,108 萬立方公尺的淤積，[18] 較年設計淤積量的 561 萬立方公尺，

---

[18] 經濟部水利署南區水資源局（2015）。把握時機 曾文水庫更加強清淤，最新消息，取自：經濟部水利署曾文南化烏山頭水庫治理及穩定南部地區供水計畫宣導網站 http://www.wrasb.gov.tw/news/news01_detail.aspx?no=15&nno=2015032301.

多出 16 倍，佔水庫庫容 12%，相當於 30 年的淤積量，為此，經濟部雖於隔年研擬了「曾文南化烏山頭水庫治理及穩定南部地區供水計畫」，而內政部營建署城鄉發展分署亦受託研擬「水庫集水區土地合理利用規劃實施計畫」，但之後曾文水庫的土砂量在莫拉克後每年超過 700 萬，[19] 自莫拉克颱風後，歷年同期有效蓄水量已明顯減少，[20] 莫拉克颱風實已破壞曾文集水區水土穩定性。前述天災都造成水庫極大損害，成為水土保持治理的變數，政府因而投入更多資源於水土保持治理上，更凸顯水庫水土保持治理對集水區的重要。前述翡翠、石門、曾文等三水庫嚴重風災淤積情形如表 3-6。

表 3-6　翡翠、石門、曾文等水庫最嚴重風災淤積量暨影響

水庫	颱風	侵襲年	產生淤積量（立方公尺）	影響
翡翠	賀伯	1996	347.6 萬	較年設計量多出三倍，水庫庫容量受影響。
	瑞伯	1998	137.7	較翡翠水庫年平均量高，影響庫容。
	納莉	2001	135.4	較翡翠水庫年平均量高，影響庫容。
石門	艾利	2004	2,788 萬	石門水庫縮短 10 年以上壽命，水庫庫容量受極大影響。
曾文	莫拉克	2009	9,108 萬	較設計量多出 16 倍，之後每年淤積量增加 700 餘萬，水庫庫容量受極大影響。

註：艾利風災淤積因素除風災造成，人為不當因素亦無法排除。
資料來源：本研究整理

---

[19]　曾文水庫於 1973 年啟用，至 2009 年莫拉克颱風前，水庫總淤積量約 1.3 億立方公尺，年平均淤積量約 4 百萬立方公尺。

[20]　經濟部水利署南區水資源局（2017）。曾文-烏山頭水庫運轉歷線圖，取自經濟部水利署網站 http://www.wrasb.gov.tw/water/waterLine.aspx?waterType=1&no=13&pno=sn=.

貳、非專業干擾部分

翡翠水庫與石門水庫的管轄機構都曾發生非專業干擾專業現象，其中翡翠水庫一件，石門水庫二件。

一、翡翠水庫部分

2001 年 9 月利奇馬颱風即將登陸，中央氣象局預估北部山區雨量 400 公厘以上，當時的水資源局（水利署前身）銜經濟部之命，要求翡管局預先放翡翠水庫水，以空留面積容納雨量帶來的水庫進流量，這道指令並未以傳真或公文方式而僅以電話通知，[21] 因該項指令違反翡翠水庫作業規範，且翡翠水庫管轄機關翡管局隸屬臺北市政府，經濟部無直接管轄權，最終翡管局未接受該項非專業指令，依據水利署資料，利奇馬颱風為翡翠水庫集水區帶來雨量僅 9.9 公厘，與預估雨量差距甚大。[22]

二、石門水庫部分

第一件與翡翠水庫相同為 2001 年利奇馬颱風，然而石門水庫管理機關為經濟部水利署北區水資源局（以下簡稱北區水資源局），隸屬經濟部，故而接受了指令事先放水，最終，利奇馬颱風亦僅為石門水庫集水區帶來 5 公厘雨量。第二件為艾利颱風侵襲事件，2004 年艾利颱風侵襲，桃園分區停水，為解決民眾使用濁水問題，經濟部直接指示北區水資源局採高層水位放水，致水庫大量泥砂未及排出，形成大量淤積。艾利風災形成嚴重淤積，部分為颱風大雨直接侵襲造成，不容否認若採低層

21　當時已為颱洪期，電話轉至翡管局「運轉中心」，指令於當場由操作科記錄下來，由於屬內部作業，文件無法引用，時著者為機關發言人，在場人員尚有局長及相關一級主管。

22　取自：經濟部水利署（2017.9.3），防災資訊網，http://fhy.wra.gov.tw/fhy/Monitor/Reservoir.

水位排砂，當會減少泥砂停流庫底的比例而減少庫容量損失，當時非專業指令的干擾，已讓石門水庫庫底沉積了艾利風災所有的淤積量，影響至今，已造成石門水庫長遠的傷害。翡翠水庫與石門水庫非專業指令影響事件情形如表 3-7。

表 3-7　翡翠及石門水庫非專業指令影響事件

水庫	時間	事由	指令	結果	影響效應
翡翠	2001.9	利奇馬颱風預計 9 月 26 日直撲臺灣東南部，氣象局預估北部山區雨量 400 公厘以上…	水資源局銜經濟部之指令，要求翡管局管轄之翡翠水庫預先放水。	翡管局未依指令，實際雨量僅 9.9 公厘。	翡管局將情上報臺北市政府
石門水庫	2001.9.	利奇馬颱風預計 9 月 26 日直撲臺灣東南部，氣象局預估北部山區雨量 400 公厘以上…	水資源局銜經濟部之指令，指示北區水資源局管轄之石門水庫預先放水。	北區水資源局依據指令事先放水，實際雨量 5 公厘。	上級干預影響運轉專業性
	2004.8	為解決桃園地區民眾用水混濁問題	指示北區水資源局改採高層水位放水	北區水資源局初始有意見，後依指令採高層水位放水。	水庫泥沙無法立即排出，間接造成大量淤積因素。

資料來源：本研究整理

第四章　翡翠水庫治理面向

　　翡翠水庫治理面向探討內容，主要涵蓋治理構面的剖析，也包括深度訪談途徑之運用分析，以及經由深度訪談後再運用進行治理的可能因素分析，經此三個層面探討翡翠水庫治理可能因素，以下即將翡翠水庫治理面向分為「翡翠水庫治理構面之剖析」、「深度訪談途徑之運用分析」及「翡翠水庫治理可能因素分析」等三節探討如後。

第一節　翡翠水庫治理構面之剖析

　　翡翠水庫治理構面包括業務及亢旱二個治理層面，在研究前述二項治理層面時亦會探討管理機構無法控制的因素，這些因素使治理成效打折，本研究將之作為治理的變數，構面剖析部分，則以本研究篩選的生態、水土保持、水源維護、環境景觀及教育宣導等業務，加上國內水庫日益面臨的亢旱治理問題為主軸，述之如下。

壹、業務治理

　　翡翠水庫業務治理層面涵蓋生態、水土保持、水源維護、環境景觀及教育宣導等五項業務，探索如下：

一、生態保育

　　翡翠水庫生態保育的治理必須先了解生態與水質的關係，亦須重視集水區動物棲息地情形，更須落實於施政，以下即分別從生態環境與水庫水質、水庫集水區棲地管理及生態保育的落實三個面向說明於後。

（一）生態環境與水庫水質息息相關

　　水庫水域及集水區的生態保育主要目的，為建構水量充裕、水質優良的質優量豐的水庫，生態與水質水量可謂息息相關，亦即水庫集水區內完整的多樣化動、植物生態環境，為孕育綿延不絕的水源水質水量的初始條件，加以氣候變遷極可能導致水資源供應失衡之虞，故而集水區生態保育在水庫管理機構成為重要施政方針之一，亦為水庫追求永續利用的最基本作法。

（二）水庫集水區棲地管理受到重視

　　臺灣的生態系統與棲地生態的受到重視，是歷經 1980 年代的野生物的物種調查、族群分布、行為習性，以及瀕臨絕種生物保育之後興起，當時較少以生態系統與棲地生態為核心的研究與管理，然而臺灣地區的環境，即使是水庫，都與河溪的脈絡，有互動的生態關聯性。[1] 因此在水庫日後治理中，河溪生態系統及其棲地管理的專研，自然受到水庫管理機構的重視。

　　翡翠水庫經由生態調查結果，了解集水區內常見動植物的棲息環境，

---

[1]　汪靜明（2011）。「引論：生態學落實於台灣生態保育與環境教育的理念與行動」，國立中央大學哲學研究所-應用倫理研究中心，應用倫理研究通訊 26 期，取自：中央大學網站 http://www.ncu.edu.tw/~phi/NRAE/newsletter/no26/02.html.

例如，水庫內需棲息於清澈水域的魚即有屬於鯉科的臺灣石賓、鰍科的花鰍。以濃密之天然林為主，則有獼猴科的臺灣獼猴。分布於集水區四周原始林的穿山甲、闊葉林區鴉科的臺灣藍鵲，還有棲息於丘陵、林木底層，離水較近溪旁澤龜科的食蛇龜。[2] 至於國寶級的翡翠樹蛙，為臺灣特有種已列為保育類，發現地就在翡翠水庫，[3] 而烏來杜鵑為全球稀少的世界級植物，卻僅產於翡翠水庫所在的北勢溪河床上，[4] 惟因水庫蓄水而在野外滅絕，若未經專業復育，則難在水庫週邊地區再見其身影。

（三）生態保育落實於施政方針

前述生態的發現不啻為管理機構注入強心針，進行的水庫治理更積極於維護水源集水區之生態保育面，具體於其施政方針的「翡翠水庫永續經營白皮書」中，將生態翡翠楬櫫為永續經營之願景之一，使其成為達成翡翠水庫永續經營之基本工作。[5] 並於歷年管理機構年刊、特刊等出版品及向議會施政報告中均提及生態保育之重要性。

二、水土保持治理部分

水庫水土保持的主要目的，在於避免水庫淤積發生，而淤積又素有水庫殺手之稱，颱風侵襲則是另個產生淤積的重要因素，也是水庫水土保持工作難以承受之變數，分別說明如下：

（一）淤積問題的嚴重性

2　臺北翡翠水庫管理局（2007）。「水　生命　翡翠」生命篇，19-122。
3　中央研究院生物多樣性研究中心（2017），翡翠樹蛙，取自：台灣生物多樣性資訊網站 http://taibif.tw/zh/namecode/380051?order=solr_document_2&sort=desc.
4　同上。
5　臺北翡翠水庫管理局（2017）。水資源保育篇，翡翠水庫永續經營白皮書，取自：臺北翡翠水庫管理局網站 http://www.feitsui.gov.taipei/np.asp?ctNode=31449&mp=122011.

　　國內水庫集水區土地利用及水源污染，受到經濟發展及休憩人口增加影響有日益增加之趨勢，開發的疏忽也可能破壞了原有土地結構，當驟雨或地震等侵襲時，易造成土層崩塌土石流失，致泥沙大規模流入庫區形成嚴重淤積現象，淤積不但會使水庫水質變差，亦使容量減少，故「淤積」向有水庫殺手之稱。[6] 國內主要水庫淤積情形嚴重，依水利署資料顯示，提供桃園暨部分新北地區的石門水庫自 1953 年運轉以來至 2015 年 2 月止，年平均淤積量為 194 萬立方公尺，累積淤積量已達 10,086 萬立方公尺，有效容量損失約百分之 19.58％。[7] 而曾文水庫原設計總容量 7 億 4,840 萬立方公尺（滿水位標高 EL.227.0 公尺），有效容量 6 億 3,120 萬立方公尺，有效蓄水量僅剩 49,159 萬立方公尺，有效容量損失 33％。[8]

（二）水土保持為減少淤積主要方式

　　水庫蓋好後於經營管理階段的泥沙沉積庫底，實為無法避免之自然現象，為解決水質惡化及水量問題，只能思考對策盡力減緩，而影響容量主要因素在於水土保持的治理，在行政院農業委員會針對中央政府總預算決議事項向立法院檢討改進報告中曾述及當時白河、烏山頭及曾文等水庫淤積嚴重，均與水土保持計畫未周延確實息息相關。[9]若深入了解，水土保持是否成功又與集水區土砂生產量、土砂防

[6]　「淤積」為水庫殺手已為水庫管理單位共識，並常出現於管理機構出版品或網站中。

[7]　經濟部水利署北區水資源局（2016）。石門水庫浚渫作業簡介，取自經濟部水利署網站 http://www.wranb.gov.tw/ct.asp?xItem=2573&ctNode=703&mp=5.

[8]　經濟部水利署南區水資源局（2011），曾文水庫取水斜塔前庭清淤工程基本設計委託技術服務摘要，4。取自：經濟部水利署網站 www.wrasb.gov.tw/Uploads/wor.

[9]　立法院議案關係文書（2011）。行政院農業委員會函送該會水土保持局 100 年度中央政府總預算案決議事項第 3 項之（三）檢討改進方案報告，院總第 887 號政府提案第 12255 號之 916。

治量及土砂入庫量等土砂環境息息相關，並各有其計算公式，[10] 這些土砂環境因素的適度改善，脫離不了積極面的植樹造林及消極面的崩塌地處理二種途徑。

三、水源維護治理

水源維護治理以集水區面積、業務涉及不同機關、汙水處理系統的治理角色及集水區開發的衝擊等四部分，說明如下：

（一）主要水庫集水區面積遼闊

以國內主要水庫而言，水庫集水區面積公告範圍，蓄水量最大的為曾文水庫，其蓄水範圍為曾文水庫設計最高洪水位標高 232.5 公尺與其迴水所及蓄水域及水庫相關重要設施之土地與水面及必要之保護帶，其範圍之行政轄區屬嘉義縣大埔鄉及臺南縣楠西鄉，面積 1,977.45 公頃。[11]其次的翡翠水庫集水區蓄水範圍為該水庫設計最高洪水位標高 171 公尺與其迴水所及蓄水域、水庫相關重要設施之土地與水面及必要之保護帶，其範圍之行政轄區屬臺北縣新店市、石碇鄉及坪林鄉，面積 1,452 公頃。[12]蓄水

---

[10] 何幸娟等（2013）。莫拉克颱風後曾文水庫集水區山坡地保育治理成效評估，中興工程（118），21-30。

[11] 經濟部（2006）。公告曾文水庫管理機關、蓄水範圍及其申請許可管理事項，第一條：曾文水庫管理機關為經濟部水利署南區水資源局，其蓄水範圍為滿水位標高 227 公尺與其迴水所及蓄水域、蓄水相關重要設施土地與蓄水域周邊必要之保護範圍，其行政轄區屬嘉義縣大埔鄉、臺南市楠西區及東山區，蓄水範圍面積 1,977.45 公頃⋯取自：水利法規查詢系統網站 http://wralaw.wra.gov.tw/wralawgip/cp.jsp?lawId=402899ba424b451a0144b4403e1a0e1c.

[12] 經濟部（2005）。公告翡翠水庫管理機關、蓄水範圍及其管理事項，第二條：蓄水範圍：本水庫蓄水範圍為該水庫設計最高洪水位標高 171 公尺與其迴水所及蓄水域、水庫相關重要設施之。土地與水面及必要之保護帶，其範圍之行政轄區屬臺北縣新店市、石碇鄉及坪林鄉，面積 1,452 公頃⋯取自:行政院公報資訊網

量排第三的石門水庫，其蓄水範圍為該水庫設計最高洪水位線標高 250 公尺與其迴水所及蓄水域及水庫相關重要設施之土地與水面，其範圍之行政轄區屬桃園縣龍潭鄉、大溪鎮、復興鄉及新竹縣關西鎮，面積 1009 公頃。[13] 前述國內三座主要水庫集水區範圍遼闊，單以水庫管理機構人力難以兼顧水源維護。

（二）集水區業務涉及不同機關

以水庫集水區言，幅員面積廣，業務多涉及不同機關，尤其翡翠水庫更涉及臺北市與經濟部、農業委員會等地方政府與中央關係，亦涉及與新北市政府的地方政府間關係，前者業務關係單位尚包括上下督導關係的水利署，亦涉及林務局、水土保持局等其他中央機關：

1.經濟部水利署保育事業組負責水庫及水區保育治理、水源涵養保護、水庫集水區環境生態。

2.農業委員會林務局集水區治理組負責辦理治山防災工程之調查、規劃與勘查、林道與林業工程之規劃、督導及維護管理等業務。

3.農業委員會水土保持局保育治理組負責集水區整體調查、規劃之研擬及推動、集水區與河川界點以上野溪之水土保持策劃、保育、治理及督導、治山防災與山坡地災害緊急處理之策劃、協調及推動、山坡地水土保持與治山防洪計畫之研擬、協調及推動、水庫蓄水範圍以上集水區保育之策劃、協調及推動、山坡地水土資源保育之策劃、輔導及推動、山坡地植

---

[13] http://gazette.nat.gov.tw/EG_FileManager/eguploadpub/eg011202/ch04/type3/gov31/num3/Eg.htm
經濟部（2007）。修正公告石門水庫蓄水範圍，第一條：石門水庫之管理機關為經濟部水利署北區水資源局，其蓄水範圍為該水庫設計最高洪水位標線高 250 公尺與其迴水所及及蓄水域及水庫相關重要設施之土地與水面，其範圍之行政轄區屬桃園縣龍潭鄉、大溪鎮、復興鄉及新竹縣關西鎮，面積 1009 公頃…取自：經濟部水利署北區水資源局網站 https://www.wranb.gov.tw/public/Data/7111711194171.pdf.

生綠化之策劃、研究、發展、推動及督導等。

4.依據行政院核定之「水庫集水區保育綱要」，道路水土保持部分則由道路主管機關依權責辦理（路權及上下邊坡不可分割之治理範圍）。

前述各機關業務權責不同，一個水庫由多個單位管理，若未從中找到改變的機會與協調的方式，將難以治理。[14]

（三）汙水處理系統的治理角色

包括汙水處理功能及國內主要水庫污水處理建置概況等說明如下：

1.汙水處理功能

水庫污染來源主要分為點源污染及非點源污染，前者包括養殖廢水、生活污水、遊憩污水及工廠廢水等項目，後者則涵蓋集水區農藥與肥料、崩塌地、逕流沖刷等，由於排入水庫使水體直接承受污染，前述污染則多以設置集水區汙水處理設施，作為國內水庫集水區汙染防治的主要方式，行政院推動 2012 年至 2017 年水體環境水質改善及經營管理，其中在處理水庫集水區及庫區內之污染來源策略部分，即以加速推動污水下水道系統建設為優先。[15]汙水設施功能包括改善溪流等河川及水庫水質，避免水庫優養化、增進水資源利用價值、維護景觀、生態環境、市容觀瞻與環境衛生等，其實際產生的污染防治量，以翡翠水庫集水區的坪林污水處理廠而言，即超過 1200CMD。[16]

2.國內主要水庫污水處理建置概況

---

[14] 國際流域治理規劃研討會（2013）。研討會成果議題彙整，專題論壇二：流域土地使用規劃與管理，取自：http://tnwr.up.ncku.edu.tw/2013Conference/reports.aspx。

[15] 行政院環保署（2011）。水體環境水質改善及經營管理計畫，35。

[16] 坪林污水廠 102～104 年平均處理水量約為 1,212CMD，CMD 為 Cubic Meter per Day 縮寫，即立方米/每天。經濟部水利署臺北水源特定區管理局（2015）。經濟部水利署臺北水源特定區管理局 104 年度工作年報，61。

　　翡翠水庫計畫工程於 1987 年完成，攸關污染防治的集水區污水下水道系統工程計畫，則自 1994 年 7 月 6 日開工至 1999 年 7 月 30 日完工止，歷經五年興建完成正式擔負污染防治重任，包括新烏地區污水下水道系統、翡翠水庫上游污水下水道系統等。

　　北部地區另一主要水庫-石門水庫，其壩區於 1990 年完成污水處理廠興建，其目的為將壩區之污水集中處理，而上游集水區最靠近大壩的聚落位於復興鄉三民村，在未有汙水處理設施時，因遊客與住戶生活所需，兩百多戶家庭與餐飲店汙水直接排入水庫支流的東安溪，增加水庫自淨的負擔，進而影響石門水庫水質，經環保署補助，並由桃園縣政府時期的環保局發包設置三民社區示範汙水處理管線系統，接引家庭、店家與餐廳的排放廢水到下游二百公尺汙水處理廠，經處理後再流入石門水庫，使其支流的東安溪溪水恢復原貌。[17]

　　曾文水庫則為臺灣地區最大的多目標人工湖，兼具灌溉、防洪、給水、發電、觀光及供應嘉南地區民生用水等功能，因具有公共給水之功能，因而該區域於 1983 年即劃定為「水源、水質、水量保護區」，[18] 為有效控制水源污染及改善曾文水庫及上游曾文溪之水質，該水庫亦以興建汙水處理系統防治污染源。曾文水庫汙水處理系統建於 2003 年，主要功能即為處理曾文水庫風景特定區內之生活與遊憩後產生的污水，其設計容量為 500CMD，每日污水處理容量亦達 70CMD，由於曾文水庫為承受水體，

---

[17] 經濟部水利署北區水資源局（2016）。石門水庫生態保育教室，三民污水處理示範區，取自：經濟部水利署網站 http://www.wranb.gov.tw/ct.asp?xItem=2708&ctNode=844&mp=4

[18] 台灣省政府於 1983,6,22 公告「曾文溪水源水質水量保護區」，當時公告面積 572.55 平方公里。範圍由縱貫公路（一號省道）曾文溪橋起，上溯包括菜寮溪、後堀溪等支流。後於 2009 年及 2013 年分別修正公告為 504.09 平方公里。取自：經濟部水利署網站 http://welfare.wra.gov.tw/publicize/3/protected_info.aspx?ConCode=42.

多年來有效控制水源污染，使曾文水庫及曾文溪之水質能達到污水處理之預期效益。

（四）集水區開發的衝擊

集水區若面臨國家建設後的汙染衝擊，更需藉由不同層級政府協力合作，以翡翠水庫言，集水區同時面臨北宜高速公路通車後帶來的水源汙染爭議，北宜高速公路為臺灣首條橫跨臺灣東西部的高速公路，貫穿雪山山脈，由南港至蘇澳，南港至頭城端 31 公里，頭城至蘇澳端 24 公里，為宜蘭縣與大臺北地區甚而臺灣西部連結的交通要道，中間端則有交流道下至屬於翡翠水庫集水區範圍的坪林區，全線轄區跨越臺北、新北及宜蘭等三市縣，若無藉由北市、新北及中央三方通力合作，亦難就水庫上游汙染源進行定期與不定期的管制與巡查，降低增加人潮後對水庫水質之影響。

四、環境景觀

環境景觀治理主要分為垃圾清除及景觀維護等二部份，集水區垃圾（或稱廢棄物）清除為環境治理構面重要項目，翡翠水庫雖未開放觀光，但集水區面積廣，近北宜路的坪林、石碇等區域住戶不少，該區又有遊客休憩景點，逗留數未減，加以時有違規釣客被取締情形，[19] 區域產生的垃圾多與家戶、遊客及釣客等帶來有關，若未及時處理，大雨後只能隨雨水流進水庫，形成嚴重的水源污染，翡管局為此每年均編列清理水域垃圾預算。由於翡翠水庫水源區（涵蓋集水區）管理機關為水源局，自為垃圾清理的主管機關，惟自 2003

---

[19] 自 2011 至 2015 的五年期間，翡翠水庫水域取締釣客件數 114 件，多數釣客會留下垃圾，且 魚餌多以豆餅為之，兩種行為均極易汙染水源。數字取自翡翠水庫年刊 100-104（2011-2015）五年的釣客取締件數統計。

年起環保署函釋將水源區內家戶產生之一般廢棄物改劃由執行機關的鄉、鎮、市公所清除，[20]實務上垃圾產生難以家戶、遊客劃分，故自 2003 年起水源區內的垃圾清除均委託所屬行政轄區的市、鄉公所處理。無論是水源局或是轄區行政基層單位，多年來垃圾清除業務成效，已使大片水域垃圾覆蓋現象減少許多，對翡翠水庫集水區的環境治理助益甚大。

　　另一重要項目的景觀部分，其重要性主要在於管理機構的景觀維護呈現管理門面，參訪民眾多從門面觀感形成對管理機構的效率印象，除此，植物本身具有影響人類心理的效益，包含減輕壓力、提昇正面情緒、恢復注意力、提昇工作效率等功能，管理人員處於公園般的工作環境中，確能提高工作效率。[21]而國內主要水庫的景觀維護範圍，隨著水庫主要功能不同會有些微差距，翡翠水庫主要以供應大臺北地區日常民生用水為主，並未如石門及曾文等二水庫尚有觀光休憩等功能，規劃的景觀致未及前述水庫全面。即使如此，為彰顯水庫管理提升工作效能，翡翠水庫景觀規畫仍有其重點，尤其針對大壩週邊景觀，歷年進行多處改善，包括大壩平臺、大壩參觀台遮陽棚、壩址道路眺望平台、涼亭等，成為來賓及外賓參訪之重要據點。即使位於辦公區的以蕨類為主題的蕨類教室，亦規劃成水庫界首創的特色園區，重新復育的烏來杜鵑景觀位於辦公區及大壩沿線，當綻放花朵時總令人目不暇給，經由前述重點的規劃，使翡翠水庫整體景觀呈

---

[20]　主管機關環保署 2003 年函釋:一般廢棄物權責劃分:（一）依據廢棄物清理法第 11 條第 9 款規定道路之安全島、綠地、公園及其他公共場所，由管理機構（臺北水源特定區管理局）清除。（二）水源區域內家戶所產生之一般廢棄物，由執行機關(鄉、鎮、市公所)清除。取自：行政院環保署主管法規查詢系統
　　　https://oaout.epa.gov.tw/law/LawCategoryContentList.aspx?id=11.

[21]　顏家芝、林晏州、陳惠美（1997）。高雄都會公園遊憩型態及使用模式之研究。內政部營建署委託。中華民國戶外遊憩學會。該委託研究指出：公園具有之功能包括提高市民工作效率。

現井然有序又不失自然的基調。

五、教育宣導治理

　　國內水庫早期肩負的使命多圍繞在原有供水、發電、防洪、灌溉及觀光休憩等功能面，然而，隨著環保意識抬頭，新水庫難覓建下，現有水庫的永續經營即成為治理目標。翡管局推動水資源保育教育宣導之初，就是希望在取締查報管理手段外，輔以教育宣導方式啟迪人心，減少水質汙染與淤積，達事半功倍之效。故其推動教育宣導同時一再強調教育才是水資源保育工作治本之道，民眾經由教育宣導使有正確水資源保育觀念後，自發性地避免汙染水源地，水源污染情形才會明顯改善。[22]如今，藉由水資源保育教育，讓民眾正確認識水資源、共同維護水資源的方式，已成為國內現有水庫管理者永續經營的思維之一。

　　這些對水庫治理有助益的教育宣導對象，從學生到一般民眾都有，學生從國小到大學，民眾則來自各行各業，均納入水資源教育宣導對象。較為特殊的則為針對國小學生部分，國內水庫管理單位採取有規劃、有系統針對國小學生，推動水資源教育宣導活動者，首推臺北市政府所轄的翡管局，時間可追朔到 1999 年辦理的「水、生命、翡翠」系列活動，當時並列入翡管局施政計畫列管，[23] 同時亦獲中央在經費上的補助，而以國小學生

---

[22]　郭瑞華（2001）。活動成果記序-前言，「水、生命、翡翠」水資源教育宣導成果，4，臺北翡翠水庫管理局出版。

[23]　計畫名稱為「水、生命、翡翠宣導活動」，子計畫包括「畫山、畫水、畫翡翠寫生比賽」、「愛水（美）小天使選拔」、「跨越 2000 奔向翡翠，愛水（美）小天使授證暨健行淨山活動」、「假日自然體驗營一、二期」、「義工訓練一、二期」、「生態調查」、「導覽活動」、編印「水生命翡翠-翡翠水庫環境與常見動植物圖鑑」、「惜水之旅導覽活動」及撰寫編印「水生命翡翠宣導活動成果報告」等。參見臺北翡翠水庫管理局（2000）。「本府重大施政計畫、政策或大型活動預定完成、實施、辦理時間表」。未出版。

為主也是翡管局推動教育宣導最早針對的對象，其目的希能在擁有正確水資源觀念後進而達到包括家庭成員、學校同學、同儕等多層面的影響。

貳、亢旱治理

由於國內水庫條件的侷限性及氣候變遷等因素，使自 2002 年後即常面臨亢旱期的挑戰，分以下二部份說明：

一、國內水庫侷限及氣候變遷

臺灣地區水庫集水主要來自於春雨、梅雨、夏季颱風雨及東北季風，翡翠水庫則因地理優勢，每年 11 月至隔年 2 月的東北季風雨量比例甚高，雖如此，翡翠水庫操作運轉亦面臨國內其他水庫相同現象，即由於地形、地質限制，水庫的蓄水量都不大，無法將水留住，以 2015 年為例，國內水庫總進水量為 32,733.56 百萬立方公尺，有效容量卻僅 1,922.02 百萬立方公尺，[24]以目前水庫每年總供水量超過 7,900 百萬立方公尺而言，則需運轉 4 次以上，多出的水必須排放，致使國內水庫蓄水僅能滿足當年需求，若遇降雨不正常，則呈供需緊張現象，此為臺灣水庫侷限性。然而全球氣候變遷卻導致各地降雨的極不穩定，暴雨及乾旱接踵而至，水資源來源受到天候挑戰，臺灣亦無法倖免，致使水庫集水區水的進流量無法正常維持，亢旱期遂成為水庫管理機構每年的夢魘，亦使亢旱的水源調度成為水庫的重要治理環節。

24　經濟部水利署（2017），「現有公告水庫分布及營運概況」，取自：經濟部水利署網站 https://www.wra.gov.tw/ct.asp?xItem=102366&ctNode=10413&comefrom=lp#10413.

二、亢旱期治理形成水庫重要業務

　　國內水庫亢旱期的應變涵蓋公部門的水源調度、相關部門的配合應變及私部門與民眾的共同配合等，這種公、私合作的展現，最能體現治理精神，形成水庫治理不可缺少的構面。過程中由於有關的公部門涉及不同層級，地方與中央的合作是拉扯或是攜手，考驗著彼此智慧，而與民間團體的溝通協調，亦展現雙方的耐力與技巧，水庫亢旱意味著對管理機構、供水單位及需水團體等合作成效的總體檢。臺灣地區亢旱程度最嚴重、旱期最長的首推 2002 年至 2004 年連續三年的亢旱，地區遍及臺灣的北、中、南及離島的澎湖、馬祖等地區，致使各供水區依亢旱程度分採不同階段的因應措施，[25]其中 2002 年北部地區因應亢旱的抗旱規模，其所動員人力、影響範圍等，至今仍屬空前，翡翠水庫水位更是落到歷史新低，臺灣在經歷連續三年亢旱期後，至今不時有亢旱警訊，包括 2006、2009、2011、2013-2015 及 2017 年等，中央均成立旱災應變小組，而在 2014 年到 2015 年 3 月的降雨數量，更創下 67 年有氣象紀錄以來的同期最低，亦屬臺灣有記錄以來相對最嚴重的一次，[26]致北部地區的石門水庫蓄水受到嚴重影響。由於水庫亢旱期自 2002 年起至 2017 年期間不時發生，亢旱治理儼然成為水庫重要工作。國內水庫歷年亢旱情形

25　經濟部水利署（2004）。經濟部連續第三年亢旱就各供水吃緊地區採取相關應變措施，新聞稿，取自：經濟部水利署網站
　　https://www.wra.gov.tw/ct.asp?xItem=19864&ctNode=10204&comefrom=lp.

26　行政院（2015）。毛揆：全面思考水資源政策 建構有效率管理機制，即時新聞，取自：行政院網站
http://www.ey.gov.tw/News_Content2.aspx?n=F8BAEBE9491FC830&sms=99606AC2FCD53A3A&s=2D60CCC251850FC4.

如表 4-1。

表 4-1　　國內水庫歷年亢旱情形

旱災應變小組成立時間		旱災應變小組層級	旱象範圍	旱象程度
2002	3.01	經濟部（負責石門水庫供水的北部地區）	新竹以北地區	翡翠水庫與石門水庫供水區均進入第三階段分區限水
	4.30	臺北市府（負責翡翠水庫供水轄區）		
	5.01	中央跨部會（旱災中央災害應變中心）		
2003	3.04	經濟部	新竹以北及澎湖	第一階段（離峰時段降低管壓供水措施）
2004	12.2	經濟部	桃園、新竹、苗栗、臺中	第二階段
2006	2.16	經濟部	桃園、新竹、苗栗	
2009	3.02 12.8	水利署 經濟部	北部、南部（北部為石門水庫供水轄區，）	
2011	3.24 3.25	水利署 經濟部	北部、中部（北部為石門水庫供水轄區）	第一階段（離峰時段降低管壓供水措施）
2013	2.25 3.22	水利署 經濟部	北、中、南（除翡翠水庫外，餘水庫水位偏低 ‵	
2014	11.17 12.2	水利署 經濟部	新竹以北地區	部分地區實施第三階段分區限水
2017	2.07	水利署	臺灣西半部。新北板新、林口、桃園、新竹、嘉義、臺南及高雄	第一階段

資料來源：本研究整理

第二節　深度訪談途徑之運用分析

　　本節以訪談抽樣途徑及訪談提綱等二部分說明，前者為機關與人員的篩選考量及最後篩選出的訪談機構及人員，後者則將本研究六個治理構面，依業務類型、構面定義及訪談提綱等一一呈現，藉由業務類型的細項業務、研究構面的詮釋、訪談提綱的提示等，以明瞭深度訪談內容。

壹、訪談抽樣途徑

　　本研究訪談樣本的篩選採取判斷抽樣（Judgmental Sampling），判斷抽樣又稱「立意抽樣」，是根據抽樣人主觀經驗從總體樣本中選擇那些被判斷為最能代表總體的單位作樣本的抽樣方法。

一、政府及非政府部門篩選

　　本部分以政府及非政府部門二部份說明篩選情形，述之如下：

　　（一）政府部門部分

　　本研究著重於政府部門間及與非政府部門間的治理經驗，故在機關人員的篩選部分，執行面需考慮翡翠水庫的營運管理主管機關，及翡翠水庫集水區的主管機關，是二個不同層級的政府機構。除執行面外，尚須考慮水庫政策面的主管機關，至於人員部分主要為政策面及執行面的決策階層，少部分為執行人員，以決策階層人員為主、執行人員為輔的訪談對象篩選，較能完整回應本研究需求。最後確認機關部分，包括政策面納入經濟部水利署，集水區主管機關的臺北水源特定區管理局、翡翠水庫主管機關的臺北翡翠水庫管理局以及管轄石門水庫的北區水資源局，復考慮曾文水庫經驗若帶入，更能客觀呈現翡翠水庫治理經驗，如此水利署南區水資源局亦

納入訪談的政府機構考量。

（二）非政府部門部分

非政府部門考慮幾個面向，與翡管局合作推動生態教育宣導的非政府部門、與政府部門有長期合作經驗的學者及與翡管局有合作經驗的其他非政府部門，前述非政府部門篩選後，學校部分包括；國立臺灣師範大學前校長，亦為推動翡翠水庫生態教育的推手。國立中興大學公共行政暨政策所所長，長期與政府部門有合作關係，與政府部門人員有豐富共識經驗。民間團體則包括荒野保護協會，在篩選時亦考慮美化翡翠水庫景觀的非政府部門機構，惟因該法人機構有其他考量，不便應允致未能列入。

二、訪談對象篩選

本研究訪談涵蓋跨域的中央、地方等層級，及合作的學術機構、參與的民間團體、志工等。地方政府包括臺北市政府臺北翡翠水庫管理局現任及卸任局長，及臺北自來水事業處現任處長，其中現任翡管局長亦曾擔任合作密切的水源局長，先後具與翡翠水庫有關之二機關首長經驗，極具訪談指標性。卸任的翡管局長則為 1999 年推動翡翠水庫與學術機構合作之舵手，亦曾擔任臺北自來水事業處的首長。中央層級則包括經濟部水利署現任署長（訪談時為副署長）、水源局現任局長、北區水資源局及南區水資源局等現任局長、北區水資源局含卸任局長，其中石門水庫屬於北區水資源局管轄，曾文水庫則屬於南區水資源局管轄，該二水庫雖各設有管理中心主任職位，但訪談內容無論涉及決策或執行層面，均需高層次決策者始能回應。

學術機構訪談安排則為二位不同學術領域之教授，包括社會科學治理領域及自然科學等各一位，前者為國立中興大學公共行政暨政策所所長，

後者為國立臺灣師範大學前校長，且為最早與翡翠水庫合作的先驅者。導覽部份訪談荒野保護協會人員，因訪談聯繫時協會理事長初上任，其顧及業務嫻熟度，主動指派二位，其中一位為溼地植物庇護中心站長，另一位為棲地工作委員會召集人，共同參與。另邀對志工業務嫻熟的翡翠水庫志工隊長（前中興科技研發基金會執行長）等。至於另一重要第三部門組織-財團法人錫瑠環境綠化基金會，雖力邀數次皆因其他考量不便接受訪談，殊為可惜。以上研究訪談對象共計 14 位，其編碼為 R1、R2、R3、R4、R5、R6、R7、R8、R9、R10、R11、R12、R13、R14。深度訪談受訪對象如表 4-2。

表 4-2　　深度訪談對象

編號	服務單位	職稱
R1	經濟部水利署	副署長（2016.11 升任署長）
R2	臺北翡翠水庫管理局	局長
R3	臺北翡翠水庫管理局	局長（卸任）
R4	臺北自來水事業處	處長
R5	臺北水源特定區管理局	局長
R6	經濟部水利署北區水資源局（石門水庫）	局長
R7	經濟部水利署北區水資源局（石門水庫）	局長（卸任）
R8	經濟部水利署南區水資源局（曾文水庫）	局長
R9	臺北翡翠水庫管理局	秘書
R10	國立臺灣師範大學	校長（卸任）
R11	國立中興大學公共政策所	所長
R12	荒野保護協會	理事 溼地植物庇護中心萬里站站長常務理事
R13	荒野保護協會	棲地工作委員會召集人
R14	中興科技研究發展基金會	執行長、現擔任翡翠水庫義務職志工隊長

資料來源：本研究整理

貳、訪談提綱設計

本研究依構面設計有「生態」、「水土保持」、「水源維護」、「環境景觀」、「教育宣導」及「亢旱」等六個治理面向，各構面又分別包括生態部分的生態基礎調查及棲息地保育、水土保持部分的集水區造林及崩塌地治理、水源維護部分的水源區聯合稽查、環境景觀部分的環境清潔及景觀美化、教育宣導活動部分的導覽解說及宣導活動、亢旱期部分的抗旱等不同的治理業務類型，並針對各構面詮釋定義，最後將各構面訪談提綱列出，以了解深度訪談方向，最後設計出本研究所需的訪談提綱，如表 4-3。

表 4-3　　訪談提綱設計

治理構面	業務類型	構面定義	訪談提綱
生態	生態基礎調查棲息地保育	生態與水質為一體兩面，生態好水質就好，了解集水區內生態，甚而對棲息地保育積極作為，對集水區治理均有正面效益。合作治理範圍包括：水庫集水區內物種、數量的初步調查統計暨棲息地保育，棲息地位於水庫集水區內，以行政院農委會公告範圍為準。	合作治理對水庫的助益？水庫管理機構角色應為主動還是被動配合？其他學術機構參與合作治理的可能性？
水土保持	集水區造林及崩塌地治理	集水區水土保持對水庫減少淤積有直接效果，合作範圍涵蓋集水區造林與崩塌地治理，前者可減少崩塌機率，此構面屬跨機關的公部門合作治理。	跨機關合作的效益」？合作治理是否以管理機構為主導？自行執行的困難處？
水源維護	水源區聯合稽查	人為濫墾、濫建及休憩旅遊帶來的汙染，均對水庫水質帶來負擔，水源區範圍廣泛，相關法令涉不同主管機關，跨機關合作治理可減少本位主義的制肘，執行以水源區內的重大汙染案件為主。	合作期間看法不同如何磨合？長久稽查如何避免執行人公式化習性？合作治理最需克服的困境？

環境景觀	環境清潔及景觀美化	環境治理為水庫機構管理重要一環，其中集水區垃圾清除對防止水質汙染有一定效果，至於景觀美化部分，目前與民間團體合作治理範圍為辦公區至大壩平台的沿線景觀維護及定點的設施更新，可強化民眾對水庫管理機構的信心度。	垃圾清除的功能？水庫管理機構美化需求與專業規劃相衝突，如何取捨？有無考慮與民間綠美化團體有更多的合作項目？
教育宣導	教材活動及導覽解說	將珍惜水資源、保護生態等觀念與市民互動，合作對象涵蓋學術機構、民間人士、民間團體等，成為管理機構志工同時，也成為管理機構與市民間溝通橋樑。	與學術機構及志工合作多年，有無需雙方調適的地方？合作的學術機構學生、志工在教育宣導角色？有無可能增加導覽解說以外的合作範圍？
亢旱	亢旱期抗旱	久旱不雨，且旱象缺水持續惡化，無法有效調配供水因應產生之災害。旱災雖非每年發生，但直接影響社、經層面。	如何能安然度過亢旱期？與其它治理業務的關聯性？跨組織或公、私合作抗旱的困難處？

資料來源：本研究整理

第三節　翡翠水庫治理可能因素分析

　　翡翠水庫治理經驗以六個治理構面作為研究主軸，依主軸所需設計出訪談方向，再藉由深度訪談結果分析其治理可能因素，其中「生態」、「水土保持」、「水源維護」、「環境景觀」及「教育宣導」等五構面歸屬於「業務治理」層面，「亢旱」的治理屬性與前述業務治理稍有差異，單獨以「亢旱治理」層面呈現。

壹、業務治理

　　翡翠水庫業務治理層面涵蓋「生態」、「水土保持」、「水源維護」、「環

境景觀」及「教育宣導」等五構面因素，分別探討如後。

一、生態面因素

生態面部分，依據訪談所獲資料，分別以「理念相同為合作基礎」及「受限經費研究無法持續」等二可能因素剖析之。

（一）理念相同為合作基礎

生態與水質關係雖然密切，但水庫管理者是否重視生態與水質關係，卻影響業務推動方向，翡翠水庫的治理經驗顯示，因觀點、理念相近，促使管理機構與學術單位結合一起，也因理念相同，雙方願從生態調查與教育宣導二方面著手合作⋯⋯

> 翡翠水庫周圍生態好壞是評定水質好壞的指標，雙方都認為生態調查和教育是非常重要，而且在這個基礎上合作，可以為水庫水質的監測業務加分，影響面也會擴及社會，所以我們和臺師大的黃生教授的理念一拍即合。（R3）

翡管局推動生態調查工作，一開始也不是很順利，應與管理者推動重點有關，臺師大為了理念進入翡管局，從不受歡迎到能接受，管理者的因素很大，也由於雙方理念契合，才能在當時留下生態基礎調查的成果⋯

> 我和兩位師大生物系教授，曾經在阿扁市長任內去過翡翠水庫好幾次，與翡翠水庫局長談生態保育以及生態教育，但是當時的局長不歡迎我們，給我的訊息很清楚，就是要我們早點離開。到了翡管局長換了人後，我們又試著再進去，沒想到新的首長郭瑞華局長和我們有共同焦點，才開始了從 1999 年起的一系列的生態基礎調查及教育宣導工作。那時與翡翠水庫合作，翡管局也全力配合，當時的

生態基礎調查也留下許多教學研究的課題。（R10）

（二）受限經費研究無法持續

雙方理念相同合作，臺師大投入不少人力，然因學校方研究經費受到生態調查非屬主流研究因素影響，在未能核撥經費下，以致翡翠水庫的生態調查研究無法持續……

> 翡管局已經協助我們進入翡翠水庫調查，我們不能再讓翡管局出經費，但是恨遺憾的就是我們自己又沒能爭取到國科會的經費，當時學校主流研究在於探詢生命起源 DNA，從事 DNA 的研究，替代了生態調查工作，即使有新進老師或是新的研究經費，可能也不再做這種，所以老師無法申請也就無法持續投入翡翠水庫的研究。即使如此，當時生物系上的人力在生態這組有 10 位老師都投入到翡翠水庫的生態研究。（R10）

二、水土保持面因素

水土保持面部分，依據訪談所獲資料，分別以「治理經費差異」、「水庫的先天條件影響」、「復育造林的助益」等三個可能因素剖析之。

（一）治理經費差異

水土保持治理經費多寡，多少會影響治理成效，以翡翠與石門相較，臺北市政府所轄的翡翠水庫與經濟部所轄的石門水庫差距就甚大，但石門水庫治理並未呈現正比例效果，相較翡翠水庫有落差……

> 水庫治理經費不能用各水庫來比較，原因就在水庫興建完成時間不同，翡翠水庫相較於石門來說是新的水庫，新水庫治理與石門的 53 年老水庫相比，石門水庫自然需要更多的治理經費，至於治理

的效果如何，也與兩個水庫的管理標準有關……（R1）

（二）水庫的先天條件影響

水土保持為水庫治理重要一環，主要在於水庫的土石坍塌將對水庫淤積造成嚴重影響，後天的治理固然重要，但先天條件的因素影響仍大，翡翠水庫營運開始即禁止任何影響水土保持的行為，先天取得優勢，但同為北部地區重要水庫的石門，由於管理依據不同，先天即不利於水土保持治理面……

> 石門水庫在民國 50-60 年代，由於政府鼓勵老榮民上山開墾，所以集水區早已被開發，土地也已被利用，水土保持的概念又不像現在重視，大雨後崩塌的機率就很高，先天上已處於不易管理的環境。（R6）
>
> 翡翠水庫與石門水庫有很大差異點，首先是地形不同，集水區地形不同，影響水質的土地管理就不同，集水區汙染包含點源與非點源，點源就涉及到土地利用管理。其次，管理法律依據不同，翡翠水庫集水區是依據都市計畫法管理，即以都市計畫手段管理非都市區，所以翡翠水庫集水區管理較嚴，當然也就會有民怨及補償等問題。石門水庫則是依據區域計畫法，管理法令不同，效果就不同。第三，二水庫使用目標差異大，翡翠就是供水單一目標，發電還是附帶。石門首要強調農業用水，第二是電力，第三防洪，第四才是給水，設計出水每天才 9 萬噸，第五則是觀光，這兩個水庫的條件影響到後續的管理。（R7）

依民間環保團體的看法，翡翠水庫的水土保持效果，較其他水庫為佳，尤其相較於同位處北部的石門水庫，石門已是過度開發的水庫……

翡翠水庫上游面就我所理解的，做得比其他水庫好，就以石門水庫而言，石門水庫已是過度開發，它們的問題較複雜，在石門水庫的四周都能看到大量開發的景象，例如，從阿姆坪到復興鄉，車子可到之處，觸目所見都是超限利用的開發景象，這點是在翡翠水庫所未見到的。（R12）

（三）颱風為治理的變數

國內蓄水量前三大水庫均曾遭受嚴重風災，即使如翡翠水庫被視為國內水質最佳水庫，意味著在管理層面的肯定，然而管理單位亦不得不面臨颱風災害的考驗，根據資料顯示，造成翡翠、石門及曾文國內三座水庫最大淤積量的的就是颱風侵襲，分別為 1996 年的賀伯，淤積量 347.6 萬立方公尺，2004 年的艾利，淤積量 2,788 萬立方公尺，2009 年的莫拉克，淤積量 9,108 萬立方公尺，颱風帶來的大雨成為治理水庫的影響變數……

> 翡翠水庫是國內水質最好的水庫之一，但是翡翠水庫也面臨颱風帶來大量雨水的侵害，我是 1998 年 12 月來到翡翠水庫任職，當時巡視水域時就曾看到怵目驚心的畫面，整片面湖的山坡滑落，成為光凸的一塊，我當時在想那邊坡的土石量一定很高，後來從資料看到，當年是翡翠水庫淤積最嚴重的一年。（R3）

> 當年的艾利颱風夾帶的豪雨使石門水庫嚴重淤積，我當時就在石門水庫，整個集水區山頭經艾利侵襲後滿目瘡痍，看了令人驚心，當時心想接下來石門要面對的就是淤積問題，那麼大的颱風豪雨侵襲，石門水庫哪能受的了，對石門水庫的蓄水量影響很大，直到現在，

當年統計的淤積量仍是石門水庫歷年最高的，颱風帶來的豪雨對水
庫的迫害是很大的。（R7）

我是在 2014 年來到南水局，對曾文水庫淤積量影響最大的災害就
是 2009 年的莫拉克颱風，當時莫拉克對曾水庫產生的災害猶如朝
頭重重一擊，使曾文水庫從那次起受創嚴重，淤積量大增，使水庫
容量減少了許多，也使經濟部水利署編列大筆預算整治，到目前為
止，集水區裡還是可以看到莫拉克侵襲的陰影。（R8）

（四）復育造林的助益

其實臺灣各水庫或多或少都被開發過，水土保持受到程度不等的破
壞，也付出淤積的代價，要讓其不受影響，復育造林是一項不錯的行動，
復育造林意義在於對生物多樣性發展極有助益，也可彌補水土遭破
壞後流失的程度……

臺灣過度開發的地方從日據時代就開始，低海拔都被開發，破壞了
大自然，環境代價隨著開發步調的急速而增加，所以才會有土石流
的發生，我們應該將開發改變為保育的概念，翡翠水庫後來進行的
造林，及複層造林地推動，對水庫集水區水土保持的養護，甚而依
靠其生存的動物都有了接濟，對生物多樣性發展也有很大幫助。
（R10）

三、水源維護面

水源維護面部分，依據訪談所獲資料，分別以「克服合作困境」、「民
眾參與水源維護」等二個可能因素剖析之。

（一）克服合作的困境

　　水源維護需靠各相關機關的合作配合，在翡翠水庫水源區的合作稽查因機關所處立場，不同機關看法相異，長期的合作癥結在於如何磨合，且長久稽查難免使執行人有公式化習性，在合作治理上都是需克服的困境……

> 不同機關所處立場會有不同，會有不一樣看法也是很正常現象，重要的是雙方都有誠心解決問題。執行稽查的是人，時間久了雖擔心會有公式化的詬病問題，但是我感覺翡管局同仁都是戰戰兢兢，這種詬病狀況並不明顯，我也不允許這種情形發生。兩個機關合作，或由於權責、立場等問題，最常發生本位主義現象，這在雙方合作推動工作時是最需克服的。（R2）
>
> 水源維護的聯合稽查效果不錯，各機關執行時難免有各自立場，但執行效果不錯，多年來已見其成效，其實聯合巡察開始於坪林交流道行控中心改為一般交流道的議題，所以這是成立主因，距今成立已快十年，目前由本局召集，參與的有新北市政府、當地區公所、翡管局、國道新建工程局等。（R5）

　　合作治理在執行面久了，是有可能發生倦怠以致儀式化情形，長期與公部門合作的學者及環保團體看法相類似，即認為公務機關合作治理時間久了會有儀式化情形，合作效果會受影響……

> 管理翡翠水庫的翡管局與翡翠水庫集水區的水源局一樣，雙方合作維護的都是共同的水庫資源，這就是雙方共有的合作需求。以我參與政府多項合作機制來看，執行面的固定合作，有可能在時間久了後會有儀式化的情形，合作的效果會受到影響。（R11）

> 主管機關合作久了彼此橫向聯繫夠不夠是個問題，像是簡便露營在水源區四處可見到，大水一來就沖毀，之後再修或找民意代表關說，此種情形應不容許，代表橫向聯繫出了問題，到目前止都是如此並未改善。（R13）

翡翠水庫集水區主管機關為水源局，蓄水範圍主管機關則為翡管局，業務雖已劃分卻會有相互影響重疊情形，此時就須二機關的相互配合，沒有誰主導誰的問題，由於業務繁雜，彼此考量因素不同，在翡管局與水源局歷任主事者中，會因首長個人風格或因求好心切、考量因素不同，以致相互無法理解情形……

> 翡翠水庫集水區因為適用都市計畫架構而劃成保護區，所以經濟部水利署所轄的「臺北水源特定區管理局」與臺北市政府所轄的「臺北翡翠水庫管理局」之間，沒有誰主導誰的問題，歷年合作整體來說是順暢的，當然免不了因首長個人的風格，產生些微的摩擦，以業務來說翡翠水庫水質若變壞，在翡管局的認知上多半會認為是上游沒管好，於是歸咎到水源局責任。其實水質好壞，除了上游的管理，水庫管理單位的操作也是會影響水質的因素，但是有些翡管局的局長並不了解集水區的實際情形。（R5）

（二）民眾參與水源維護

水源維護工作除了政府部門間的合作，亦可視業務性質讓在地民眾參與，長期以來專業與民意的拿捏，就常成為公共事務的議題，為了解決公共事務衍生的爭議，讓水庫管理單位及集水區主管單位推動工作更有成效，似不應排除與在地民眾的溝通，況且在地民眾因在地生活經驗所擁有的在地知識，亦可融入專家意見內，以補足不同面向思慮的疏漏……

專業導向固然必須，但是民眾也會接收到訊息，在地知識，生活幾十年，水文地質都有其觀察，這些是隱性知識與現有知識也許相拮格，但也有可能可以合在一起。公共政策常有抗爭，不必要誤解、溝通不足等，公共政策投資是集合大家納稅人的錢，在地民眾意見就很重要。以專業為基礎的尊重民意，讓大家回到理性面來檢討，多聽一點而非多讓一些，並非一味的讓步，在地知識能了解水什麼時候會淹。聽社會需求的意見再作判斷，可以蒐集民意，使抗爭走向理性對話很好的平台。（R1）

在地居民心理反彈應紓解，在地居民若不認同，水庫管理單位做起事來就會事倍功半，應該讓在地民眾一起參與保護集水區的工作，只要讓民眾理解水源保護的重要，民眾會共同參與，如何化解或製造機會，例如了解水庫困境、或居民的生活起居與經濟行為做配合，讓民眾了解不要濫墾濫建，只要價值被認同後民眾都會參與。（R12）

住民關心的應該是生計問題，若管制不能種農作物或蓋房子，住民當然不能接受，所以要先照顧到住民，要有平衡點，應該建立與民眾適當的溝通模式。（R13）

公部門推動業務雖將民眾意見納入機制，但並非事事採納民眾意見，就以石門水庫為例，石門水庫在艾利風災後雖廣納民眾意見，但當地意見是否採納屬於有選擇性方式，該水庫重要的是該如何處理化解不同的意見……

如果民眾意見與專業意見相衝突時，我們也會看狀況，若有不採納

民眾意見情形，那是因為我們仍須負最後責任，衡量利害得失後，不得不犧牲民眾的看法，所以意見就可能不採納。與居民和環保團體的溝通協調我常常參與，我記得經濟部的楊次長來看工程進度時，我那時還是主任工程司，白天會陪同次長上山看，晚上次長則利用時間與大家溝通觀念，慢慢建立雙方的信任。（R6）

國內其他大型水庫在無法採納當地民眾意見時所採取的溝通做法，適度反映了公部門因應在地環境的彈性方式，例如曾文水庫，在與民眾溝通不同意見時，即會增加請專家及環保團體與民眾溝通的選項…。

民眾提出來的意見如果不正確，我們也會以同理心的心情給予尊重，我們會分析不可行的因素，內部會再做檢討。針對專家提的意見我們也會就可行性作分析，例如，哪些設施要改才安全、或是從生態角度建議一些友善環境的案子、抑或是哪裡要加路燈等等，若未被我們採納，處理上會特別謹慎，遇到這種不採納情形，為了化解歧見，我們會去拜訪或請其來商談，我們覺得專業是可以論證的，若仍不接受，我們會請專家、環保團體或有經驗的人士幫忙溝通，若仍有問題，最後會請水利署出面協調整合。（R8）

四、環境景觀面

環境景觀面部分，依據訪談所獲資料，分別以「垃圾清理的挑戰」及「夥伴關係的景觀美化」等二個可能因素剖析之。

（一）垃圾清理的挑戰

國內大型水庫集水區諸如翡翠、曾文及石門等由於面積遼闊，環境清潔工作相當艱鉅，尤其石門及曾文均開放觀光，可觀人潮亦帶來垃圾，翡翠水庫雖未開放，但上游坪林區屬於休憩點，加上釣客帶來程度不等的廢

棄物，只要大雨侵襲，堆積的垃圾就可能被沖入水庫，首當其衝的就是水庫水質受到影響，對主管機關言垃圾清理成為吃重挑戰，由於不知道什麼時候有大雨發生，垃圾清除就成為須及時不能拖延的工作……

> 翡翠水庫屬於管制區，相較於石門水庫的開放參觀景點多，環境清潔的垃圾量相較較少，翡翠水庫集水區的垃圾主要來自釣客及周遭休憩遊客帶來的垃圾，如果不清理，大雨一來就會將垃圾沖入水庫，水庫水質就會受到衝擊，就算量不大，讓垃圾漂在湖面上觀瞻也不好，由於集水區面積大，垃圾清除對管理單位言是項挑戰。（R1）

> 水源區垃圾在 2003 年前由我們獨立作業，之後水源區域內家戶所產生之一般廢棄物，劃分給執行機關（鄉、鎮、市公所）清除。雖然如此水源局仍就水源區道路之安全島、綠地、公園及其他公共場所等進行垃圾清除工作。由於範圍廣，執行起來確實吃力，但是想想，這些位於上游面的垃圾若被大雨沖到水庫，水庫水質一定受到影響，工作雖然吃重，為了大臺北地區民眾水源潔淨，再辛苦也是要完成。（R5）

（二）夥伴關係的景觀美化

　　水庫功能近幾年已改變，但在初期將水庫功能多樣化推動，確實需要睿智創見，公務機構多受限於預算，無法全力施展，與之合作的機構就扮演關鍵角色，不拘泥於誰主誰副的出錢出力，此種合作形式猶若夥伴關係，對公部門推動公共事務助益甚大……

> 民眾進來水庫不只看水看壩，也看環境，我們把環境整理好，進來的民眾就會有感覺，像是烏來杜鵑的展現，讓環境豐富起來，才會

> 感覺漂亮，我們是沒有錢，像錫瑠環境基金會幫助很多，記得是我離開水庫的前一年，大概在 2001 年我們要 300 萬，他們卻給 600 萬，覺得我們做的有效，而且他們也在推動環境美化，剛好符合他們的工作方向。（R3）

翡管局景觀美化與合作機構若有意見不同，多半以翡管局需求為主，然而規劃機構代表的是某面向的專業，仍會尊重專業看法，至於景觀規畫之外，擴大至其他面向的合作仍需雙方的配合，尤其法人性質基金會本身受限於成立宗旨及業務項目，無法在彼此既有基礎上擴大其他合作……

> 我覺得翡管局與錫瑠環境綠化基金會合作多年，雙方應已建立良好合作環境，在規劃上若有不同的地方，我會與錫瑠基金會坐下來交換意見，當然翡管局的需求意見還是很重要，實質規劃上也會尊重他們的看法。至於擴及更多合作部分，我以首長立場言是願意，可是錫瑠基金會本身也會受限於規範難以開展，除了環境規劃外，在其他面向部分恐怕無法擴大合作範圍。（R2）

五、教育宣導面因素

教育宣導面部分，依據訪談所獲資料，分別以「從隔絕封閉到合作推動生態水資源教育」、「以國小高年級生為教宣重點」、「生態教育的影響」、「重視志工增強導覽效果」及「合作項目擴增的可行性」等五個可能因素剖析之。

（一）從隔絕封閉到合作推動生態水資源教育

大臺北地區民眾早期對翡翠水庫幾無印象，所以會有化外之境的神祕感覺，營運初期的翡翠水庫決策者，受限於大環境影響，擔心水庫受到汙

染、破壞，總是將翡翠水庫與外界隔絕，水庫本身可能附帶的其他正面效
應無暇思考……

> 我擔任翡翠水庫局長前就與水庫有淵源，因為我參與了翡翠水庫水
> 質水量保護區的劃設，使翡翠水庫在興建時，整個水源區就能受到
> 政策面的保護，在我來之前，水庫是封閉的，身為首長的可能認為
> 不要讓別人進來就是保護水庫，但是我認為是自我設限，若只有翡
> 翠水庫的工作人員保護水庫，效果是不夠的。其實，翡翠水庫範圍
> 大，很多可以進來的地方，防不勝防，要做到他們重視維護水庫觀
> 念，就必須要經由環保教育讓他們正確的認識水庫。（R3）

臺師大與翡管局的合作，以現在重視生態氛圍，看似理所當然，但當
年合作推動翡翠水庫的水資源生態教育，一開始並非成功，關鍵即在主政
者……

> 感謝當時翡管局郭局長的想法，郭局長認為水有源頭，大自然健康，
> 水才乾淨，而水庫管理就是要水乾淨，臺師大與翡管局在大目標上
> 是相同的。（R10）

（二）以國小高年級生為教宣重點

翡翠水庫於 1999 年推動的教育宣導著重於生態與水資源的連結，
讓民眾尊重與愛護大自然，對象主要設定在小學五、六年級生，針對小
學生設定教育宣導應有其考量……

> 環保教育推動，我認為應從小學生開始，所以我推動了一系列以學
> 生為對象的環保教育，讓他們進來看到水，告訴他們這是我
> 們喝的水，他們會有直接的感覺，我們認為用水、節水觀念

應從小培養，才能有札實的正確觀念，除了小朋友身體力行外，小朋友在家又集父母寵愛一身，父母會聽從小朋友叮嚀，再來也可影響其同儕，如此，藉影響家人、同儕，一起為水源保護努力，水源維護是要大家一起來做的，大家有了保護水源的正確觀念，汙染自然能減少。（R3）

（三）生態教育的影響

翡管局在 1999 年與臺師大合作推動的生態教育，對未來有無產生影響，應是值得觀察之處，觀察點則是在之後歷任決策者是否仍然重視，依翡管局歷年年刊顯示，生態教育仍佔有一定篇幅介紹，可看出管理機構對生態教育推動效果的肯定，而當年共同推動生態教育的決策夥伴，看法亦復如是……

從 1999 年起翡翠水庫藉由導覽解說辦理的系列生態教育，其重要目的就是要讓民眾尊重、愛護大自然，去除看蛇打死、看蜂要吃的習慣。以現在來看當年翡翠水庫推動生態教育是成功的，從郭局長之後，歷任局長都很重視生態。（R10）

（四）重視志工增強導覽效果

翡翠水庫志工在教育宣導業務確實扮演重要一環，而水庫管理機構是否對志工重視，也成為志工無私奉獻的動力，當藉由志工將水庫業務導覽給民眾時，就需充實其知能，包括導覽項目的親身體驗，翡翠水庫也確實協助，不但增加導覽人員水庫業務的知識，同時增強了解說的說服力……

民眾參與翡翠水庫志工服務的時間都很長，雙方互動都很好，當然，

受限於翡管局預算，包括車馬費支應或者是志工服裝費等等，確實無法做到更好的規劃，未來在持續推動時是需要改善的地方！（R2）

只要翡管局長能對志工精神講話、慰勉志工等等，雖說都屬於小事，但是卻能代表首長對志工的重視，也能在基本的關注度上有所差異。相較下，有些首長重點擺在其他面向，這點也不能怪首長，而是管理局其他高層意見可能影響到首長，我擔任翡翠水庫志工已有 16 年，歷任首長對志工都有不等的貢獻與支持，包括現任謝局長，我曾對翡管局提出翡翠水庫志工有很多設施及業務未曾見過，卻要去導覽而提出參訪設施的建議，例如介紹水質卻沒看過水質檢驗，講到大壩廊道卻沒進去看過，大壩有監測儀器也沒看過，都是憑空對民眾講，所以在去年（2016）謝局長同意我提出的建議，在去年底讓志工進入大壩廊道觀察，以增強導覽效果，水庫管理階層能採納，這是很難得的。（R14）

2016 年新任局長透過設置志工隊長職務（義務職），由志工們互選，將志工團體能具體有效的整合，對導覽工作有正面意義……

志工們除了接到通知來水庫擔任導覽外，其他時間志工彼此之間是沒有互動的，設立隊長這個義務職，並且採取志工推選方式，就是希望這位隊長能擔任管理局與志工們的橋樑，也可以透過這位隊長，讓志工們平時就組織起來，他們可以常常聯繫甚而自己辦活動聯誼，藉以增強志工團體的凝聚力，對翡翠水庫的導覽工作會有幫助的。（R2）

在 2015 年底新首長上任後至今，志工招募對象重點與前稍有不同……

> 翡翠水庫現階段的志工招募對象主要以地方社區人力，包括烏來、龜山及新店等地區以及管理局退休人員等為主，志工進階訓練內容主軸則以水資源為主，延伸至人文、社會、在地歷史文化及生態等面向。（R14）

（五）合作項目擴增的可行性

翡翠水庫自 1999 年與學術機構及民眾的合作，推動教育宣導至今長達十餘年，成效有無被歷任決策者認可，從年年的大規模辦理已得到答案，而志工對教育宣導業務的正面效應，亦顯示在民眾對翡翠水庫的正面觀感上，這些正面效應似可將之擴大運用至其他項目的合作……

> 翡管局與學術機構合作已有很長時間，合作範圍有生態調查、棲息地保育、生態研習及導覽解說等，都對水庫助益甚大，從合作的成果來看，雙方的合作是有需要的，雖然學術與政府機構性質不同，但經過多年的調適，雙方在業務合作上應該已是相互了解。多年下來，可以發現部分翡管局推動的業務，由他們來向民眾說明反而民眾更能接受，在教育宣導上適度地扮演了第一線導覽尖兵的角色。至於能不能增加導覽以外的合作項目，我們會內部再做考量。（R2）

貳、亢旱治理

亢旱治理層面依據訪談所獲資料，分別以「合作治理為抗旱成功關鍵」、「共同治理衍生權限爭議」、「不同水庫用水調度不同」及「亢旱衍生供水轄區的思考」等四個可能因素剖析之。

一、合作治理為抗旱成功關鍵

翡翠水庫在 2002 年的抗旱成功，除了翡管局、北水處等機構的原水調

度及各層級政府機關的協助外，雙北市各級學校、民間團體的合作以及民眾的配合更是不可或缺，若民間置身事外，不予配合，有再好的原水調度計畫，都無法成功，2015 年石門與曾文再次發生自 2002 年後的最嚴重旱象，最後能成功就是與民間不斷的溝通協調，遇亢旱與民間團體溝通協調，就成為度過旱象的重要治理模式……

> 石門和曾文在 2015 年都發生嚴重旱象，我們的做法就是在亢旱前先到旱象嚴重縣市包括桃園市、新竹縣、嘉義縣、臺南市等，與用水單位不斷溝通，請他們配合共度旱象，以解決實際問題為先，盡量避免不必要的紛爭，民眾部分則透過媒體宣導可能旱象情形，請大家節水配合，從最後的結果看來，用水的大戶、民間團體及一般民眾等都能配合，也由於大家的合作配合，最後才能度過旱象。（R1）

至於亢旱期農業灌溉用水停止，改以公共給水，須協調對象主要為擁有水權的水利會，而實務上水利會代表人員為……

> 依水利會組織通則，農民會員選舉產生水利會長，代表水利會，所以北區水資源局實務上與水利會人員協調，就是與水利會長及水利會工作人員協調。（R7）

二、共同治理衍生權限爭議

亢旱衍生的權限爭議主要在用水調度及水權爭議二部分，述之如下。

（一）用水調度主導權爭議

中央與臺北市亢旱期間的爭議，浮現出雙方對用水調度主導權爭議，此種爭議固能凸顯需解決的問題，亦會產生其他不好影響，讓中央與地方長久紛擾的權限爭議增加一椿，夾在不同層級的公務員更是莫衷一是，不

知誰說了算，如今觀之，要做到政策持久、決策適當，不論中央或臺北市政府，不同層級的公部門，均應回到當初以解決公共事務為重點的初衷……

> 北部地區在 2002 年亢旱期間發生的中央與臺北市的調水爭議，確實有形成事務官的困擾，其實政黨執政目的就是經由選舉而實現理想，但是實際的現象卻是『選舉』成了目的，使得領導者的角色變了，事務官難避免的受到長官指示影響，我們做事還是要回到理想的初衷。（R1）

（二）水權爭議

2002 年旱象亦衍生中央旱災應變中心對臺北市政府擁有南勢溪水權的質疑，認為所屬北水處未依水利法取得水權，北市府則說明並無逾期或無權取用之問題，看似對公共事務的見解不同，卻引發中央與臺北市在不同政黨執政下的矛盾，但同為公部門，對重要的水權年限逾期與否看法卻是南轅北轍，中央與臺北市不同政黨執政下的困窘，藉由共同抗旱顯現……

> 2002 年亢旱當時爆發中央質疑臺北市政府擁有水權的爭議，我認為水權不是真正原因，真正癥結都是因臺北市對水源的調度決策走在中央前面，使媒體關注於臺北市政府抗旱決策的報導，中央有些不能適應，其實水權沒有問題，事後也證明翡管局與北水處一直都有合法取得水權，所以我說水權的爭議在當時不應存在，癥結還是中央和臺北市不同政黨，調度用水在政黨競爭下所產生的無謂爭議。（R3）

石門水庫供水，水利會因擁有水權而有優先使用權，經北區水資源局

調用於其他的公共給水後，北區水資源局還需補償水利會的用水損失，石門水庫設計時以農業灌溉為主，若改以公共給水為優先，是否可一勞永逸解決年年需協調、溝通及補償等的問題……

> 水利會從日據時代即取得水權，即桃園與石門二水利會取得用水優先使用權，在公共給水不夠用情形下，要調度過來就要補償水利會的用水損失，全球都這樣，水權使用應真正回歸到水利法第十七條……以事業所必須者為限。水權要收回很難，因農民是弱勢，收不回來。（R7）

三、不同水庫用水調度不同

翡翠水庫具單一供應民眾日常飲用水功能，並無須與水利會用水協調情事，自無休耕補償問題，與同為北部地區的石門水庫不同，因而亢旱時須協調的機構、方式亦有不同……

> 亢旱時翡翠水庫的用水調配，主要考慮因素還是民眾，以因應民眾用水來做調配，不過翡翠水庫也負有支援石門水庫用水的任務，所以今天只要石門水庫遇亢旱期，無論翡翠水庫本身有沒有碰到，翡翠水庫都會有支援的功能，當翡翠水庫水量夠時支援角色就更形加重。（R1）
>
> 每年10月-11月會檢討水量夠不夠，包括氣象、農委會、農田水利會、自來水公司、縣市政府、及用水大戶等，由於亢旱業務由經濟部水利署負責，所以北區水資源局也就統籌桃園地區多年的亢旱業務。用水單位和供水單位由於立場不同，較容易各持己見，嚴重的亢旱期，次長、部長，甚而院長都可能出面協調。北區水資源局處理亢旱方式，會加強灌溉的管理，若有休耕情事，就會直接採取金

額補償方式，像是 2015 年較嚴重的亢旱就有發放補償金。（R6）

　　國內有兩個自來水事業機構，其中自來水公司是經濟部管轄，北水處則隸屬臺北市政府，翡翠水庫常支援石門水庫供水轄區，即支援屬於自來水公司的第十二區管理處（板新給水廠），當石門水庫發生亢旱時需翡翠水庫的支援量更大，同樣喝翡翠水庫水，經北水處支援到臺水公司的板新水廠後，水價就不同，且長期支援，等同翡翠水庫固定出水，衍生供水轄區是否調整的問題……

> 翡翠水庫目前的蓄水狀況可以支援石門水庫，主要是支援到石門水庫供水轄區的板新水廠，當然，若聽到支援二字應該是暫時的，可是翡翠水庫的支援卻是自營運以來就開始，已經是固定的，因為石門水庫的蓄水量因淤積已少了很多，在供水轄區人口增加及供水轄區不變情形下，要不缺水就只有靠翡翠水庫供應了，我在翡管局及北水處一共 12 年，我了解以翡翠水庫的蓄水量及北水處的調配，若將石門水庫轄區的板新水廠改由北水處直接營運，北水處應該有能力的，只不過要處理的話會比較艱困複雜。（R3）

參、非專業指令影響

　　翡管局在 2001 年 9 月利奇馬颱風時接到水資源局轉經濟部電話要求事先放水指令，由於違反了「臺北翡翠水庫運用規則」及「翡翠水庫例行運轉作業規定」，翡管局當時並未接受，而石門水庫的管轄機構北區水資源局則接受了同一指令事先放水，根據水利署資料顯示，自 2001 年 11 月至 2002 年 4 月間，石門水庫集水區累積雨量適巧僅達歷年平均值的 36%，為 1964 年運轉以來最低，以致 2002 年北部地區亢旱時，石門水庫較翡翠水庫旱象

更為嚴重。[27]

> 當時接到這通電話，是要求翡翠水庫事先放水騰空水庫容量，當時
> 我有點訝異，單單聽氣象預報就下此指令，確實有些不妥，電話那
> 端是翡翠水庫的業務指導單位，電話裡只是說部長希望我們事先放，
> 比較安全，當時運轉中心還有其他主管在，我們當時討論的結果是
> 不放，因為違反運轉規則，之後我們將經濟部要水資源局打這通電
> 話的情形，陳報給市政府，由於我們的不接受是對的，市政府也對
> 我們未接受中央指令表示支持立場，我知道當時的石門水庫也接到
> 指令，而且他們已聽指令先放了水，後來 2002 年北部地區大乾旱
> 時，石門水庫的旱象比我們快，也更嚴重，我們今天能不聽從指令，
> 除了與規定不符，不屬於經濟部管轄，也讓我們好做決定。（R3）

桃園在 2004 年 8 月 23 日受艾利颱風侵襲，之後則發生水濁輪流停水
情形，北區水資源局接到水利署轉經濟部的指示，要石門水庫採取高層水
位放出乾淨的水，當時北區水資源局長有表達不同意見，但在上級的堅持
下，最後北區水資源局不得不改以高層水位放水，以解決桃園地區停水問
題，石門水庫亦因該次颱風產生超乎以往的淤積量……

> 受到艾利颱風侵襲，石門水庫當次颱風淤積量就佔以往淤積量的
> 30%，2004 年 8-9 月報紙有報導，尤其中時和自由都先後有報導，
> 我現在不方便細說當時情形，當時颱風是在 8 月 23 日發生，桃園
> 地區在 26 日大規模停水，那時我負責北區水資源局業務，與中央

---

[27] 張炎銘（2003）。「2002 年 3 月 7 日－北臺灣嚴重旱災事件」，經濟部水利署電子報，取自：經
濟部水利署網站 http://epaper.wra.gov.tw/Article_Detail.aspx?s=12BBEB1401510CDD.

指令有所不同，我想是不同層級決策思維不同，我站在專業角度，為維持水庫正常運轉，為減少水庫淤積延長水庫壽命，這是我們的使命。（R7）

第五章　翡翠水庫業務治理現況與效益

　　翡翠水庫自 1987 年正式營運以來由臺北市政府所屬的翡管局管理,而於正式營運前業由內政部公告,納入翡翠水庫範圍的臺北水源特定區則交由水源局前身的臺北水源特定區管理委員會管理至今,有關翡翠水庫相關業務管理即分由臺北市政府所屬的翡管局及經濟部水利署的水源局負責,此亦為與國內其他水庫不同之處。前者負責蓄水範圍以下及辦公區,後者主管集水區及水源區,二者關係密切,業務治理復涉及相關機關,自 1999 年起翡管局有計畫的擴大與非政府部門合作,使翡翠水庫治理加入政府以外的生力軍,水源局更於日後以正式機制納入非政府部門暨公民團體意見,做為決策依據,二機關對集水區治理猶如左右護法般遏止不法行為,以下即以「翡翠水庫的主要治理策略選擇」、「翡翠水庫業務治理歷程」及「翡翠水庫治理效益」等三節,探討翡翠水庫治理歷程。

第一節　翡翠水庫的主要治理策略選擇

　　翡翠水庫為供應大臺北地區重要水源,且以供應日常用水為主要功能,故在治理上以確保水質、水量為重點,確使翡翠水庫達成「質優量豐」水庫的目標,其在治理策略上較國內其他水庫不同,以下即以「水源特定區管理機構設置」、「翡翠水庫管理機構業務重點及治理策略」及「水源區治理經費權責釐清暨法制化」等三部分述之如下。

壹、水源特定區管理機構設置

翡翠水庫水源特定區管理機構的設置為全國僅有，以下分設置緣由、業務重點及集水區管理與水庫管理二機構共治等三部分說明：

一、設置緣由

臺北水源特定區轄區範圍橫跨烏來、新店、石碇、坪林及雙溪等區，涵蓋南勢溪流域、新店溪流域及北勢溪流域-翡翠水庫，面積達 717 平方公里，特定區暨主管機關之由來始於 1979 年行政院 1613 次會議對此之決議，該會議決議第三項：[1]

> 集水區之經營至為重要，濫墾、濫建及污染水源之行為，均需嚴予防止，請內政部從速規劃編訂該地區之特定區管理施行計劃。

內政部即於 1985 年 6 月 10 日以臺內營字第 320531 號公告，將此特定區域指定臺北水源特定區管理委員會，即改制後之臺北水源特定區管理局（即水源局）管理，而翡翠水庫集水區，面積 303 平方公里，則屬於北勢溪流域的翡翠水庫範圍，其後因精省，水源局再於 2002 年從臺灣省改隸屬於經濟部水利署至今。

二、業務重點

水源局負責管理新店溪青潭水源、水質、水量保護區，掌理包括：[2]

一、集水區管理之土地使用管制、工礦與土石採取管理、林業經營、林地管理、觀光遊憩管理、教育宣導及違規行為之查報取締事項。

---

[1]　臺北翡翠水庫管理局（1988）。翡翠水庫計畫執行成效評估報告。16。

[2]　臺北水源特定區管理局（2017）。組織與職掌，取自：臺北水源特定區管理局網站 http://www.wratb.gov.tw/ct.asp?xItem=45815&ctNode=30546&mp=11.

二、集水區治理計畫之擬訂、治理工程之規劃、測量、設計、施工及地方機關闢建道路申請案件之核准事項。

三、環境改善維護、水量觀測、水質檢驗、水質污染等公害防治及違規事項查報與取締處理事項。

四、接受委託或指定辦理集水區內都市計畫之實施與建築管理事項。

五、接受委託或指定辦理下水道系統規劃、施設及維護管理、建築物污水處理設施之申請、勘查、審核、查驗與宣導事項。

六、其他與水源、水質、水量保護有關事項。

由於翡翠水庫集水區面積達 303 平方公里，轄區範圍廣泛，故水源局執行業務繁雜，成立初始甚而不知業務從何著手進行⋯

> 水源局前身為水源特定區管理委員會，是在 1984 年 4 月成立，當時只知道要保護水源，但卻無明確架構及方向要從哪裡進行，於是經過討論後從都市計畫觀念著手，只要是劃入保護區的就全要保護，不能讓集水區受到破壞。一開始針對墾殖地、占墾地、汙水下水道、養豬戶拆遷、水土保持治理、違規行為查報及水域遊艇取締安置等進行。（R5）

三、集水區管理與水庫管理二機構共治

由於水源局業務涉及多項法規及不同治理機關，且均與翡翠水庫的水質、水量直接相關，故與翡翠水庫管理機構的翡管局業務關係可謂脣齒相依，二機構業務即以集水區海拔為劃分標準，海拔 171 公尺以下由翡管局負責，以上則由水源局主管，此種另設有水源特定區機構，與翡管局共同維護翡翠水庫集水區的作法，為全國僅有，亦使得水源局與翡管局的水庫集水區治理形成緊密治理關係。翡翠水庫集水區主管機關及業務治理機關

權責如表 5-1。

表 5- 1 翡翠水庫集水區主管機關及業務治理機關權責

集水區 171 公尺以下			集水區 171 公尺以上		
主管機關	翡管局	蓄水範圍以下治理	主管機關	水源局	主管集水區業務
			業務治理機關	環保署、新北市府	集水區廢棄物清理
				新北市府	集水區道路水土保持
				農委會水土保持局	集水區山坡地治理
				農委會林務局	集水區國有林班地治理

資料來源：本研究整理。

貳、翡翠水庫管理機構業務重點及治理策略

以下主要以翡翠水庫管理機構的業務重點及治理策略等二部分說明。

一、業務重點

翡翠水庫興建緣由始於臺北市自 1968 年擴大轄區改制為院轄市後的用水需求，屬於大臺北地區自來水第四期計畫。翡翠水庫工程興建自 1979 年 6 月至 1987 年 6 月歷時八年完成，管理機構「臺北翡翠管理局」則於完工前一年即 1986 年先行成立，與施工單位「臺北翡翠水庫建設委員會」併行運作，由於肩負供給大臺北五百萬市民生活用水之重任，故而成立至今，各階段施政計畫重點均以維護潔淨的水質及供應充裕的水量等二項為基礎

翡翠水庫有計畫重視公、私協力合作暨跨組織合作則始自 1999 年開始，自 1999 年起至 2016 年止，各階段施政計畫重點如表 5-2。

表 5-2　　1999-2016 臺北翡翠水庫管理局各階段施政計畫重點

年	施政計畫重點
1999-2002	一、加強辦理大壩監測儀器與相關設備之維護與更新。 二、辦理第二次水庫整體安全檢查與評估。 三、充分供應自來水原水、提升翡翠電廠營運效益。 四、加強辦理各項水庫操作運轉設備之維護，以確保水庫操作安全。 五、辦理水庫操作系統、安檢軟硬體設施軟硬體設備汰換更新。 六、檢討改進颱洪期間洩洪操作規則，與防汛單位之協調、通報聯繫作業。 七、辦理水庫之最佳調蓄利用及水文氣象、水質、淤積之調查與統計分析。 八、辦理水庫浮游藻與水質關係研究及魚貝類應用於水庫水質保全監測上之研究。 九、辦理水庫底泥性質基準調查研究及水庫水質模擬與應用之研究。 十、全面進行水庫生態中長程調查、研究，掌控水質變化與改善。 十一、加強水庫蓄水範圍內管理維護及水庫管制區之安全防護。 十二、積極辦理水庫管理相關工程中程計畫。 十三、利用資訊科技，監控集水區破壞水土保持行為。 十四、加強水域水土保持，減少水庫淤積，延長水庫使用壽命。 十五、協調有關單位加強水庫集水區造林撫育，以涵養水源。 十六、協調臺北水源特定區管理委員會加強水庫集水區管理，確保水庫水量、水質及安全。 十七、配合造林與水庫參觀活動，推廣基礎環保生態教育，以涵養水源，確保水量水質。 十八、推動建立水庫 ISO9002 品質系統驗證，樹立安全公信。 十九、整合委託學術機構各項研究計畫結論，提出集水區治理行動方案。 二十、興建水資源展示館、充實水資源保育教育硬體設施。
2003-2006	一、最佳化調蓄利用水庫水資源，以確保大臺北地區民生用水不虞匱乏及充裕市庫收入。 二、颱洪期間與石門水庫聯合運轉，並加強與氣象、下游防汛單位之協調、通報聯繫作業。 三、配合水資源生態教育館啟用，辦理水資源保育宣導，以建立民眾愛護水源共識。 四、完成水庫第二次整體安全評估結論之建議改善事項。 五、辦理翡翠水庫第三次安全評估。 六、辦理大壩設施之安全檢查與維護，及監測設備之改善、評析與汰換。

	七、辦理洪水調節運作作業檢討及水庫水文氣象、水質、淤積之調查統計分析及研究。 八、水庫操作系統之維護、自來水原水之供應及翡翠電廠之營運。 九、加強橫向溝通，協調集水區主管機關臺北水源特定區管理局，辦理水土保持工程、崩坍地處理及水源區汙水下水道未納戶汙水處理等。 十、穩定水庫水域沿岸可能崩坍地，減低崩坍發生，有效降低淤積量，延長水庫壽命。 十一、維護大壩下游行水區河岸之安全，賡續辦理水庫邊坡水土保持，減低崩坍發生。 十二、水庫操作系統之維護及無線電水文氣象監測系統、水庫操作系統電腦設備、水庫洩洪警報系統之汰換更新。
2007-2010	一、積極辦理大壩與附屬設施之安全檢查、監測評析及維護。 二、辦理大壩監測儀器、水工機械與電廠設備等之更新、維護及改善 三、依據水庫第三次整體安全評估結論及建議，辦理相關設施改善。 四、辦理水庫操作系統、無線電水文氣象測報系統、發電機系統及攝影監視系統等設施維護，並汰換更新洩洪警報系統。 五、審慎調蓄利用水庫水資源、自來水原水之供應及翡翠電廠之營運，以確保大臺北地區民生用水不虞匱乏及充裕市庫收入。 六、颱洪期間與石門水庫聯合運轉，並加強與氣象、下游防汛單位（水利單位、憲警、防災中心等）之協調、通報連繫作業。 七、辦理翡翠水庫運轉中心資訊整合展示系統建置(含大壩安全、水文、水質資訊系統)，健全水庫管理及災害防救資訊。 八、配合臺北自來水事業處支援臺灣省自來水公司清水運轉操作，以達成臺北市縣合作，共享翡翠水。 九、辦理水質檢驗室暨相關儀器設備改善建置。 十、辦理水庫水生動物與水質關系監測。 十一、辦理水文、水質、水庫淤積之調查統計、分析及研究。 十二、辦理水庫區水土保持工程，降低崩坍淤積量；嚴格取締水庫蓄水範圍內汙染水源之行為。 十三、促進臺北縣市及水源區機關橫向溝通，協調水源區相關機關臺北縣政府、臺北水源特定區管理局，辦理水土保育工作、汙染源管制及汙水下水道未納戶汙水處理工作等。 十四、辦理水資源生態保育宣導，建立民眾愛護水源與重視自然生態保育。

2011-2014	一、審慎調蓄利用水庫水資源，以確保大臺北地區民生用水不虞匱乏；並透過供水附帶發電，生產綠色能源減少碳排放。
	二、積極辦理大壩及附屬設施之安全檢查、監測評析與維護，以確保水庫安全。
	三、賡續辦理大壩監測儀器、水工機械與電廠相關設備之更新與改善。
	四、水庫上游建置第2攔木設施，確保大壩設施安全：為能有效攔阻浮木與漂流物，防止浮木衝擊損壞水庫壩體及相關機械設備，計劃於水庫設置第2道攔木設施，以確保大壩設施安全。
	五、強化大壩防雷能力，減少雷害事故發生，以確保水庫正常運轉。
	六、研擬氣候變遷調適方案，強化水庫操作應變。
	七、推動再生能源設置，利用翡翠電廠尾水再利用與再生能源設置評估，提供綠色能源與節能減碳效益。
	八、辦理水庫第四次整體安全檢查與評估。
	九、充分供應原水，由臺北自來水事業處支援臺灣自來水公司清水，以達成雙北共享翡翠水。
	十、辦理水文、水質、水庫淤積之調查統計與分析研究；辦理水庫藻類與水質關係監測；辦理翡翠水庫擴大供水區之營運策略研究案。
	十一、辦理水庫操作系統、水文測報系統、水質自動監測系統、發電機系統、攝影監視系統、無線電洩洪及放水廣播系統等設施維護；辦理水質檢驗室之重金屬檢測儀器擴建。
	十二、推動加強水質檢測技能與品保品管，達成翡翠水庫水質檢驗室認證，提升水質檢測效能。
	十三、辦理集水區土地使用調查與評估，建構永續經營管理方法與策略：有效掌控集水區內土地使用現況及變異情形，藉以擬訂相對應經營管理方法與策略，維護水庫水源安全。
	十四、推動集水區有機耕作與水庫上游茶園合理化施肥，有效降低水庫上游營養鹽流入量。
	十五、辦理水庫冀生微生物之汙染源監測調查與物種評估研究案。
	十六、辦理水庫區水土保持工程，以降低崩坍淤積量；促進臺北市、新北市及水源區機關橫向溝通，辦理聯合巡查，加強查察與取締水庫上游及蓄水範圍內各項汙染水源之行為。
	十七、賡續辦理水資源生態保育宣導，建立民眾愛護水源與重視自然生態保育觀念。
	十八、備勤區房舍改建工程，確保颱洪期間駐守人員安全：為避免同仁於颱洪期間執行防汛勤務，往返造成人身安全之虞，改建後提供員工安全良好之休息空間及隨時待命應付突發狀況。

| 2015-2016 | 一、落實大壩安全監測與維護，確保大壩安全：實施綿密完善的大壩監測，持續大壩水工機械之更新與檢修，及大壩安全檢查評估與設施維護，維持各項設備功能的正常穩定，確保大壩操作正常與安全穩定。
二、辦理翡翠電廠水輪發電機組大修：為確保翡翠電廠長期運轉效能與安全，辦理電廠定期大修，穩定發揮水資源再利用之附帶發電效益，增加市庫收入外，更提升綠能與相對減少環境之碳排放量。
三、提升水庫操作與運轉機能，供應量足質優的翡翠好水：藉由水庫操作與運轉機能的提升，擴大提供市民水質優良、水量充足的好水，以達成雙北共飲翡翠水之施政目標。
四、積極治理及加強橫向連繫，有效降低淤積與減少污染：依據臺北市政府公共工程中程計畫持續辦理水庫區水土保持工程，治理崩坍地減少地表裸露面積，防止土石流失，並與水源區各相關機關辦理聯合稽查，防治水庫上游各項潛在污染行為。
五、強化蓄水域管理及巡查，確保水庫優質水源及安全：藉由加強及協請臺北市政府警察局保安警察大隊執行蓄水域水、陸路不定期巡邏，確實掌握蓄水範圍內活動，杜絕外來非法盜獵及捕撈，維持水庫周邊優質生態環境。
六、持續辦理備勤區房舍興建工程，確保颱洪期間駐守人員安全：預定完成房舍後，將提供員工執行颱洪期間防汛勤務時，安全良好之備勤空間，以隨時因應處置突發狀況，並保障往返之人身安全。
七、撥用水域周邊國有土地更新造林，涵養土地及防止土壤流失：預定將完成撥用翡翠水庫上游媽祖林遭占墾種植茶樹進行更新造林，防止坡地遭雨水沖刷之土壤流入水庫，造成非點源污染，以強化土地涵養及提升水質並減少淤積，達到水庫永續經營。
八、持續辦理翡翠水庫食蛇龜野生動物保護區巡查及生態調查：與行政院農業委員會林務局共同推動「加強保護區巡察、管制及查緝不法盜獵行為」等9大項為期10年之短、中、長期保育措施，共同承擔保護區之保育重任。104-112年將逐年編列相關預算執行，持續進行聘用保育員及生態監測調查等相關工作。
九、推展教育宣導工作，愛護水源生態環境：持續辦理水資源生態保育教育宣導，
並積極推廣環境教育工作。 |

資料來源：本研究整理。

註：翡管局局長任期四年，表內施政計畫重點即以任期四年為時間單元統計，現任則統計至2016年止。

二、治理策略

　　翡翠水庫自1987年7月成立「臺北翡翠水庫管理局」營運，屬於臺北

市政府一級機關，當時集水區合作治理機關主要為臺灣省政府的臺北水源特定區管理委員會，該會歷經臺灣省與經濟部二階段，最後於 2002 年再改制為現今之經濟部水利署臺北水源特定區管理局。[3] 除了公部門的跨域合作治理，翡管局直至 1999 年起始有系統地進行包括公部門的跨域及公、私協力等治理，依臺北翡翠水庫管理局歷年施政計畫重點、年刊局長前言暨市議會工作報告等觀之，1999 起翡管局集水區治理於不同期間，其策略治理重點有些許差異，在 1999 年至 2002 年期間，生態治理面強調與學術單位生態資源調查合作、水土保持面著重協調有關單位加強水庫集水區造林撫育、水源維護面則加強水庫集水區管理與臺北水源特定區管理委員會的協調工作、環境面則與錫瑠基金會等合作有水庫環境公園化的構想、教育宣導面則與學術機構及志工的合作…

> 我當時在翡翠水庫推動的工作方向，是與其他機關、學術機構還有基金會的合作，因為翡翠水庫的業務要做得好，還是要靠其他的資源，這裡面也隱含著水資源的業務推動不要只是我們管理局在做，水資源是大家的，大家有意願有興趣都可以參與…（R3）

　　2003 年至 2005 年期間，前述治理雖持續執行，但策略重點已有變化，取締水庫蓄水範圍內各項污染水源之行為已單獨列入合作治理重點，直至

---

[3]　臺北水源特定區管理委員會於 1984 年 4 月 1 日正式成立，負責管理維護新店溪（含北勢溪、南勢溪）青潭堰上游集水區之水源、水質、水量之安全與潔淨。1999 年 7 月 1 日水源會配合臺灣省政府功能業務與組織調整改隸中央經濟部，人員與業務全數移撥，改制為「經濟部臺北水源特定區管理委員會」。2002 年 3 月 28 日與水利處、水資源局整併，成立水利署，再改制為「經濟部水利署臺北水源特定區管理局」。引自臺北水源特定區管理局（2011）。機關沿革，取自：臺北水源特定區管理局網站
http://www.wra01.gov.tw/ct.asp?xItem=43939&ctNode=31671&mp=111.

2006 年擴大範圍將水土保持、崩塌地處理等亦列入跨域治理重點。2011 年至 2014 年水土保持與水源維護除持續列入施政計畫重點外，並特別列為翡管局優先推動執行項目之一。2015 年除前述重點外，復加入翡翠水庫食蛇龜野生動物保護區與行政院農委會林務局共同巡查及生態調查等治理。2016 年起的未來施政重點部分，教育宣導面較著重於水資源及環境教育層面，至於與集水區主管機關水源局的合作則更加重視與密切，此與現任首長個人同時具有二機關主政經驗有關，故了解集水區管理機關的重要性……

> 我在經濟部水利署及水源局工作時，就一直認為水庫上、下游是生命共同體，不論是水庫淤積預防、或是上游汙染控制，不可能只做好水庫水域或是保護帶區域就可以高枕無憂的，上游更是非常重要，我現在掌管翡翠水庫，還是秉持著這個理念，翡管局與水源局兩個機關須共同合作才能治理好水庫，否則效益就會打折，在這個理念下，水庫不能只靠翡管局一個機關，我認為翡管局推動的工作，也是水源局要做的，即使翡管局列入優先或是主導推動，對水源局也是同樣重要。（R2）

前述自 1999-2016 期間，翡翠水庫管理機關策略各階段治理重點如表 5-3。

表 5-3　1999-2016 翡翠水庫各階段治理重點

年	生態	水土保持	水源維護	環境景觀	教育宣導
1999-2002	與學術單位合作，展開水庫集水區生態資源調查。與臺師大合作完成「水、生命、翡翠」生態圖鑑	協調有關單位加強水庫集水區造林撫育（質優翡翠願景）	協調臺北水源特定區管理委員會加強水庫集水區管理（質優翡翠願景）	水庫環境公園化。與錫瑠基金會合作發表成果	推動水、生命翡翠教育宣導活動。與臺師大合作發表教宣成果
2003-2006		協調集水區主管機關水源局，辦理水土保持工程、崩坍地處理及水源區汙水下水道未納戶汙水處理等。	取締水庫蓄水範圍內各項污染水源之行為。加強橫向溝通，嚴格取締水庫蓄水範圍內各項污染水源之行為。		
2007-2010		協調水源區相關機關辦理水土保育工作。	協調水源區相關機關辦理汙染源管制及汙水下水道未納戶汙水處理工作等。		
2011-2014	推動食蛇龜野生動物保護區劃設。中央公告訂定翡翠水庫食蛇龜棲息環境之類別及範圍，該保護區為亞洲第一個龜類保育的重要示範區。「翡翠水庫食蛇龜野生動物保護區」發表最新監測調查	持續辦理水庫區水土保持工程，以降低崩坍淤積量。	透過臺北市、新北市合作機制，辦理聯合巡查，加強查察與取締水庫上游及蓄水範圍內各項汙染水源之行為。		成立「翡翠水庫環境學習中心」，為全國政府機關第一個獲得中央認證的環境教育設施場所。

	成果。				
2015-2016	與中央共同推動為期 10 年之短、中、長期野生動物保育措施，共同承擔保護區之保育重任。2015-2023年逐年編列相關預算執行，持續進行聘用保育員及生態監測調查等相關工作。	依據臺北市政府公共工程中程計畫持續辦理水庫區水土保持工程，治理崩坍地減少地表裸露面積，防止土石流失。加強水土保育，維持水庫庫容	與水源區各相關機關辦理聯合稽查，防治水庫上游各項潛在污染行為。與水源局暨相關機關的合作		落實水資源教育及環境教育

資料來源：本研究整理

參、水源區治理經費權責釐清暨法制化

　　翡翠水庫興建計畫於 1979 年開始，雖於 1985 年 6 月 10 日公告臺北水源特定區域主管機關，但其治理經費仍由臺北市政府編列，期間為 1985年至 2005 年止，總計經費預算達 53 億 5,500 餘萬元。[4] 惟自 2002 年起水源局改隸屬於經濟部後，臺北市與中央關於經費負擔的意見嚴重分歧，直至 2006 年 2 月行政院經濟建設委員會第 1244 次委員會議決議，始自 2006年起改由經濟部負擔水源特定區水土保持經費，惟在保育治理經費上開始減少。[5] 由於目前臺北水源特定區已有專責之管理機關，且於 2006 年起開徵「水源保育與回饋費」，翡管局另向中央爭取將臺北水源特定區治理經費法制化，經行政院於 2007 年 10 月 31 日令修正「水資源作業基金收支保管及運用辦法」第一、三、四條，將水源保育及回饋費收入併同「政府循預

---

[4]　臺北翡翠水庫管理局（2006）。臺北翡翠水庫管理局工作報告，臺北市議會公報，74（8），1427。
[5]　內政部營建署城鄉發展分署（2016）。翡翠水庫與臺北水源特定區制度架構，取自：營建署城鄉發展分署網站 http://www.tcd.gov.tw/.

算程序之撥款、經濟部興辦水利事業、水庫蓄水範圍、海堤區域、河川區域或排水設施範圍之使用費收入、辦理水庫、河川或排水設施之清淤疏濬，所得砂石之出售收入、溫泉事業發展基金收入及本基金之孳息收入等多項作為水資源基金收入來源，並將用途明文制定於辦理水庫、海堤、河川或排水設施管理及清淤疏濬之支出、辦理水庫、海堤、河川或排水設施之災害搶修搶險之支出、辦理水庫更新改善之支出、相關人才培訓之支出及辦理回饋措施之支出」等，[6] 使臺北水源特定區治理經費法制化。修正內容如下表 5-4。

表 5-4 「水資源作業基金收支保管及運用辦法」第一、三、四條修正內容

條文	主題	條文內容
第一條	制定目的	經濟部（以下簡稱本部）為辦理水庫、海堤、河川及排水設施之管理、清淤疏濬、災害搶修搶險、相關人才培訓及回饋措施，特依水利法第八十九條之一規定，設置水資源作業基金（以下簡稱本基金），並依預算法第二十一條規定，訂定本辦法。
第三條	基金來源	一、由政府循預算程序之撥款。 二、本部興辦水利事業、水庫蓄水範圍、海堤區域、河川區域或排水設施範圍之使用費收入。 三、本部辦理水庫、河川或排水設施之清淤疏濬，所得砂石之出售收入。 四、水源保育及回饋費收入。 五、溫泉事業發展基金收入。 六、本基金之孳息收入。 七、其他有關收入。 　前項第五款所定溫泉事業發展基金之來源，為依溫泉法第十一條第三項規定，由直轄市、縣（市）主管機關提撥徵收溫泉取用費十分之一之收入。
第四條	基金	一、辦理水庫、海堤、河川或排水設施管理及清淤疏濬之支出。 二、辦理水庫、海堤、河川或排水設施之災害搶修搶險之支出。

---

[6]　行政院公報（2007）。行政院院授主孝二字第 0960006178A 號令修正「水資源作業基金收支保管及運用辦法」第一條、第三條、第四條。行政院公報，13（207），32689。

用途	三、辦理水庫更新改善之支出。	
	四、相關人才培訓之支出。	
	五、辦理回饋措施之支出。	

資料來源：本研究整理。

第二節　翡翠水庫業務治理歷程

　　翡翠水庫歷年來合作治理，包括生態、水土保持、水源維護、環境景觀、教育宣導及亢旱期等六部分，六個構面的合作治理分別影響翡翠水庫的水質與水量，其中從生態情形可以了解水庫水質的良窳，水土保持則可直接影響水庫淤積量，水源維護是否落實則與水質汙染程度有直接關係，環境治理可作為水庫管理門面，亦為民眾對水庫管理效率的第一印象，教育宣導則為民眾水資源正確觀念產生的主要方式，而亢旱期治理則為管理機構面臨嚴峻氣候下的營運考驗，前述各構面運行即構成了翡翠水庫歷年來合作治理的主要部分。

壹、治理過程暨成果

　　翡管局自 1999 年起與學術、其他公務機構、民間人士、團體等，建構出合作治理模式，本部分即從共同合作的生態、水土保持、水源維護、環境景觀、教育宣導及亢旱期間等六構面治理述之。

一、生態治理

　　生態治理主要為生態基礎調查合作及棲息地維護治理等二部分，過程如下：

（一）生態調查合作

翡翠水庫自 1987 年竣工初期，雖有水庫魚類之研究，但主要均著重於

與水質的關係，較具規模且涵蓋陸域、水域之生態基礎調查，則屬 1999
年與師大生物系合作的；包括哺乳類、鳥類、爬蟲類、兩棲類、淡水魚類、
昆蟲類及常見的蕨類、雙子葉及單子葉植物等之基礎調查。

　1.合作起源

　　翡翠水庫最早推動與水庫生態治理有關業務，為 1999 年 7 月 1 日進行
的生態調查，[7] 當時臺師大生物系教授黃生，欲與翡翠水庫合作，曾於
1995-96 年間進入水庫與翡管局局長溝通生態保育及生態教育觀念，惟意
見未被接納，1999 年新任局長上任後再次溝通獲得認同…

> 我感覺國民需有保育觀念，不能踐踏，我和兩位師大生物系教授，
> 曾經在阿扁市長任內去過翡翠水庫好幾次，與翡翠水庫管理局長談
> 生態保育以及生態教育，但是當時的局長不歡迎我們，給我的訊息
> 很清楚，就是要我們早點離開。到了翡管局長換了人後，我們又試
> 著再進去，沒想到新的首長郭瑞華先生和我們有共同焦點，才開始
> 了從 1999 年起的一系列的生態基礎調查及教育宣導工作。那時與
> 翡翠水庫合作，翡管局也全力配合，當時的生態基礎調查也留下許
> 多教學研究的課題。（R10）

　　開始針對翡翠水庫內的生態資源做初步調查，其目的為藉由水庫豐富
多樣的動植物介紹，喚起社會大眾共同做好水資源及環境保育工作，[8] 以
及「生態好，水質就好」的理念下推動生態調查工作。這種治理理念除為

---

[7]　臺北翡翠水庫管理局（2000）。翡管局委託國立臺灣師範大學辦理水庫生態資源調查，大事
　　記要，翡翠水庫 88 年刊。
[8]　姚祥瑞（2002）。翡翠水庫竣工十五周年特刊-「水庫情緣自淺深」，臺北翡翠水庫管理局，55。

當年重點的工作推動項目之一，[9] 亦成為後續接任者持續推動的動力。

　　2.合作協議內容

　　前述生態調查基礎理念使翡管局持續與該校合作，2000 年 1 月 1 日委託該校進行「自然資源與生態監測」的研究，並於同年 1 月 15 日，簽訂翡翠水庫集水區內長期生態研究的合作協議書，其中註明協議生效時間為 1 月 1 日。[10] 其主要內容包括協議書訂定之目標及做法；包括為保育翡翠水庫自然資源與水資源永續經營等共同目標，及於協議有效期間內應提供翡管局有關生態及保育之研習課程與相關資料等。[11]

　　3.合作調查成果

　　前述翡管局與臺師大的生態基礎調查合作，是於 1999 年 7 月 1 日展開，進入區域為翡翠水庫及上游的集水區，該系研究團隊以一年的時間，調查結果發現，前述區域物種、數量均顯示盎然豐富，包括至少有哺乳類 24 種、鳥類 106 種、兩生類 18 種、爬蟲類 20 種、魚類 23 種、蝴蝶 70 種及蜘蛛 81 種，經由與臺師大的合作，首次具體的了解翡翠水庫的動物呈現多樣性，整個集水區的生態系也是非常穩定。[12]

　　翡管局生態基礎調查於 1999 年開始，使大家了解翡翠水庫生態多樣化呈現，2011 年則另委託農委會特生中心執行「翡翠水庫生態資源調查」計畫，計畫時間長達一年又五個月，針對翡翠水庫庫區與其上游地區的哺乳類、鳥類、爬蟲類、兩棲類、蝴蝶和螢火蟲等種類進行資源調查，同時研

9　　同註 7，局長前言，1。

10　「翡翠水庫集水區內長期生態研究的合作協議書」，臺北翡翠水庫管理局、國立台灣師範大學生物系簽訂。未出版。

11　同上，第 1、3、7 條。2000.1.15。

12　臺北翡翠水庫管理局（2007）。「水、生命、翡翠」-翡翠水庫環境與常見動、植物圖鑑，臺北翡翠水庫管理局，7 版，21-22。

究翡翠樹蛙的生活史。[13] 調查結果顯示水庫區各類生物資源依然十分豐富而多樣，這是棲息地的保護完整使然，在多樣化生態中，特別是蝴蝶及螢火蟲，有潛力可發展成為環境教育課程題材。值得一提是特生中心研究人員於 2011 年 5 月中旬在翡翠水庫『蕨色翡翠』蕨園區內，再度記錄到臺灣保育類特有種－翡翠樹蛙，該項成果翡管局特地製作「落入凡間的綠色小精靈」圖片專輯，置於翡管局官網的翡翠樹蛙寫真下載專區，讓市民能一窺其廬山真面目，同時作為生態成果分享。[14]

至於水域部分則於 2006-2008 年間，以發包方式將三年期的「翡翠水庫水生動物多樣性之長期監測計畫（一）～（三）」，由臺灣大學生物環境系統工程系執行，目的在建立水庫內及其上游支流水生動物物種及數量與季節的變化關係，探討以魚類為主的水生動物之食性、多樣性及與水質關係，並製作重要水生動物標本等，以建立翡翠水庫的本土化資料。[15]

（二）棲息地維護治理

翡翠水庫棲息地維護主要以食蛇龜類棲息地為主，進行一系列有關保護區的劃設、落實等維護治理過程，說明如下：

1.食蛇龜類保護區劃設緣由

水資源保育與生態保育為一體之兩面，[16] 翡管局在 1999 年與臺師大

---

[13] 鄭錫奇（2012）。101 年翡翠水庫生態資源調查，翡管局近 3 年委託研究計畫成果報告。取自：臺北翡翠水庫管理局網站
http://www.feitsui.gov.taipei/ct.asp?xItem=1119669&ctNode=31486&mp=122011.

[14] 臺北翡翠水庫管理局（2011）。翡翠水庫保育有成　翡翠樹蛙現蹤，新聞稿，2011.5.27。

[15] 侯文祥（2008）。翡翠水庫水生動物多樣性之長期監測（三）成果報告書，臺灣大學生物環境系統工程系，1-1。

[16] 臺北翡翠水庫管理局（2015）。水資源保育與生態保育為一體兩面說法，市議會書面報告，臺北市議會公報　103（1），85。臺北翡翠水庫管理局（2014）。「大臺北水源故鄉的探索　邀您參加生態環教活動」，新聞稿，2014.3.4。

生物系合作完成生態基礎調查後，初步調查結果爬蟲類 20 種，其中的食蛇龜則是列入國際保育類動物，[17] 食蛇龜主要分布範圍位於低海拔山區，多屬私有土地，查緝不易、價格高，即使查緝亦因處罰過輕或獵捕者採取小三通管道非法走私，使查緝功能盡失，致全臺非法獵捕問題未能有效改善，與國際保育宗旨背道而馳。加以食蛇龜的生殖潛力低，須達十年以上，雄龜背甲長 14 公分，雌背甲長 12 公分才達性成熟，[18] 族群受過度獵捕後不易恢復，故急需劃設保護區，以使其擁有良好棲息環境確保生息存續。

2.保護區公告生效

在堅持生態好，水質才會好的理念下，翡管局多年來除以總量管制將參觀翡翠水庫人數予以限制，[19] 讓動物棲息地影響面減少，亦積極地朝棲息地的保護著手。翡管局先向行政院農委會林務局建議劃設「翡翠水庫食蛇龜野生動物保護區」，經行政院農業委員會依據野生動物保育法第 10 條第 3 項等規定，於 2013 年 12 月 10 日獲正式公告生效，此為亞洲保育龜類域內保育之重要示範區。[20] 公告之保護區範圍，涵蓋新北市石碇區的湳子坑、九紀山、後坑仔、火燒樟、冷水坑等區域，劃定範圍共計土地 725 筆，面積為 1,295.93 公頃。[21] 保護目的為營造適合食蛇龜、柴棺龜生息之

---

[17]　瀕臨絕種野生動植物國際貿易公約（Convention on International Trade in Endangered Species of Wild Fauna and Flora，縮寫：CITES），食蛇龜被列為分級管制的附錄二（Appendix II），即沒有立即的減絕危機，但需要管制交易情況以避免影響到其存續的物種。取自：維基百科 https://zh.wikipedia.org/wiki/.瀕危野生動植物種國際貿易公約。

[18]　臺北翡翠水庫管理局（2004）。「水、生命、翡翠」圖鑑，臺北翡翠水庫管理局出版，64。

[19]　臺北翡翠水庫管理局（2006）。書面工作報告，臺北市議會公報 74（8），1424。臺北翡翠水庫管理局（2009）。書面工作報告，臺北市議會公報 80（8），2122。

[20]　臺北市政府（2014）。大事記要，臺北市年鑑，290。

[21]　臺北翡翠水庫管理局（2013）。食蛇龜野生動物保育專區，取自：臺北翡翠水庫管理局網站 http://www.feitsui.gov.taipei/ct.asp?mp=122011&xItem=70822425&CtNode=70696.

棲地，確保其生息存續，同時也可以保護其他數量極為豐富之共域野生動物，如臺灣野山羊、山羌、穿山甲、麝香貓、食蟹獴及翡翠樹蛙等 30 餘種。[22] 此一保護區的生效，在於同時保護共域的其他野生動、植物及其賴以維生的棲地，進而確保水庫水質及大臺北水資源的永續利用，[23] 與水庫生態好，水質就好的理念相謀和。

3.落實保護區管理

前述保護區於主管機關公告區後，翡管局配合增聘保育員 1 名，惟諾大保護區仍需靠農委會林務局及經濟部水源局等相關機關共同巡查與保育，始能維持棲息地的完整不受破壞，參與巡查單位包括行政院農委會林務局、內政部警政署保安警察第七總隊、水源局、新北市政府及臺北市政府動保處等機關，每月共同執行聯合巡查。由於每年 5 至 8 月為食蛇龜類繁殖季節，巡查機關即機動加強聯合巡查次數。另於保護區及周邊設置 22 臺配備 3G 訊號之紅外線自動相機及熱顯像攝影機一處，全天候即時監控以強力遏止盜獵及其他違規情事，執行至今亦查獲多起違規案件，並函請林務局羅東林區管理處處理。[24]

4.保護區貢獻

保護區於成立後，翡管局持續委託屏科大，進行食蛇龜族群變動及相關生態調查，以評估在保護區劃設前所遭受非法獵捕的影響及劃設後的實際保育成效。在公告將屆一年，最新監測調查成果日前出爐，在密集進行保育研究及盜獵查緝之下，食蛇龜族群個體數量與存活率皆能維持穩定。此外研究首度證實其對棲地之忠誠度極高，且對於森林的更新、演替與水

22　臺北翡翠水庫管理局（2014）。翡翠水庫 102 年年刊，23。

23　臺北翡翠水庫管理局（2014）。書面工作報告，臺北市議會公報 96（3），691。

24　臺北翡翠水庫管理局（2015）。書面工作報告，臺北市議會公報 103（1），85。

資源保育具有相當程度之貢獻，[25] 而此研究成果亦可據以做為保護區經營管理之參考。至於生態調查及棲地維護上仍須借重與學術機構的合作…

　　翡翠水庫基於人力與專業的考量，尚無法獨自完成生態調查及棲息地保育等工作，若有學術機構的合作，對翡翠水庫有極大助益。(R2)

　　在未來做法上，翡管局將接受林務局委託管理，共同推動「加強保護區巡察、管制及查緝不法盜獵行為」等 9 大項為期 10 年之短、中、長期保育措施，所需經費將動支第二預備金執行之，2015-2023 年將逐年編列相關預算執行之，以共同承擔保護區之保育重任。[26]

　　（三）烏來杜鵑的復育合作

　　烏來杜鵑經由農委會特生中心協助復育成功，並推廣至其他單位，過程如下：

　　1.列為稀有植物

　　烏來杜鵑(Rhododendron kanehirai Wilson)因其葉似柳，又名柳葉杜鵑。僅分布於臺灣北部翡翠水庫上游北勢溪流域一帶，為臺灣 15 種杜鵑屬植物中分布最狹隘、族群數量最少的一支。翡翠水庫興建時期相關文獻提及烏來杜鵑部分極少，1984 年水庫初期蓄水後在中日技術交流下，邀請日籍水質專家小島貞男博士研究預測翡翠水庫水質與污染，在其防治對策中曾提及烏來杜鵑為頻臨滅絕植物。[27]故在其唯一生育地淹沒，以致其族群於野外消失後，行政院農委會及經濟部遂依據文化資產

---

[25]　臺北翡翠水庫管理局(2014)。「翡翠水庫食蛇龜保護區最新研究成果出爐」，新聞稿，2014.11.23。

[26]　臺北翡翠水庫管理局（2014）。翡翠水庫 102 年刊，23。

[27]　臺北翡翠水庫管理局（1988）。翡翠水庫計畫執行成效評估報告。123。

保存法，於 1988 年 8 月 20 日將烏來杜鵑公告為法定珍貴稀有植物。[28]

2.特生中心協助復育成功

農委會特生中心於 1992 年 7 月 1 日組織成立時便針對烏來杜鵑擬定長期保育計畫，積極進行該物種之復育工作。根據特生中心調查指出，烏來杜鵑僅餘零星由試驗單位或民間移出種植，及翡管局辦公區栽種之 10 株。[29] 直至目前為止特生中心已先後完成野外族群調查、北勢溪集水區植被調查、插穗與種實蒐集、野外復育永久樣區之選設及野外植栽等復育先期工作。翡管局則於 1995 年提供與烏來杜鵑原生地環境近似之大壩下游河道岩石區，協助特生中心作為復育樣區，供該中心栽植 250 株扦插苗，歷經多次颱風水庫洩洪之沖擊，至今仍餘 30 餘株。自 2000 年起至 2005 年止，翡管局大量自行扦插繁殖且成功定植於辦公區約 6,200 株苗木。[30]

3.推動復育擴至其他單位

由於復育成功，農委會於 2002 年 1 月 14 日再以農林字第○九一○○三○六○四號公告將烏來杜鵑解除於珍貴稀有植物範圍外。[31]在前述復育基礎上，翡管局自 2006 年起至 2010 年止更有計畫的推動五年期烏來杜鵑復育中程計畫，推動細部包含「製做烏來杜鵑復育宣導影像內容」及「繁殖與定植」兩大內容。總計該中程計畫分別於壩址通達道路、鷺鷥潭原生

28　臺北翡翠水庫管理局（2006）。議會書面工作報告。臺北市議會公報，74（8），1434。

29　臺北翡翠水庫管理局（2015）。烏來杜鵑復育，取自：臺北翡翠水庫管理局網站
　　http://www.feitsui.gov.taipei/ct.asp?xItem=117358&CtNode=31452&mp=122011.

30　同註 4，74（8），1434。

31　行政院農業委員會（2016）。公告解除珍貴稀有植物紅星杜鵑、烏來杜鵑、鐘萼木等三種之
　　指定。取自：行政院農業委員會全球資訊網站
　　http://www.coa.gov.tw/theme_data.php?theme=communique&id=2522&print=Y.

地、辦公區及壩區等完成栽植 4,900 株，成為生態復育之最佳範例。[32] 烏來杜鵑的復育，除了翡管局與特生中心的合作推動，新北市農業局與林務局亦同時扮演推動角色，2001 年開始有復育烏來杜鵑的想法，2002 年以後經特生中心的協助，以該中心烏石坑低海拔試驗站保留的種原，由農業及林務二局分別進行復育。之後，農業局復育計畫持續推動，以扦插法於石碇小格頭苗圃繁殖種苗，並移植至烏來環山路沿途及雲海國小後山，自 2015 年起農業局則委託嘉義大學合作培育烏來杜鵑實生（種子）苗，成功培育 1,200 株實生苗，除了原苗圃及野地進行扦插復育成果，亦多了實生苗的復育成功方式，目前於石碇區、烏來區及新店區都可以看見烏來杜鵑復育的成果。[33] 前述合作治理情形如表 5-5。

---

[32]　臺北翡翠水庫管理局（2015）。烏來杜鵑復育，取自：臺北翡翠水庫管理局網站 http://tcgwww.taipei.gov.tw/ct.asp?xItem=117358&CtNode=31452&mp=122011.

[33]　新北市農業局（2016）。烏來杜鵑，原生動植物復育。取自：新北市農業局網站 https://www.agriculture.ntpc.gov.tw/cht/index.php?code=list&flag=detail&ids=28&article_id=1847. 林長順（2017）。烏來杜鵑在石碇 新北培育實生苗，中央社社會版，2017.2.8。取自：中央社網站 http://www.cna.com.tw/news/aloc/201702080183-1.aspx.

表 5-5　翡翠水庫生態合作治理情形

機構事項 類型	主導機構（團體）	治理機構（團體）	治理事項
生態調查合作	1.翡管局 2.國立臺灣師範大學生物系	翡管局、國立臺灣師範大學生物系、農委會特生中心、臺北市立大學、臺灣大學生物環境系統工程系	1.生態調查。 2.生態教材製作。 3.生態研習營帶隊指導。
棲息地維護治理	翡管局	翡管局、林務局、保警第七總隊、水源局、新北市政府、北市府動保處、屏科大	1.棲息地保育。 2.聯合巡查防範違規案件。 3.食蛇龜族群變動及相關生態調查。
烏來杜鵑復育合作	1.翡管局 2.農委會特生中心	農委會特生中心、翡管局、新北市農業局、林務局、嘉義大學	1.特生中心擬定長期保育計畫，積極進行該物種之復育工作 2. 翡管局經特生中心協助，大量自行扦插繁殖且成功定植。 3.新北市農業局、林務局推動經特生中心協助復育，嘉義大學則接受委託研究培育烏來杜鵑實生（種子）苗。

資料來源：本研究製作。

二、水土保持治理

　　水土保持治理部分以集水區造林合作及集水區崩塌地治理合作先例等過程述之：

　　（一）集水區造林合作

　　翡翠水庫造林範圍是在標高 171 公尺以上之集水區，其目的在於減低

表土沖蝕，有助於水庫壽命、水源涵養。翡翠水庫集水區內約有 2,167 公頃林班解除地與公有出租地被變更使用，復舊造林工作即是將水庫集水區內之墾殖地，以完整的森林覆蓋，期使水土涵養的工作更具效益。

1.跨域合作造林

翡翠水庫復舊造林工作最早在 1986 年即開始，當時由臺北水源特定區管理委員會（2002 年改制為臺北水源特定區管理局，以下簡稱水源會）以逐年編列預算方式執行，至 2004 年止已完成復舊造林面積總計 1,173.6 公頃（含行政院環保署種 2,000 萬棵樹救臺灣水源活動種植 6 公頃以及臺北縣政府種植 10 公頃）。[34]

其後，因來自集水區植物的病害而於 1995 年進行跨機關合作，自 1995 年因集水區的琉球松感染松材線蟲致整片枯萎死亡，農委會林務局先針對集水區林班地採取逐年進行更新造林方式。翡管局則邀集包括臺北縣政府（2010 年改制）、水源會、臺灣省林務局（1999 年改隸中央）與北水處等單位，自 1998 年度起至 2001 年度止，合作造林約 1170 公頃。[35] 惟鄰接蓄水域之媽祖林並未在列，當時該區域非屬翡管局管轄之地，然基於水源涵養及保護問題刻不容緩，[36] 該局主動編列預算更新造林，由於該地區屬水源局管轄，經徵得同意後，自 1998-2000 年度分三次進行更新造林，三年度更新內容每次均含新植、補植及後續維護管理，更新面積 28.7 公頃，[37] 之後則自 2003 年執行後續的維護工作。

---

[34] 臺北水源特定區管理局（2005）。復舊造林。經濟部水利署臺北水源特定區管理局 93 年度工作年報，23。

[35] 臺北翡翠水庫管理局（2001）。翡翠水庫 89 年刊，35。

[36] 臺北翡翠水庫管理局（2004）。翡翠水庫 92 年刊，37。

[37] 臺北翡翠水庫管理局（2005）。翡翠水庫 93 年刊，33-34。臺北翡翠水庫管理局（2006）。翡翠水庫 94 年刊，34。

2004-2009 年則連續六年針對集水區 50 公尺保護帶進行總計 203 公頃的刈草撫育工作，前述撫育面積包含 2007-2009 年與財團法人時報文教基金會合作，在該基金會補助經費下，於前述範圍內施行補植及割草撫育等工作，每年面積 21 公頃，三年合計 63 公頃。[38] 而自 2000 年開始的「翡翠水庫遷村計畫及墾植地收回復舊造林工作」，其保固撫育刈草工作則於 2006 年 5 月 26 日完工。[39]

2.集水區佔墾地收回復舊造林

翡翠水庫集水區位於新北市石碇有國有土地二筆，面積 93.8 公頃，經行政院核准無償撥用，於 2014 年 4 月 15 日管理機關變更為翡管局，該二筆土地遭人占用，翡管局自成為管理機關起，即自 2014 年 4 月起至 2016 年 5 月 30 日占用人返還土地達成調解止，分別與行政院財政部國有財產署、新北市政府城鄉局、林務局、農業局、及北市府地政局等跨域、跨機關之協調合作，總計收回佔用國有地 10.3 公頃，並分 3 年（2015-2017）編列預算執行復舊造林，2015 年完成 1.922 公頃之新植面積。[40]

（二）集水區崩塌地治理合作先例

翡翠水庫集水區崩塌地治理合作分別就颱風影響，與相關單位治理過

---

[38]　臺北水源特定區管理局（2005）。復舊造林。經濟部水利署臺北水源特定區管理局 93 年度工作年報，23。臺北水源特定區管理局（2006）。復舊造林。經濟部水利署臺北水源特定區管理局 94 年度工作年報，15。臺北水源特定區管理局（2007）。復舊造林。經濟部水利署臺北水源特定區管理局 95 年度工作年報，17。臺北水源特定區管理局（2008）。復舊造林。經濟部水利署臺北水源特定區管理局 96 年度工作年報，17。臺北水源特定區管理局（2009）。復舊造林。經濟部水利署臺北水源特定區管理局 97 年度工作年報，18。臺北水源特定區管理局（2010）。復舊造林。經濟部水利署臺北水源特定區管理局 98 年度工作年報，18。

[39]　臺北水源特定區管理局（2007）。復舊造林。經濟部水利署臺北水源特定區管理局 95 年度工作年報，17。

[40]　臺北翡翠水庫管理局（2016）。媽祖林案大事記，翡翠水庫 104 年刊，20。

程及其成效，說明如下：

　　1.數次颱風成為集水區崩塌主因

　　翡翠水庫集水區崩塌是水庫淤積的主要因素，而崩塌的主要原因仍與颱風密切相關。1996 年的賀伯颱風、1998 的瑞伯颱風與 2001 年的納莉颱風侵襲事件，分別使當年度水庫淤積量高達 347.6 萬立方公尺、137.7 萬立方公尺與 135.4 萬立方公尺，均遠高於水庫設計當時推估北勢溪年淤積量之 113.6 萬立方公尺，亦高於歷年淤積量，明顯減損水庫的蓄水容量。[41]

　　2.與中央林務單位共同整治崩塌處

　　由於數次颱風侵襲使翡翠水庫時有崩塌情形影響治理，且土地涉及國有等因素，翡管局即以協調方式，自 2005 年起取得與行政院農委會林務局羅東林區管理處同意，共同整治水庫集水區內國有林第四林班崩坍地，當年該處已投入 1,500 餘萬經費治理其轄管範圍之水庫崩坍地，第二年更增加治理經費達 4,500 餘萬元，2007 年亦持續編列 1,500 萬元經費整治，其後 2008 年預估編列 1,000 萬元經費整治，數年來農委會林務局編列治理經費總計達 8,500 萬元。翡管局則自 2006 年起同時配合整治該崩坍地下邊坡，自 2006 年至 2008 年翡管局依中程計劃分別編列水保經費 2,500 萬元、1,700 萬元及 1,202 萬元與農委會林務局共同治理轄管崩坍地與水庫區其他邊坡。[42]

　　此種共同整治水庫崩坍地上下邊坡方式，在當時屬於創新合作，有效阻止土石崩落進入水庫，已成功防止近 50 萬立方公尺崩塌土石進入水庫，

---

[41]　臺北翡翠水庫管理局（2014）。防淤減淤有成　翡翠水庫不老－去年淤積量減至 33.2 萬立方公尺 再用百年以上沒問題，新聞稿，2014.3.3。

[42]　臺北翡翠水庫管理局（2009）。翡翠水庫 97 年刊，38。

[43] 減低水庫淤積，延長水庫壽命，也開啟臺北市政府與中央林務單位合作整治水庫崩坍地先例。

3.與水源局共同治理

1985-2005 年期間翡翠水庫水土保持，由臺北市政府所屬的翡管局編列經費，經濟部水利署所屬之水源局負責執行，此階段二單位合作至 2005 年止。[44] 惟自 2002 年起水源局改隸屬於經濟部後，臺北市與中央關於經費負擔的意見嚴重分歧，直至 2006 年 2 月行政院經濟建設委員會第 1244 次委員會議決議，始自 2006 年起改由經濟部負擔水源特定區水土保持經費，由經濟部編列預算同時執行，而自水源局前身時期的 1984 年起至 2013 年的 30 年運作期間，與翡翠水庫水土保持治理相關之工程已執行 419 件、完成 1600 餘處保育設施，[45] 有效防治水源特定區內坡岸沖蝕、崩塌，合作期間翡管局與水源局水土保持的分工治理，使翡翠水庫泥沙淤積量更僅為原預估量之三分之一，減淤成效卓著對翡翠水庫集水區保育助益甚大。

4.蘇迪勒颱風促成推動新店溪上游治理

2015 年 8 月臺灣北部受蘇迪勒颱風侵襲，翡翠水庫集水區影響雖相對於主要降雨區的南勢溪輕了許多，但因南勢溪原水濁度急遽飆升，超出北水處淨水場處理能力，仍影響大臺北地區供水穩定及用水品質。行政院遂於 2016 年 1 月 26 日核定「新店溪上游流域保育治理及區域穩定供水綱要計畫」，此項計畫雖因南勢溪問題而起，但推動重點仍包括北勢溪為主的翡翠水庫集水區，作為水源局與翡管局日後推動翡翠水庫集水區治理依循，對翡翠水庫未來治理更添保障。前述水土保持治理情形如表 5- 6。

---

[43]　臺北翡翠水庫管理局（2011）。書面工作報告，臺北市議會公報 87（2），572。
[44]　詳如本章第一節，參、水源區治理經費權責釐清暨法制化。
[45]　臺北水源特定區管理局（2013），護水 30 周年紀念專刊。34。

表 5-6　翡翠水庫水土保持治理情形

類型項 / 機構事項		主導機構（團體）	治理機構（團體）	治理事項
集水區造林合作	跨域合作造林	翡管局、水源局	翡管局、水源局、林務局、財團法人時報文教基金會	新植、補植及後續割草撫育、維護管理等造林工作。
	集水區佔墾地收回復舊造林	翡管局	財政部國有財產署、新北市政府城鄉局、林務局、農業局、及北市府地政局	集水區新植工作
集水區崩塌地治理合作先例		翡管局、水源局、林務局	翡管局、水源局、林務局	水庫集水區風災崩塌之處理

資料來源：本研究整理。

三、水源維護治理

　　翡翠水庫興建期間，需處理與水源維護相關項目不少，包括違規行為的聯合稽查、汙水下水道計畫、養豬戶拆遷及遊艇收購遊樂設施補償等，其中養豬戶拆遷部分為早期維護水質潔淨的必要措施，對於圈養豬隻污染水源之處理，行政院於 1985 年第 1931 次會議指示水源區全面禁止養豬、養鴨，次年即由主管機關水源會編列三年預算，自 1986 至 1988 合計編列經費 5,800 餘萬元，完成養豬戶拆遷補償 6,476 頭。[46] 集水區內遊艇收購則於 1981 年 7 月開始進行至 1982 年 7 月止，當時位於採石場用地內的鷺鷥潭區域，有娛樂業者經營遊艇暨遊樂設施，由翡建會等相關機關與業者召開收購補償協調會，時間分別為 1981 年 7 月 3 日、8 月 7 日及 1982 年 7 月 17 日，並於 1982 年的 1 月 6 日陸續收購接收船隻。[47] 不論養豬戶拆遷或遊艇娛樂設施的收購，均能有效減少翡翠水庫日後污染源，對正式營運

---

[46]　臺北翡翠水庫管理局（2015）。重要取水口以上集水區公告，取自：臺北翡翠水庫管理局網站 http://www.feitsui.gov.taipei/ct.asp?xItem=72022777&ctNode=76600&mp=122011.

[47]　臺北翡翠水庫管理局（1988）。翡翠水庫興建大事記彙編，1988.5。未出版。

的翡翠水庫汙染源頭的防治甚具功效。至於翡翠水庫開始營運後，水源維護治理則進入另一階段，包括與非政府組織（NGO）的共同參與機制及集水區稽查會報、與中央合作汙水道處理及其他汙染源的合作防治等過程，分述如下：

（一）建置公、私協力交流平台機制

翡翠水庫的水源維護治理，在強化民眾參與部分，主要呈現在水源局與非政府組織間的溝通互動，此一公、私協力交流，於 2013 年 1 月由水源局與新店溪流域守護聯盟共同建立，名稱為「臺北水源特定區管理局與 NGO 團體公私協力交流平台」，迄 2017 年止已陸續召開 10 次公私協力交流會議。[48] 該守護聯盟涵蓋地區性及全國性之 NGO 團體。[49] 交流平台主要溝通議題與合作事項如下：

1.重要政策透明公開

2.合作推動水資源教育宣導

3.水源保育回饋金妥善使用

4.垃圾與環境污染問題

5.水源涵養(種水)

6.水源保護區手作步道示範及推廣

---

[48] 臺北水源特定區管理局（2016）。臺北水源特定區管理局 104 年工作年報，90。臺北水源特定區管理局（2017）。「經濟部水利署臺北水源特定區管理局與 NGO 團體公私協力交流」第 10 次會議紀錄，2017.6.30。

[49] 新店溪流域守護聯盟涵蓋綠色公民行動聯盟、水患治理監督聯盟、主婦聯盟環境保護基金會、荒野保護協會、新店崇光社區大學、中華民國自然步道協會、新北市文史學會、臺北市野鳥學會、台灣千里步道協會、社區大學全國促進會、臺北市文山新願景促進會、萬華社區大學、廣興愛鄉保護聯盟、OURs 專業者都市改革組織等非政府組織之民間團體，共同參與「臺北水源特定區管理局與 NGO 團體公私協力交流平台」機制。

7.全國河川日籌辦事宜及其他民生事項等。

前述公、私協力交流平台機制，溝通議題及合作事項涵蓋水源維護治理、環境治理及教宣治理等面向，其推動做法主要為經由會議形成共識，雙方分享經驗及個案探勘交換意見等，說明如下：

1.會議形成共識、分享經驗

雙方會議時間並非固定，2015 年以前每三個月一次，2016 年未召開，2017 年則半年一次，惟均能在交流會議中形成共識，並就政策公開及經驗交流分享協議，水源局則公開水源保育政策，NGO 團體成員分享多元領域之經驗。水源局政策資訊公開包括：臺北水源特定區水源涵養策略應用試驗計畫、北區河川社群資源交流流域學習計畫暨九月全國河川日珍惜河川活動、臺北水源特定區非點源污染削減推動辦理情形、103 年度北勢溪 1 號河溪治理工程等，[50] 經由 NGO 團體與會成員個別提出意見，達成雙向交流、溝通之目的。

2.個案探勘交換意見

（1）2014 年 4 月 10 日邀請 NGO 團體共同探訪雙溪灣潭古道，並針對水源保護區之步道維護方式交換意見。[51]

（2）2015 年 7 月 9 日邀請 NGO 團體共赴雙溪區泰平里水梯田示範區現場勘查，並對水源局水源涵養計畫之水梯田復育於 NGO 團體公私協力交流平台第八次會議中，進行雙方意見交流。[52]

[50]　臺北水源特定區管理局（2014）。「經濟部水利署臺北水源特定區管理局與 NGO 團體公私協力交流」第 6 次會議紀錄。2014.9.5。臺北水源特定區管理局（2015）。「經濟部水利署臺北水源特定區管理局與 NGO 團體公私協力交流」第 7 次會議紀錄。2015.3.27。

[51]　臺北水源特定區管理局（2016）。臺北水源特定區管理局 104 年工作年報，91。

[52]　臺北水源特定區管理局（2015）。臺北水源特定區管理局 103 年工作年報，85。

（二）集水區聯合稽查

翡翠水庫集水區聯合稽查以 2011 年 3 月為時間點，自 2011 年 3 月前由翡管局分為二階段進行，之後則以陸海空立體方式強化做法，主管機關水源局亦本於職權的推動執行水源維護，使翡翠水庫水源維護執行成效顯著，說明如下：

1.水源維護業務協調會

水源區內的水土保育與重大汙染案件若要執行徹底，單靠一機關無法落實，為有效維護翡翠水庫水源水質，翡管局、水源局於 2004 年即邀集新北市政府、北水處、水源局、國道高速公路新建工程局等單位，定期召開水源特定區水源維護業務協調會，共同就水源區內水土保育與重大污染案件進行意見溝通，第一年的 2004 年度及第二年的 2005 年共計召開 19 次會議，主要涵蓋「北宜高速公路坪林交行控中心專用道事宜」、「淨水、污水處理廠排放情形聯合巡查」、「翡翠水庫磷的循環及質量平衡」、「水源保護區生態工法之探討」、「建立水源區各管理單位例行性檢測毒物反應機制之研討」、「水源特定區公害案件緊急處理分工及配套措施之研討」、「臺北水源特定區未納戶污水處理實施計畫」、「水源特定區（南/北勢溪）聯合巡查」、「烏來溫泉排放水之現況與管理及污染源之巡查與管制」及「南北勢溪匯流口附近垂釣問題」等十項議題。[53]

2.集水區稽查會報

茲後因應蔣渭水高速公路（舊稱北宜高速公路）於 2006 年 6 月 16 日通車及行政院環境保護署通過蔣渭水高速公路坪林行控中心專用道開放每

---

[53]　臺北翡翠水庫管理局（2005）。翡翠水庫 93 年刊，35。2005 年 8 月出版。臺北翡翠水庫管理局（2006）。翡翠水庫 94 年刊，35-36。

日外來旅客 4,000 車次通行環境影響評估案之衝擊，翡管局另與其他相關機關合作，包括與臺北縣政府環境保護局、農業局及民政局等機關自 2006 年 11 月起成立翡翠水庫集水區稽查會報，並自 2007 年 3 月份起加強聯繫協調，聯合稽查範圍包括露營區、休閒農場等，結合縣市力量共同保護水庫水質。[54]至於查緝到汙染事證，包括上游違建、違規傾倒廢棄物、排水設施改善等則以舉報方式報由主管機關進行後續處理。

　　該項聯合稽查業務自 2007 年 3 月起至 2015 年 12 月止，長達九年的合作，包括協調會及現場勘查、舉報等，跨機關聯合巡查自 2012 年起，又由水源局基於維護『臺北水源特定區』水源潔淨之立場，主動與新北市政府農業局、環保局及翡管局等單位辦理坪林區養鹿場聯合巡查（每月 2 次）。自 2012 年 10 月 25 日起聯合巡查至 2016 年底止，實施後業者均能主動配合辦理，成效良好，[55] 聯合巡查次數增加，巡查家數也增加，在加強汙染查緝、維護翡翠水庫水質方面，聯合巡查似已成為目前翡翠水庫治理重要的查緝方式。翡翠水庫治理相關機關聯合巡查情形如表 5-7。

---

[54]　臺北翡翠水庫管理局（2011）。議會書面工作報告。臺北市議會公報，87（2），572。 臺北翡翠水庫管理局（2006）。議會書面工作報告。臺北市議會公報，74（8），1429。

[55]　臺北水源特定區管理局（2016）。臺北水源特定區管理局 104 年工作年報。18。臺北翡翠水庫管理局（2017），翡翠水庫 105 年刊。15。

表 5-7　翡翠水庫治理相關機關聯合查緝集水區成效

聯合巡查年	聯合巡查次數	巡查家次			聯合查緝機關
		露營區(含休閒農場)	養鹿場	合計家次	
2007				30	新北市府：環保局、教育局、農業局、經濟發展局、坪林區公所等。經濟部：水源局
2008				18	
2009				15	
2010	13			13	
2011	13			36	
2012		70	15	85	
2013	45	103	102	205	
2014	35	88	114	202	
2015	36	52	110	162	
2016	11	42	93	135	

資料來源：本研究整理。

3.集水區立體巡查強化做法

翡管局為防止污染、維護集水區水源環境，於 2011 年 3 月起強化做法，與相關機關合作，以陸、海、空立體巡查方式加強集水區的巡邏。除定期與不定期的水域巡邏外，另協請行政院環境保護署、內政部空中勤務總隊，每季定期辦理陸、空聯合稽查計畫，共同執行水庫集水區空中查察污染源行為及崩坍地監測工作、2011 年 5 月起北市府警察局保安警察大隊每月定期支援翡翠水庫集水區水、陸巡邏、8 月起則與內政部警政署森林暨自然保育警察隊合作，每月定期支援翡翠水庫集水區林班地巡查工作。[56]

4.水源局維護汙染行為做法

翡翠水庫集水區主管機關水源局，在有礙水質、水量違規行為之巡防

---

[56] 臺北翡翠水庫管理局（2011）。議會書面工作報告，臺北市議會公報 87（2），567。臺北翡翠水庫管理局（2012）翡翠水庫 100 年刊，大事記要，39-40。

查報上，只要違反都市計畫土地使用、水土保持、森林、廢棄物、水源污染等與水源、水質、水量、建築法等行為，均屬於處理範圍，包括新店溪、南勢溪、桶後溪沿線水域遊憩戲水民眾及釣魚行為等，配合執行此項工作則為內政部警政署保安警察第七總隊第二大隊第一中隊臺北水源局小隊，其警力配置有隊員 7 人，主要工作為協助業務單位辦理包括北勢溪在內的查報、巡邏及維護人員安全。違規處理項目則包括開挖整地、擅自設置擋土牆、採取土石、探採礦物等涉嫌違反水土保持法等濫墾案件及濫葬、擅自採伐木竹、堆置土石、堆置廢棄物、擅闢道路等查報取締等案件，自 2004 年起至 2016 年止，共計執行濫墾取締 461 件，濫葬 26 件，採伐木竹、堆置土石、堆置廢棄物、擅闢道路等 151 件，[57] 其中濫墾取締函送主管機關新北市政府（2010 改制前為臺北縣政府）及各目的事業主管機關處理，濫葬部分函送主管機關新北市政府依水土保持法、殯葬管理條例辦理，擅自採伐木竹及超限利用、堆置廢棄物等則依序函送新北市政府核處。歷年巡防查報成果詳如表 5-8。

---

[57]　數字取自臺北水源特定區管理局自 93 年起至 104 年（2004-2015）止之各年度工作報告違規處理統計部分。105（2016）年度年報至本研究截止，尚未出版，經水源局周局長協助，由該局以 E-mail 方式於 2017 年 10 月 13 日傳送取得 2016 年案件數資料。

表 5-8 翡翠水庫集水區濫墾、濫葬及其他違規行為之歷年巡防查報成果

項目 年	濫墾（開挖整地採取 土石、擅自探採礦物）	濫葬	其他（擅自採伐木竹及 超限利用、堆置廢棄物）
2004	36	3	3
2005	29	2	3
2006	55	8	5
2007	50	4	9
2008	33	5	4
2009	26	1	16
2010	48	3	15
2011	67	0	15
2012	30	0	29
2013	16	0	14
2014	12	0	12
2015	21	0	6
2016	38	0	20
合計	461	26	151

資料來源：本研究整理。

（三）汙水道系統合作建置

除前述聯合查緝外，為顧及重要的汙染源頭—水源特定區民眾暨休憩商家的汙水排放亦影響水庫水質，翡管局在汙水道處理上與水源局合作，協調辦理臺北水源特定區汙水下水道未納戶處理工程。其中影響翡翠水庫集水區甚大的，即屬翡翠水庫上游污水下水道系統計畫，該計畫從 1991 年起由行政院核定，1999 年 7 月 30 日完工，總經費 7 億 8 仟 3 佰萬元，由中央、省、市三對等分擔，收集系統管長 27.392 公里，涵蓋大型污水抽水站 15 座，小型污水抽水站 17 座，大型污水處理廠（坪林三級污水處理廠）1 座，小型污水處理廠 3 座，家庭用戶接管管長

12.738 公里，合併式污水處理設施（含公廁）4 座。[58]連同前述收集系統，總計自 1988 年至 2007 年臺北市政府已先後編列 8 億 2,232 萬元，包括前述污水系統新建、增建、功能提升、管路更新等，目前臺北水源特定區整體污水處理率達 75%，與臺北、高雄等都會區之發展水準相當。為提高汙水處理率，2015-2017 年臺北市與中央持續投入 2 億 6,400 萬元，以政府自建方式合作辦理「臺北水源特定區污水下水道系統未納戶污水處理第二期實施計畫」，以提高臺北水源特定區污水處理率至 81％。[59]

（四）坪林交流道開放後水源維護的合作防治

影響翡翠水庫水源維護另一重大議題，主要在國道 5 號高速公路坪林專用道(非供民眾使用)開放為一般交流道所帶來的可能汙染面向，國道 5 號原為北宜高速公路工程計劃，該計畫於 1990 年間辦理環境影響評估作業，惟因坪林地區早於 1988 年 3 月 27 日劃入臺北水源特定區計畫，全鄉土地使用受到管制，之後雖經 1993、2001 年二次主要計畫通盤檢討，坪林地區相關建設仍受水源區法令規範嚴格限制，使坪林專用道欲開放為一般交流道之措施受到影響，亦成為大臺北地區水源維護與坪林人交通、生計受限等兩相衝突極具爭議之議題。

1.兼顧水源維護的開放措施

本部分探討包含附條件的開放及開放後如何成立監督機制等二面向如下：

（1）附條件的開放

---

[58]　臺北水源特定區管理局（2016）。臺北水源特定區管理局 104 年度工作年報。61。
[59]　臺北翡翠水庫管理局（2014）。中央與地方攜手提升翡翠水庫水源區污水處理率 確保雙北市民高品質飲用水源，新聞稿，2014.11.2。

　　坪林專用道於 2001 年 5 月開始辦理環境影響差異及申請開放為一般交流道之作業，但因車輛、遊憩等相關分析可能引起各項污染，主管機關的環保署並未同意開放；經多次修正後於 2005 年 1 月 17 日召開「北宜高速公路坪林行控中心專用道開放為一般交流道環境影響差異分析報告」專案小組審查會，參與機關團體有環保署環評委員、專家學者、內政部營建署、臺北縣政府、水源局、翡管局、北水處、坪林鄉公所、坪林鄉民代表會及環境品質文教基金會等列席表達意見，[60] 會中確定有條件開放每日最多 4,000 車次的作法，惟在 2005.10.27「北宜高速公路工程石碇坪林段通車使用管制環境影響調查報告書及因應對策」會議中遭到否決。其後復經多次討論，最終於 2006 年 5 月 12 日由行政院環境保護署環境影響評估審查委員會第 141 次審查通過每日仍以最多 4,000 車次的決議，作為國道高速公路局執行坪林交流道依循之依據。

　　（2）開放後監督機制的成立

　　因應前述每日最多 4,000 車次的決定及 2006 年起國五高速公路坪林段通車等帶來的汙染面，中央另成立「北宜高速公路坪林行控中心專用道開放供外來旅客（每日最多四千車次）水源區保護共同管理協調會報」，由環境監測執行機關交通部高速公路局按環境差異規定期程不定期提出相關資料，由共同管理協調會報開會進行檢討。翡管局則以參與前述水源區保護共同管理協調會報方式，監督環境影響評估承諾事項中，交通部臺灣區國道新建工程局、交通部臺灣區國道高速公路局及相關單位之執行情形。[61] 水源局則在行政院環保署「環境影響評估審查委員會」第 141 次會議結論

60　行政院環境保護署綜計處（2005）。北宜高速公路坪林行控中心開放為一般交流道環境影響差異分析報告審查結果，環保新聞，2005.1.17。

61　臺北翡翠水庫管理局（2007）。書面工作報告，臺北市議會公報 75（10），2085。

中被賦予召集單位之責，肩負協調會報重要召集之工作，至於環境影響評估法應承擔之責任，則由開發單位負責。[62] 水源局則以招標委託方式，以總顧問名義委託民間工程顧問公司，將之納入協調會報，提供水質監測、稽查等執行工作，並於協調會報中提出建言。

2.民意與政府態度

坪林地區民意及政府態度部分探討如下：

（1）坪林公投展現民意

坪林居民對北宜高速公路坪林行控中心專用道開放為一般交流道，曾於 2003 年 9 月 13 日透過公投展現民意，由當地「北宜高速公路行控中心開放為一般交流道公開意見調查推動委員會」推動，該委員會成員多為坪林鄉民代，具民意基礎，全鄉年滿十八歲的 5,147 名具投票資格的鄉民，有 3,300 多人投票，投票率達六成四，開票結果有 3,200 多票、高達九成八贊成開放，另有卅一票反對、廿三票無意見。

（2）政府態度

前述公投由於為地方自行發起，屬諮詢性公投性質，法律面並不具實質效力。當時行政院即表示，該案涉及環境影響評估的問題，公投雖然是民意的展現，「但公投還是不能取代法律，主管機關仍須依法行政」；因此坪林鄉公投的結果，將會做為主管機關的決策參考，但並不具約束力。[63] 負責的交通部國工局長對坪林地區的意見調查方式，亦認為鄉民可表達意見，

---

[62]　行政院環保署（2008）。「北宜高速公路坪林行控中心專用道開放供外來旅客(每日最多四千車次)水源區保護共同管理協調會報執行監督委員會」第六次協商會議會議記錄。2008.6.23。

[63]　余思維、陳幼臻（2003）。坪林公投開放交流道　為求交通便利 鄉民捐 50 萬辦投票，蘋果日報，2003.9.13。取自：蘋果日報網站
http://www.appledaily.com.tw/appledaily/article/headline/20030913/348677/.

總比過去鄉民不斷發動抗爭、揚言封路等抗議舉動來得好，因此國工局會把意見調查的結果，附在提報環評的報告中，讓環評委員參考。[64]

　　坪林人以公投表達意見，雖不具法律效力，但政府最終在兼顧翡翠水庫水源維護及當地民意需求下，採取每日不超過 4000 車次的有條件開放措施，使坪林專用道開放為一般交流道的爭議獲得解決，坪林人民意仍成為政府交流道開放措施之決策重要參考依據，政府則以成立監督機制方式，由相關機關、民間團體等共同合作執行事後監測作業。[65]

　　綜前所述，翡翠水庫水源維護的治理工作，分別經由管理機關及水源區主管機關的推動，可看出治理成效，期間藉與各層級政府機關連繫合作、各項民間團體平台機制協力合作，尤其在地民眾意見納入等…

> 公共政策常有抗爭，不必要誤解、溝通不足等，公共政策投資是集合大家納稅人的錢，在地民眾意見就很重要。以專業為基礎的尊重民意，讓大家回到理性面來檢討，多聽一點而非多讓一些，並非一味的讓步，在地知識能了解水什麼時候會淹。聽社會需求的意見再作判斷，可以蒐集民意，讓抗爭走向理性，對話就是很好的平台。（R1）

建置公私協力交流平台機制及坪林交流道開放為一般使用等案，可看

---

[64] 李文儀（2003）。坪林公投 98%贊成開放交流道，自由時報，社會新聞版，2003.9.14。

[65] 監督機制全名為「北宜高速公路坪林行控中心專用道開放供外來旅客（每日最多 4,000 車次）環境影響差異分析報告共同管理協調會報執行監督委員會」，會議成員為學者專家多人。民間團體為臺灣環境資訊協會、新北市坪林生態保育協會、京華工程顧問(股)公司。政府機關為經濟部水利署、交通部臺灣區國道新建工程局、交通部臺灣區國道高速公路局、交通部臺灣區國道高速公路局北區工程處坪林行控中心、臺北翡翠水庫管理局、臺北自來水事業處、新北市政府環境保護局、新北市坪林區公所、臺北水源特定區管理局等。

出在將各民間團體及民眾意見納入，齊力推動集水區水源維護污染防治措
施後，其成效更為顯著，而集水區聯合稽查及汙水下水道建置亦是在各級
機關合作下順利完成，此種與民間及政府間的合作治理亦成為翡翠水庫治
理成功重要方式。翡翠水庫水源維護治理情形如表 5-9。

表 5-9　翡翠水庫水源維護治理情形

機構事項 類型	主導機構（團體）	治理機構（團體）	治理事項
建置公私協力交流平台機制	水源局	水源局及新店溪流域守護聯盟等 14 團體	定期開會討論影響水源區環境污染等問題
集水區聯合稽查	翡管局 水源局	翡管局、水源局、臺北自來水事業處、國道高速公路新建工程局	定期召開水源特定區水源維護業務協調會
		臺北縣政府環境保護局、農業局及民政局	推動集水區稽查會報事宜
		水源局、翡管局、新北市政府農業局、環保局	坪林區養鹿場聯合巡查
		翡管局、行政院環境保護署、內政部空中勤務總隊、北市府警察局	陸、空聯合稽查計畫
		內政部警政署森林暨自然保育警察隊	集水區林班地巡查
		內政部警政署保七總隊第二大隊第一中隊臺北水源局小隊	新店溪、南北勢溪、桶後溪沿線水域遊憩非法行為
汙水道系統合作建置	翡管局 水源局	翡管局、水源局	翡翠水庫上游污水下水道系統計畫
坪林交流道開放後水源維護的合作防治	行政院環保署 水源局	學者專家、臺灣環境資訊協會、新北市坪林生態保育協會、北宜高行控中心開放為一般交流道公開意見調查推動委員會、京華工程顧問	監督環境影響評估承諾事項相關機關執行情形

		(股)公司、經濟部水利署、交通部國工局、交通部高公局、交通部高公局北工處坪林行控中心、翡管局、北水處、新北市政府環保局、新北市坪林區公所、水源局等。	

資料來源：本研究製作

四、環境景觀治理

翡翠水庫環境景觀治理內容主要分成環境清潔與景觀美化二部分，首先為環境清潔部分，翡翠水庫水源區面積甚廣，涵蓋新北市之新店、烏來、石碇、坪林、雙溪等五行政轄區的特定區範圍，面積廣達 717 平方公里，此為水源局轄區，環境清潔標的包括道路之安全島、綠地、公園及其他公共場所等，清潔內容主要為一般垃圾清除事宜。另一部分為景觀美化，範圍著重於翡翠大壩區及大壩下游沿線至辦公區之間，為翡管局轄管範圍，主要內容為景觀維護美化。分述如下：

（一）環境清潔（垃圾清除）部分

臺北水源特定區由於遊客甚多，連同居民每天產生之垃圾須及時清除，否則隨著大雨流入水庫、或蚊蠅孳生及其滲出水等均將帶來嚴重汙染，造成水源水質之危害，水源區的垃圾清除成為翡翠水庫水源環境清潔暨污染防治重要一環。水源特定區環境維護管理工作之權責可分為二個階段，第一階段自 1988 年起至 2004 年止長達 17 年時間由水源局單獨處理，第二階段為 2005 年後至今亦有 12 年時間，則委託新北市位於水源區（涵蓋集水區）的新店、烏來、石碇、坪林、雙溪等五市、鄉公所（2011 年均改制為區）辦理，其中第一階段垃圾自行總清運量達 15.9 萬噸，每年平均約 9,330 公噸計算，以每年平均 9,330 公噸推估自 2005 年起至 2016 年止的第二階

段 12 年時間，垃圾委託五區清運總量亦超過 11 萬公噸，[66] 不論自行清運或是委託，水源區垃圾清運成果對水源維護助益甚大。

> 水源區的垃圾原來是我們在獨立處理，直到 2003 年後水源區域內家戶所產生之一般廢棄物，劃分給執行機關（鄉、鎮、市公所）清除。雖然如此，水源局仍就水源區道路之安全島、綠地、公園及其他公共場所等進行垃圾清除工作。由於範圍廣，執行起來確實吃力，但是想想，這些位於上游面的垃圾若被大雨沖到水庫，水庫水質一定受到影響，工作雖然吃重，為了大臺北地區民眾水源潔淨，再辛苦也是要完成。（R5）

　　至於在強化清運的工具上，水源局將垃圾清除業務委託同時移撥之垃圾車，進行汰換已逾齡部分，於 2009 年度籌編經費補助坪林鄉公所 300 萬元汰換購置 2 輛垃圾車、新店市公所 300 萬元汰換購置 2 輛垃圾車及烏來鄉公所 150 萬元汰換購置 1 輛垃圾車，以提高五市鄉垃圾清運工作效率。臺北水源區 1988 年至 2016 年垃清運情形如表 5-10。

---

[66]　水源局企劃課 2016.2.15 以 email 方式提供第一階段 1988 年至 2004 年（77 至 93）垃圾清運資料。至於第二階段 2005 年起委託新北市五區公所辦理部分，由於清運數字資料散於五區公所，未能取得，故自 2005 年起至 2016 年止新北市五區公所每年清運噸數，以第一階段的年平均噸數作為基礎。

表 5-10　臺北水源區（含集水區）垃圾清理成果

第一階段 臺北水源特定區管理局自行清運部分				第二階段 委託新北市五區公所清運部分			
年	清運量 （噸）	年	清運量 （噸）	年	清運量 （噸）	年	清運量 （噸）
1988	7016	1997	10528	2005	9330	2014	9330
1989	7163	1998	11429	2006	9330	2015	9330
1990	7249	1999	12600	2007	9330	2016	9330
1991	7569	2000	13301	2008	9330		
1992	7980	2001	13298	2009	9330		
1993	8390	2002	10700	2010	9330		
1994	8890	2003	6700	2011	9330		
1995	9136	2004	6850	2012	9330		
1996	9872			2013	9330		

備註：依據第一階段 1988-2004 年 17 年期間的年平均噸數，推估第二階段 2005-2016 期間每年委託清運噸數。

資料來源：本研究自行整理

（二）景觀美化部分

景觀美化為翡管局與民間基金會合作效率之展現，以下即從景觀維護暨設計初探、第一個持續階段的景觀美化暨設施更新及第二個持續階段的景觀美化暨設施更新等過程述之：

1.景觀美化暨設計初探

翡管局開始與「財團法人臺北市錫瑠環境綠化基金會」接觸，協助園區綠美化時間可往前推至 1997 年，協力主因除對翡管局有限的預算有所挹注外，該基金會擁有的景觀維護專業的豐富經驗，也是翡管局主要考量。[67]故於 1997 年起，開始積極洽請「財團法人臺北市錫瑠環境綠化基金

---

[67]　臺北翡翠水庫管理局（1999）。翡翠水庫 87 年刊，66。

會」協助，進行翡管局園區的綠美化改善規劃，包括：積極爭取補助經費 30 萬元規劃設置蕨類特色園區及其他生態設施更新的環境美化工作。當時的改善規劃涵蓋水庫花木環境補植、維護工程及全區整體規劃設計等硬體部分，以及提升該局員工綠美化常識的相關課程等多項。[68]

2.第一個持續階段的景觀維護暨設施更新

自 1999-2000 年止，在前述規劃基礎下進行後續之大壩平台人車分道改善設計暨一、二期工程，及壩頂參觀台遮陽棚、壩址道路眺望平台、辦公區地標改善、一號橋入口區、壩址道路涼亭地坪、活動中心及指標系統之規畫設計等多項軟硬體設施之更新美化。

2001 至 2003 年間則協助完成植生景觀改善、翡翠水庫解說牌工程、翡翠水庫戶外主題教室及紀念碑廣場暨水資源展示館周邊規劃設計等，其中解說牌工程由該會協助設計，全案施工費約77萬元，該會協助約 42 萬。[69]

自 1999 年至 2003 年財團法人臺北市錫瑠環境綠化基金會，協助翡管局設計暨補助治理經費約 800 萬元，此階段之協助，主要為辦理水庫導覽硬體設施之改善或新建等工作。[70]

3.第二個持續階段的景觀維護暨設施更新

包括蕨類園區設置、入口景觀至大壩平台沿線及國際扶輪社貢獻等說明如下：

（1）蕨類園區的設置

---

[68] 同上。
[69] 臺北翡翠水庫管理局（2003）。翡翠水庫91年刊，38。
[70] 臺北翡翠水庫管理局（2006）。書面工作報告，臺北市議會公報74（8），1433

　　翡管局在 2007 年，為充分運用水庫自然環境，在錫瑠環境綠化基金會的協助下，建立「蕨色翡翠」蕨類園區，成為翡翠水庫蕨類資源生態教育的重要場所。在前述錫瑠基金會協助園區建立基礎上，2008 年至 2010 年翡管局委託專業人員進行水庫區部份區域之蕨類調查，共發現 114 種原生蕨類，為充分運用蕨類園區，翡管局另舉辦蕨類生態研習課程、製作蕨園摺頁和名牌、採集部分蕨類物種馴化備用。經後續的培育維護，目前該園育有 130 餘種以水庫區為主之原生蕨類，具體而微地呈現臺灣蕨類世界的繽紛樣貌，且因軟硬體之逐漸完善，使該園得以落實發揮水資源保育之宣導功能。[71]

（2）入口景觀至大壩平台沿線

　　其後，陸續於 2011 年以 19 萬經費協助包括水庫管制站入口栽種各季花木，營造入口景觀意象。2012 年以 30 萬元經費協助翡管局，進行大壩平臺花臺植栽改善及操作大樓一樓鐵捲門彩繪美化工作，由於大壩平臺為參訪來賓必到之處，改善大壩平台景觀，對民眾的參訪觀感絕對有正面助益。2013 年以 18.3 萬執行壩址沿線平戶杜鵑及烏來杜鵑等之修剪及補植，以促進生育及開花。2014 年以 24 萬協助執行辦公區餐廳花臺改善及左岸土肉桂移植至壩址通達道路。2015 年協助執行行政大樓花臺、駐警隊部周邊、水資源生態教育館溼地生態觀察池之美化，及提供一般室內觀賞植物盆栽供布置行政大樓及水資館等室內空間。2016 年該基金會持續協助翡管局規劃大

---

[71]　臺北翡翠水庫管理局（2008）。景觀維護改善，翡翠水庫 96 年刊，36。

　　　臺北翡翠水庫管理局（2011）。景觀維護改善及生態復育，翡翠水庫 99 年刊，19。

壩左岸景觀，進行大壩下游左岸區域之景觀美化及地形整治。[72]

（3）國際扶輪社貢獻

除錫瑠環境綠化基金會外，國際扶輪社對導覽環境美化亦適時做出貢獻，該社 3520 地區透過協調，選定捐贈自來水博物館省水設備展示模組以及翡翠水庫生態的導引圖，作為落實水資源及環保服務的意涵，其中翡翠水庫部分由該社第八分區與翡管局合作建置「翡翠水庫導覽圖」解說牌，並於 2008 年 2 月 16 日於翡管局舉行捐贈儀式，[73] 解說牌的建置美化提升了翡翠水庫園區導覽環境。

翡管局自 1997 年起至 2016 年止，藉與錫瑠環境綠化基金會的合作，執行翡管局的環境綠美化及導覽設施更新、維護，從翡管局大門進入的入口意象起，至大壩沿途有系統的景觀規劃，都可見到該基金會協助的影子，歷年合作成果已使翡管局與錫瑠環境綠化基金會成為重要的合作治理夥伴，而國際扶輪社的加入，更是活絡了園區導覽設施的景觀。翡管局歷年與民間團體合作治理情形如表 5-11。

---

[72]　臺北翡翠水庫管理局（2008）。景觀維護改善，翡翠水庫 96 年刊，36。臺北翡翠水庫管理局（2011）。景觀維護改善及生態復育，翡翠水庫 99 年刊，19。 臺北翡翠水庫管理局（2013）。景觀維護改善及生態保育，翠水庫 101 年刊，24。臺北翡翠水庫管理局（2014）。景觀維護改善及生態保育，翡翠水庫 102 年刊，23。臺北翡翠水庫管理局（2015）。壩區景觀綠美化及生態保育，翡翠水庫 103 年刊，19。臺北翡翠水庫管理局（2016）。壩區景觀綠美化及生態保育，翡翠水庫 104 年刊，19。臺北翡翠水庫管理局（2017）。翡壩區景觀綠美化及生態保育，翠水庫 105 年刊，18。

[73]　臺北翡翠水庫管理局（2009）。大事記要，翡翠水庫 97 年刊，57。

表 5-11　翡管局歷年與民間團體環境治理合作情形

合作時間	合作內容	合作成效	備註
1997-1998	水庫環境補植、維護工程及全區整體規劃設計等。	環境美化	與錫瑠環境基金會初始合作以翡管局園區綠美化改善規劃為主
1999-2000	大壩平台一、二期工程、壩頂參觀台遮陽棚、壩址道路眺望平台、辦公區地標改善、一號橋入口區、壩址道路涼亭地坪、活動中心、指標系統之規劃設計等。	強化導覽設施	與錫瑠環境基金會合作自 1999 年起擴及導覽設施更新及維護
2001-2003	翡翠水庫植生改進及環境解說系統規劃設計案，翡翠水庫戶外主題教室及紀念碑廣場暨水資源展示館周邊規劃設計。	強化導覽設施	與錫瑠環境基金會合作2001-2002 中程計畫，配合水資源館進度延至 2003 年完成。
2007	建立「蕨色翡翠」蕨類園區	成為蕨類資源生態教室	與錫瑠環境基金會合作
2008	建置「翡翠水庫導覽圖」解說牌	活絡園區導覽設施景觀	與國際扶輪社合作
2008-2010	委託專業人員進行水庫區部份區域之蕨類調查，共發現 114 種原生蕨類。經後續的培育維護，目前該園育有 130 餘種以水庫區為主之原生蕨類。	使蕨園原生蕨類數量增加之培育基礎，並成為水資源保育宣導場所。	與錫瑠環境基金會合作
2011-	栽種各季花木	營造入口意象	與錫瑠環境基金會合作
2012	大壩平臺花臺植栽改善及操作大樓一樓鐵捲門彩繪美化工	參訪民眾正面肯定	與錫瑠環境基金會合作
2013	沿線平戶杜鵑及烏來杜鵑等之修剪及補植	促進杜鵑生育及開花	與錫瑠環境基金會合作
2014	餐廳花臺改善、左岸土肉桂移植至壩址道路	環境美化	與錫瑠環境基金會合作

| 2015 | 行政大樓花臺、駐警隊部周邊、水資源生態教育館溼地生態觀察池美化、提供植物盆栽。 | 環境美化 | 與錫瑠環境基金會合作 |
| 2016 | 協助翡管局規劃大壩左岸景觀，進行大壩下游左岸區域之景觀美化及地形整治。 | 大壩左岸景觀美化 | 與錫瑠環境基金會合作 |

資料來源：本研究整理

五、教育宣導治理

有了生態基礎調查的材料，翡管局將其運用於生態教育上，在生態好水資源才會好的理念下，翡管局推動了以融合水資源與生態保育觀念、呈現翡翠水庫生物多元化的系列教育宣導活動，包括由大學暨研究所相關科系學生參與擔任隊輔的生態研習營及中小學生參與的生態教育。水源特定區教育宣導部分，則由水源局進行，包括水源小尖兵培育營、水生活智慧達人競賽及水源保育教師研習營等年年持續辦理，以下即先以翡翠水庫的民間個人參與導覽解說行列、民間團體參與導覽解說行列、學術機構的協助等及水源特定區的各項教育宣導過程述之。

（一）翡翠水庫部分

主要在於民間個人參與、民間團體參與及學術機構的協助合作等部分述之如下：

1.民間個人參與導覽解說行列

翡翠水庫最早規劃的志工解說團隊是在 1999 年，[74] 當年志工訓練經費僅 3 萬 6 千餘元，卻訓練出 33 位重要的解說人員，[75] 這些志工有現職

---

[74] 2001 年我國「志願服務法」頒布，該法第三條名詞定義將志願服務者統稱為「志工」。取自：全國法規資料庫 http://law.moj.gov.tw/LawClass/LawAll.aspx?PCode=D0050131.

[75] 臺北翡翠水庫管理局（2001）。「水、生命、翡翠」水資源教育宣導成果，教宣活力泉源-經費蓋況及人數，8。

和退休的公教人員、也有民間企業人士，職業類型遍布各行業，其參與目的或有不同，但主要仍不外服務精神，誠如一位參與解說志工所言，解說員活動能實現自我，且除了符合興趣、能力外，也是種為民服務精神的展現，[76] 除 2003、2004 兩年停辦外，至今每年均辦理解說志工進階訓練，兼及新進及進階兩種訓練性質包括 2000、2002、2008 及 2010 等年，其中 2008 年與國立臺灣大學植物標本館合作，新進吸收該館部分志工 20 人擔任翡管局志工，此一管道亦增加翡管局志工來源的多元化，經參與該局辦理之「解說志工進階訓練」後即加入翡管局解說志工行列。2016 年 4 月翡管局將志工運用更為制度化，明文規範制定強化與志工的互動做法，亦將招募對象設定為「地方社區人力」，以烏來、龜山及新店等地區認同感高的社會人士為對象，為強化互動將志工群體設為「隊」作制度化聯繫，並設有義務職志工「隊長」一名，負責志工隊平日聯繫暨作為與管理局的互動窗口…

> 2015 年新任首長上任後，制定一份志工的管理做法，具體強化與志工的互動做法，這個作法顧及法規制定的程序問題，並沒有另訂管理辦法，是屬於非法規性質的內部文件，志工隊不是管理局的正式組織，設置隊長是謝局長的構想，於 2016 年 4 月由志工推選產生，一任二年，連選得連任，這種的強化做法並沒有法令規定局長要這麼做，所以還是和局長的個人想法，是不是重視志工有關係。（R14）

翡翠水庫解說志工新進暨進階訓練至 2016 年止，辦理梯次、人次如下

---

[76] 　同上注，韓道昂，解說心得感想，22。

表 5-12。

表 5-12　翡管局解說志工新進暨進階訓練梯次、人次

年	訓練性質	辦理梯次	訓練人次	年	訓練性質	辦理梯次	訓練人次
1999	新進	1	33	2008	新進暨進階	2	50
2000	新進暨進階	2	49	2009	進階	1	35
2001	進階	1	35	2010	新進暨進階	2	70
2002	新進暨進階	1	50	2011	進階	1	30
2003	停辦			2012	進階	2	30
2004	停辦			2013	進階	2	57
2005	進階	1	40	2014	進階	2	45
2006	進階	1	35	2015	進階	2	55
2007	進階	1	35	2016	進階	4	122

資料來源：本研究整理

　　這批志工參與翡翠水庫的導覽解說，主要為每年 3 月至 12 月由翡管局辦理的「水源故鄉巡禮」活動，這項活動自 2001 年開始，巡禮路線由翡翠水庫辦公區至壩址道路沿線，第一年共辦理 28 梯次，人數為 2,492 人，以 20 位參加者配置一位志工計算，當年即有超過 124 人次的志工參與。

> 每次導覽活動協助的志工人數，是以報名人數來做配置，由於導覽活動都是在星期六，通常報名人數非常多，常有滿額情形，多半是以 15-20 人安排一位志工，顧及到安全及導覽效果，一位志工帶到現場導覽的人數不超過 20 人。（R9）

　　導覽活動除 2003 年因 SARS 肆虐停辦外，自 2001 年起至 2016 年止，志工協助翡管局大臺北水源故鄉巡禮活動計有 15 年，每年最少 93 人次，最多 337 人次，平均每年超過 150 人次。

　　解說志工進階訓練的教官，則有學者、專家，亦有民間人士，包括臺師大生物學系不同領域學者、國立臺灣大學植物標本館專家及退休人員擔任講座，[77] 並帶領志工現場踏勘，以增進解說志工對翡翠水庫及生物的多樣性知識，並提升其解說技巧。翡管局志工協助大臺北水源故鄉巡禮活動參與人次如表 5- 13。

表 5-13　　翡管局志工協助大臺北水源故鄉巡禮活動參與人次

舉辦年	梯次	活動人次	志工人次	舉辦年	梯次	活動人次	志工人次
2001	28	2492	124	2009	13	3545	177
2002	45	6750	337	2010	13	2184	109
2003	SARS 停辦			2011	13	3086	154
2004	12	3000（推估）	150	2012	12	3911	195
2005	12	3106	155	2013	7	1873	93
2006	12	3000（推估）	150	2014	13	1960	98
2007	12	2348	117	2015	10	2750	137
2008	13	3265	163	2016	10	2550	128

註：2004、2005 兩年活動人次未特別分類列出，故推估其人數。志工人次則在歷年文宣出版品中均未呈現，表中志工人次經訪談工作人員後以 1 位志工帶 20 位活動人估算其人次。

資料來源：本研究整理

2.民間團體參與導覽解說行列

　　翡管局與民間團體合作，最早為 2001 年與荒野保護協會合作的「相思、油桐、螢火蟲」活動，當時參與民眾人數經統計有 192 人，較特別的是觀

---

[77]　姚長春先生，翡管局簡任技正退休，亦為翡管局資深志工，擔任志工期間同時為財團法人中興工程科技研究發展基金會副執行長、執行長。

賞螢火蟲的活動時間為晚上，近 200 人規模包含大人、小孩在內從辦公區、壩址道路至二號隧道口沿線，自晚上 6 點開始直至 10 點結束，時間長達 4 小時，對翡管局的夜間活動管理是一大挑戰，翡管局人員並無此項專業，必須與荒野保護協會人員密切合作，而該協會當晚參與解說人員計 15 位，在該協會協助下最後順利完成該項活動。事後該協會在記述該次生態之旅時，主動提及民眾給予活動的正面肯定。[78] 有了此次成功的合作，翡管局於 2005 年再次與該協會合作，請其擔任「認識螢火蟲種子教官培訓」的專業解說，[79] 將螢火蟲專業知識薪火相傳的延續下去。

3.學術機構的協助合作

翡管局經由 1999 年至 2003 年期間與臺師大生物學系成功合作經驗，並建立長期合作關係，在教育宣導部分則於 2004 年陸續與臺北市立師範學院環境教育研究所（以下簡稱北師院環教所）及中央研究院環境變遷研究中心簽署合作協議書，呈現出與不同學術機構合作之積極性。其中臺師大在生態教材製作及生態研習營帶隊指導等部份協助甚多，而北師院環教所則在研習營部分，並於 2004 年開始投入，二校協助情形如下：

（1）生態教材的製作

翡管局經由臺師大生物系教授指導，將該校生態基礎調查於 2000 年製作成「翡翠水庫環境與常見動、植物圖鑑」，分送臺北市及當時臺北縣等各級學校、圖書館供學生與民眾參考，其後陸續再版運用並增加圖鑑光碟，目的為藉由翡翠水庫豐富多樣的動植物介紹，喚

---

[78] 陳漢順（2001）。「相思、油桐、螢火蟲」生態之旅，水、生命、翡翠，水資源教育宣導成果，28-29。
[79] 臺北翡翠水庫管理局（2006）。翡翠水庫 94 年刊，40。

起社會大眾對環境保育的重視。[80]

（2）生態研習營帶隊指導

翡翠水庫每年針對國小四、五、六年級學生辦理「翡翠水庫生態研習營」，而由管理局以外人員參與翡翠水庫的自然生態導覽解說，最早在 1999年，當時翡管局與臺師大生物系，在 1999 年 7 月既有的生態調查合作基礎下，自 1999-2003 連續五年由該校生物系持續與翡管局合作，而自 2004 年起加入北師院環教所研究生協助帶隊，[81] 由該二校系所共同參與翡翠水庫辦理的自然體驗活動，2016 年每梯次時間改為半日，並以環境境教育新課程為主，未請二校協助。總計 1999 年至 2015 年止，每年辦理 2-4 梯次，每梯次平均帶隊人員 15-20 位，長達 18 年共計 39 梯次的辦理下，帶隊的臺師大與北市大學生合計超過 4,000 人次。平均每年超過 240 人次，由於均為周休、假日時間，每次活動以 8 小時計算，每年需於周休假日期間，增加加班 1,920 小時以上，若無與兩校合作，同樣梯次下將對機關原有人力造成負擔。翡管局與臺師大、北市大生態解說歷年合作情形如表 5-14。

80　同註 18。初版日期為 2000.8.1，至第七版時同時製作光碟贈與各級學校。
81　臺北市立大學前身，2004 年名稱為臺北市立師範學院。

表 5-14　翡管局與臺師大、北市大生態解說歷年合作情形

	自然生態解說活動名稱	辦理梯次	活動天數（人數）	參與隊輔人次	備註
1999	自然體驗營	4	4 天	60	1.1999-2005 由臺師大生物系協助翡管局擔任導覽解說工作。
2000	自然體驗營	4	4 天	60	
2001	1.「相思、油桐、螢火蟲」夜間生態觀察活動	1	1 晚（192 人）	10	2.2006 年起臺北市立師範學院(北市大前身)環境教育研究所加入導覽解說行列。研究生人數則包含本次先見習，下次須帶團的部分學弟妹，故而人數達 20 人。
	2.水庫動植物生態觀察活動	4	4 天	60	
2002	翡翠夏令營	3	3 天	45	
2003	生態研習營	1	1 天（120 人）	15	
2004	生態研習營	1	1 天	10	
2005	生態研習營	1	1 天	15	
2006	生態研習營	2	2 天	35	
2007	生態研習營	2	2 天	35	3.2001 年「相思、油桐、螢火蟲」夜間生態觀察活動，荒野保護協會為主，臺師大學生為輔。
2008	生態研習營	2	2 天	35	
2009	生態研習營	2	2 天（160 人）	35	
2010	生態研習營	2	2 天（160 人）	35	
2011	生態研習營	2	2 天（160 人）	35	
2012	生態研習營	2	2 天（142 人）	35	
2013	生態研習營	2	2 天（160 人）	35	4.2016 每梯次改為半天時間，試上環教新課程。
2014	生態研習營	2	2 天	35	
2015	水資源保育研習營	2	2 天	35	
2016	水資源保育研習營	2	0.5 天（160 人）	0	
合計	1999-2016 臺師大與臺北市立大學共計參與 39 梯次，			4090 人次。	

資料來源：本研究整理

（二）水源局共同推動教育宣導

　　水源局自 2002 年起改隸屬經濟部水利署後，針對河川、水源特定區等地水資源教育部分陸續辦有-生態環境宣導、環境生態研習及

觀摩、座談會等教育宣導活動，但較有系統且連年辦理的連續性水資源教育則自 2009 年開始至今，包括辦理水源小尖兵培育營、水生活智慧達人競賽及水資源保育教師研習等水資源教育宣導活動。[82]

1.水源小尖兵培育營

自 2009 年暑假期間開始水源小尖兵培訓營至 2016 年止共辦理九屆，其中 2012 年 35 人，2013 年 53 人，2014 年 54 人，參與者均為轄區內國小學生。2015 年起則擴大開放轄區外學校學生參與，包含新北市及臺北市連同轄區內參與的學生 2015 年及 2016 年分別為 54 人、55 人參與。

2.水生活智慧達人競賽

另一項水資源教育宣導活動則為自 2010 年起辦理的「水生活智慧達人競賽」， 邀請轄區內國小學生，分中、高年級二組參加競賽，以水源局研發之教材教案為競賽題目之基礎，除透過競賽了解水源保育宣導的成果，也能掌握學生對於水源保育的回饋及成效，總計至 2016 年止，參加人數為 953 人。

3.水源保育教師研習營

有種子教官培育之稱的教師研習，自 2009 年起連續舉辦，研習成員為大臺北地區國小教師，將水源局例年教材教案成果進行教學分享，藉由教師的參與為水源保育教學注入新思維，有助於學生學習的興趣。自 2013 年起並安排參觀轄區內污水處理廠及仁里坂 13.14 號淨化水質場域，期望透過多元創意的方式，激發老師分享教學經驗。

---

[82] 臺北水源特定區管理局（99-105）。宣導活動。臺北水源特定區管理局 99-105 年度工作年報。

　　除了前述的教育宣導業務推動，也包括與 NGO 團體公私協力交流平台機制的合作推動水資源教育宣導業務。翡翠水庫水資源教育宣導，同時有翡翠水庫主管機關的翡管局及水源區、集水區主管機關的水源局分別推動，二者均為生態及水資源教育宣導，惟宣導辦理地點稍有不同，前者於翡翠水庫轄區內，藉由現場實務體會，讓參與者能將所學與實務結合，能更深刻的認識生態與水資源。後者舉行地點則遍布水源區內各國小，讓水資源教育效果能藉由與各校合作擴散，並輔以現場汙水處理廠的參觀，亦有結合實務的效果。水源局自 2009 年起至 2016 年止連續性水資源教育宣導活動辦理情形如表 5-15。

表 5-15　2009-2016 水源局連續性水資源教育宣導

年　項目	水源小尖兵培育營	水生活智慧達人競賽	水源保育教師研習營
2009	30	無舉辦	無舉辦
2010	32	118	69
2011	32	108	133
2012	35	162	118
2013	53	156	62
2014	54	166	63
2015	54	149	63
2016	55	94	無舉辦
合計	345	953	508

資料來源：本研究整理。

第三節 翡翠水庫治理效益

臺灣雨量雖然豐沛，但因主、客觀環境影響，使得國內水庫在「質」與「量」的提供均面臨考驗，是否達到前述「質優」及「量豐」的標準，即是衡量水庫治理的效益，而此標準又應以「水質」、「淤積」及「供水」等三個層面為衡量。翡翠水庫在歷經前述治理過程，無論水質、淤積量及供水部分，是否屬國內典範，確實值得探究分析，以下本研究即以「水質」、「淤積」及「供水」等三部分探析如下：

壹、水質部分

國內水庫水質好壞的衡量指標是以卡爾森優養指數（Carlson's Trophic State Index，簡稱 CTSI）為判斷標準，[83] 分為貧養、普養及優養等三級，貧養水質最佳，優養最差。翡翠水庫營運自有資料統計以來，2012 年以前年平均水質都是維持在普養程度，看似未達最佳水質，但卻是有效治理下的成果，水質隨著時間增加，各項影響水質因素必會接踵而至，水質只會每下愈況，影響水質因素不只一項，要避免影響水質因素，諸多治理工作需在更早即須進行，效果則顯現在後，水庫能持續維持普養等級水質，已見其治理效果。根據資料顯示，翡翠水庫在最近四年，即 2013-2016 年水庫水質均進入貧養等級，尤其在 2016 年全年共有 6 個月次之卡爾森優養指數（CTSI）歸屬於貧養等級。[84] 水質已明顯愈來愈佳，治理效果呈現。

---

[83] 行政院環保署用於評估水庫水質優養程度的指標為「卡爾森指數」，Carlson Trophic State Index」，簡稱 CTSI。CTSI 係以水中的透明度（SD）、葉綠素 a（Chl-a）及總磷（TP）等三項水質參數之濃度值進行計算，再以其計算所得之指標值，判定水庫水質之優養程度。取自：行政院環保署，全國環境水質監測資訊網 https://wq.epa.gov.tw/Code/Business/Standard.aspx .

[84] 臺北翡翠水庫管理局（2017），翡翠水庫 105 年年刊，10。

翡翠水庫自 1999-2016 年水質情形如表 5-16。

表 5-16　翡翠水庫 1999-2016 水質情形

期間	卡爾森優養指數(Carlson's Trophic State Index，簡稱 CTSI)				水質等級			
1999-2002	45.99	45.53	46.36	46.11	普	普	普	普
2003-2006	45.74	45.38	45.18	42.46	普	普	普	普
2007-2010	41.51	42.02	41.17	40.45	普	普	普	普
2011-2014	40.05	41.22	38.35	38.28	普	普	貧	貧
2015-2016	39.29	39.68			貧	貧		

資料來源：本研究整理。
註：當 CTSI>50，屬於優養，表示水質較差，水質已優養化。當 40≦CTSI≦50，屬於普養，表示水質普通。當 CTSI<40，屬於貧養，表示水質良好。

貳、淤積部分

　　翡翠水庫自 1973 年初期蓄水以來，至 2016 年底總淤積量為 2,596.1 萬立方公尺，約佔水庫初期總容量（4 億 600 萬立方公尺）之 6.39%，蓄水總容量仍保有 93.61％左右，年平均淤積量為 79.9 萬立方公尺。[85] 其中 1996 年受到賀伯風災影響，當年淤積量暴增為 347.6 萬立方公尺，1998 年颱風瑞伯，137.7 萬立方公尺，2001 年納莉颱風，淤積量 135.4 萬立方公尺，三年風災年亦為淤積量最多前三名。若自 1999 年政府及非政府部門有計畫的合作治理年算起，至 2016 年底，共計 18 年，水庫年平均淤積量 47.99 萬立方公尺，遠低於計畫淤積量，可有效延長水庫壽年，亦可顯示各項業務推動得到良好成效，使翡翠水庫淤積輕微。無論是水質或是淤積成效，不單是翡管局的努力結果，也是水源局付出的成效，更是各別曾經合作過

---

[85] 同前註，11。

的其他政府部門、非政府部門及民眾等共同成效。翡翠水庫 1999-2016 年淤積情形如表 5-17。

表 5-17 翡翠水庫 1999-2016 淤積情形 　　　　　　　單位：萬立方公尺。

年	年平均淤積量				四年平均淤積量	備註
1999-2002	48.4	84	135.4	46.7	78.6	2001 納莉風災
2003-2006	21.4	37.3	35.1	67.4	40.3	
2007-2010	34.4	37	33.6	34.1	34.75	
2011-2014	29.3	35.4	33.2	41.5	34.85	
2015-2016	56.5	53.2			54.85	
總平均	47.99					

資料來源：本研究整理。
註：臺北翡翠水庫管理局長四年一任，表內四年為一任局長任期。

參、供水部分

大臺北地區供水範圍涵蓋臺北市及新北市，供水人口約 500 萬人，目前的供水比例為 48：52，翡翠水庫供應新北市水量已超越臺北市。[86] 自 2002 年北臺灣發生嚴重亢旱，翡翠水庫供水受影響，以致大臺北發生輪流供水情形後，其它年則未再見乾旱，自 2002 年後同為北部地區的石門水庫則於 2003、2006、2011、2014-2015 等多次發生亢旱，翡翠水庫於同期均能幸免於難，且持續扮演重要支援角色，可謂充分發揮蓄豐濟枯效能。探究其因素，南勢溪固然發揮一定功能，但大臺北地區每年仍約有三分之二

---

[86] 臺北翡翠水庫管理局（2017）。水資源共享，翡翠水庫全力支援板新地區用水，新聞稿，2017.2.23。

的期間必須仰賴攔蓄北勢溪的翡翠水庫供水，[87] 並定期支援石門水庫供水轄區用水，如今，已從每日約 20 萬噸陸續提高至目前約 65 萬噸的支援量，翡翠水庫在整體治理成效及水庫運轉調度等面應是功不可沒。

[87] 臺北翡翠水庫管理局（2017）。翡翠 30 優質永續水庫，30 週年局慶系列活動專區。取自：臺北翡翠水庫管理局網站
http://www.feitsui.gov.taipei/ct.asp?mp=122011&xItem=306104677&CtNode=94828。

第六章　翡翠水庫亢旱治理過程與影響

　　翡翠水庫自 1987 年完工，正式營運以來，令人印象深刻的亢旱期間為 2002 年 3 月 5 日至 7 月 5 日，歷時四個月，當時乾旱區域以北部地區為主，影響程度連同桃園以北兩座大型水庫「翡翠」與「石門」均枯旱異常；尤其是翡翠水庫已近呆水位，除影響大臺北地區民眾飲用水，也影響經濟發展，此次亢旱治理涵蓋跨組織層面的中央與地方機關，亦包含機構、學校、團體及大臺北地區民眾等，範圍甚廣。其後，翡翠水庫並未再遇乾旱事件，然由於同為北部地區的石門水庫在 2003、2006、2011、2014-2015 等又陸續發生亢旱，其中又以 2014 年 9 月-2015 年 5 月間，歷經長達 9 個月的亢旱期最為嚴重，程度僅次於 2002 年，翡翠水庫雖未發生亢旱，卻參與了支援石門水庫的原水調度行動，扮演了重要支援的角色。

第一節　北臺灣最大亢旱治理過程

　　北臺灣最大亢旱發生於 2002 年，歷時四個月，過程涉及機關數量及影響範圍均屬空前，本節分就「初期警訊處理」、「亢旱三階段應變計畫」及「中央支援臺北市抗旱」以及「亢旱期間的爭議」等四部分，說明治理過程。

壹、初期警訊處理

　　翡管局於 2002 年的 2 月間，經由降雨情形研判乾旱危機的可能，當年於 2 月 27 日將乾旱警訊簽報臺北市長，3 月 5 日起與北水處溝通採取因應措施，至 4 月 23 日期間共舉行五次記者會，包括呼籲民眾、各機關節約用水及提供水情即時資訊，同時推動各機關學校換裝省水器材等措施。另方面翡管局盡力與媒體合作將水庫乾涸情形拍攝宣導，除於電視媒體播放，並將水庫乾旱照片與警語登載於管理局網站。總計自 3 月 5 日起至 4 月 30 日止與北水處的合作及民眾與各機關的配合期間，用水較去年同期確已節省 1,308 萬立方公尺，平均每日約節省 23 萬立方公尺，相當減少用水量的 8.5%，[1] 對度過旱象發揮一定功能。此段期間，主要機關分工項目如下表 6-1。

---

[1]　臺北自來水事業處（2003），「抗旱四月實錄」，39。

表 6 -1　翡翠水庫 2002 亢旱初期主要機關分工項目

機關名稱	推動項目
臺北翡翠水庫管理局	翡翠水庫水情掌握、估算蓄水狀況、發布水情新聞稿
臺北自來水事業處	發布節水新聞稿、製作宣導短片、用水海報、省水摺頁及燈箱廣告
新聞處	透過媒體宣導節約用水及相關政策
捷運公司	協助捷運車站電子看板、燈箱廣告
備註：市府各機關學校配合翡管局、北水處網站，公布節水訊息	

資料來源：本研究製作

貳、亢旱三階段應變計畫

臺北市政府為因應乾旱於 4 月 23 日正式提出「因應九十一年度乾旱時期緊急應變計畫」，此計畫共分節水、限水及輪流分區供水等三個階段，各階段又分不同步驟，主要由北水處執行。

一、換裝省水器材階段

北水處於亢旱第一階段要求北市機關學校於 5 月 23 日前全面換裝省水器材，未能配合者，每日必須減少百分之二十用水量，另以減少公園澆灌及灑掃路面用水方式以減少用水量。

二、用水大戶停止供水階段

第二階段則針對游泳池、三溫暖、水療館、洗車及遊樂性等用戶停止供水，並對每月用水超過一千度以上用戶減量供水。第二階段本有先後步驟，由於旱象嚴重，同步實施不同步驟，自 5 月 1 日至 5 月 9 日止的第二階段限水成效與去年同期使用量相比，節水

的總量達 483 萬噸，平均每日約 53.6 萬噸，節省比率達 19.1%。[2] 前述各機關、團體配合應變計劃第二階段限水各步驟如表 6-2。

表 6-2　各機關、團體配合應變計劃第二階段限水各步驟

限水步驟	限水措施	配合機關、民間團體
第一步驟 5 月 1 日	停止市政單位以自來水澆灌花木與洗街、停止噴水池用水與大樓清洗外牆用水	市府環保局、公園處
	臺北縣轄區市政專用水栓共計 51 栓全數關閉	
第二步驟 5 月 8 日	停止供水	公私立游泳池(含附設游泳池)
	停止供水	三溫暖、水療館、洗車(含附設洗車)等用戶
	全部停止	遊樂性供水
第三步驟 5 月 8 日	每月用水度數超過 1000 度以上用水大戶，減量供水 20%。	公家機關、軍事機關、量販店、百貨公司、飯店、加油站、學校、公營事業、大型公司行號、寺廟
	每月用水度數超過 1000 度以上，減量供水 10%。	一般醫院及軍醫院
第四步驟	每月用水度數超過 1000 度以上，減量供水 35%。	公家機關、軍事機關、量販店、百貨公司、飯店、加油站、學校、公營事業、大型公司行號、寺廟
	每月用水度數超過 1000 度以上，減量供水 20%。	一般醫院及軍醫院
第五步驟	每月用水度數超過 1000 度以上，減量供水 50%。	公家機關、軍事機關、量販店、百貨公司、飯店、加油站、學校、公營事業、大型公司行號、寺廟
	每月用水度數超過 1000 度以上，減量供水 30%。	一般醫院及軍醫院

資料來源：本研究整理

---

[2]　經濟部水利署（2002），節水抗旱大作戰 北市全面動起來，臺北地區抗旱應變措施紀實，26，12-16。

三、輪流供水階段

北水處於亢旱第三階段實施輪流分區供水，為使考量周全此階段並訂有計畫執行，[3] 將供水區域分為五區，實施每五天供水四天，停水一天之分區供水措施。此階段的輪流供水由於旱象並未緩和，提早自 5 月 13 日直接啟動，從 5 月 13 日至 7 月 5 日期間分別實施了兩種輪流供水方式，6 月 16 日以前實施「供四停一」；即供水 4 天停水 1 天。經檢討後 6 月 17 日起以一星期 7 天為基準，改以市民較易記得的「供六停一」方式，期間至 7 月 5 日止。總計 5 月 13 日至 7 月 5 日輪流供水期間節約用水 468 萬噸。[4] 自臺北市政府成立抗旱小組起，至解除民生用水限制止，翡管局、北水處及新聞處等機關合作共計發布新聞稿 60 則，召開因應會議 13 次。[5]

自 5 月 1 日起至 7 月 5 日止的第二與第三階段，非公部門的營利事業及組織團體配合部分，北水處針對醫院及相關公（工）會等，分別採取座談會，與業者直接進行溝通、或是函請配合等方式進行。包括因停水期間勞工薪資損失、留職停薪、資遣及減薪等問題的解決

輪流供水階段，除翡管局負責原水供應暨水情掌控、北水處負責供水幕僚作業外，臺北市政府所屬相關機關，包括新聞處、研考會、消防局、環保局、民政局、衛生局、教育局、工務局、臺北捷運公司等機關均協助支援與配合，相關工作事項如表 6-3。

---

[3]　同註 1，42。

[4]　臺北翡翠水庫管理局（2002），翡翠水庫 91 年抗旱四月紀實報告，42。

[5]　同註 1，157。

表6-3 北水處輪流供水階段市府其他局處支援配合情形

協助單位	協助事項	備註
新聞處	協助招開記者會及媒體宣傳事宜	輪流供水階段依據「臺北地區因應九十一年乾旱時期輪流分區供水整體計畫」執行，實施期間為5月13日至7月5日，此階段共計節約用水468萬噸。
研考會	督導停水前、復水後作業計畫執行落實。	
消防局	加強停水區域消防應變措施及支援消防車	
環保局	於垃圾車懸掛停水宣導布條，並隨車發放宣傳單。	
民政局	請區公所協助里鄰宣傳停水相關訊息	
衛生局	協助向停水區域內各醫療院所宣傳停水訊息，並及時反映需加強用水支援醫院及所需水量。	
教育局	向所屬相關單位宣導停水訊息及節約用水事宜	
工務局	公園路燈管理處提供水車支援	
臺北捷運公司	各捷運站電子看板配合宣導停水訊息，並於停水期間車站廁所仍能維持開放。	

資料來源：本研究整理

參、中央支援臺北市抗旱

中央在 2002 年亢旱協助臺北市事項，主要在人造雨及臺灣自來水公司（以下簡稱臺水公司）的支援二項，說明如下：

一、人造雨事項支援

自 3 月 15 日起至 7 月 5 日亢旱期間，中央以實際行動全力協助臺北市共度難關，主要為中央氣象局、空軍氣象聯隊的人造雨作業及水利署的地面人造雨站設置，以及經濟部所屬之臺水公司的配合。人造雨作業包括實施人造雨的空中飛機派遣及地面人造雨站的設置，人造雨作業雖可增加水

庫集水區的降雨機率，但須與鋒面條件配合，空軍氣象中心於 3 月 15 日、16 日，5 月 16 日、17 日、22 日、23 日等六日即配合適合鋒面共計派遣 18 架次 C-130 運輸機實施空中人造雨作業。翡翠水庫管理機構的翡管局亦配合經濟部水利署於烏來的信賢、孝義、福山等三個派出所及烏來汙水處理廠等地設置四個地面人造雨站。由於南部地區旱象暫獲紓解，原使用的六站地面人造雨設備，經翡管局協調水利署後，移設於翡翠水庫集水區內，設置地點涵蓋坪林的漁光、石嘈、金溪等三個派出所及坪林汙水處理廠、翡翠水庫辦公室及翡翠大壩等地。[6] 翡管局自行實施地面人造雨部分，則為 5 月 16 日、17 日、23 日、31 日，6 月 4 日、6 日、12 日、13 日、14 日、17 日及 19 日等 11 次，均為配合中央氣象局通知後作業。[7]

二、經濟部臺水公司配合限水措施

臺水公司部分主要在於第一區及第十二區管理處，第一區包括基隆市及臺北縣的十四鄉鎮市，其中由北水處支援供水的汐止、淡水及深坑三個地區，配合臺北市執行的限水措施，基隆及另十一個鄉鎮同步配合實施限水，針對非民生必要用水的游泳池、噴水池及洗車等則停供用水。第十二區所轄之板橋、新莊及蘆洲屬北水處支援地區，同時針對用水大戶節水、限水及輪流供水措施。[8] 亢旱期間，該公司除協助、配合北水處之限水措施，並協助住戶疑飲水不潔之處置，以及調動臺水淨水廠供水措施等。總計自 3 月 15 日起至 7 月 5 日止，參與翡翠水庫亢旱治理機關及治理事項如表 6-4。

---

[6] 　臺北翡翠水庫管理局（2002），翡翠水庫 91 年刊，7。

[7] 　同註 4，7-8。

[8] 　同註 1，65-67。

表 6-4 翡翠水庫亢旱治理機關

機構 事項 類型	主導機關 （團體）	治理機關 （團體）	治理事項
亢旱	翡管局、北水處、 旱災中央災害應變中心	經濟部水利署、北區水資源局、臺灣自來水公司、中央氣象局、空軍氣象中心	1.於烏來、坪林及翡翠水庫辦公室、大壩等共設置六個地面人造雨站。 2.配合北水處限水及調動臺水淨水廠供水措施、住戶疑飲水不潔之處置。 3.短、中、長期翡翠水庫集水區氣象動態掌控。協助氣象掌握通知實施 11 次地面人造雨。 4.派遣 18 架次 C-130 運輸機，在翡翠水庫集水區上空實施人造雨作業。
		翡管局、北水處、新聞處、民政局、公園路燈管理處、環保局、消防局、捷運公司、教育局、建設局、工務局、勞工局、衛生局、法規會	1.提出翡翠水庫即時有效蓄水量及水位資料，並研擬水情狀況供決策參考。 2.負責幕僚作業，並研擬建議方案，做為決策參考。 3.積極協助宣導節約用水，聯繫媒體提供最新訊息。 4.以各區公所網站、公佈欄、廣播系統及電子字幕機宣導節水措施。 5.分區停水初期協助分送停水通知單。 6.所屬各機關換裝省水器材。 7.調派一半水車支援送水。 8.各清潔隊、焚化廠、掩埋場及衛生稽查大隊全面配合停止洗車、洗街等。 9.廠房部分冷卻用水改回收水。 10.水箱消防車輪流調派至停水地區就近派遣。 11.水箱車支援北水處集中供水。 12.捷運各車站電子看板系統播放分區停水及節約用水訊息。 13.電聯車、車站地板、車站空調及廁所等減量用水。 14.各級學校推動節約用水。 15.宣導預防水污染。 16.宣布暫停開放游泳池。 17.主動調查開挖深井相關作業。 18.支援水車取用山泉水及回收水。

		19.函營建相關公會採省水器材。
		20.建築管理條例研擬增列倡導省水器材規範。
		21.謀求對策,為受限水影響行業勞工暫時性歇業問題,不斷請命奔波。
		22.水汙染發生期間,全力投入調查協助度過難關,並要求各大醫院配合減少用水。法定傳染病之防治、民眾感染之處理及衛教宣導。
		23.法規層面之協助。
備註	1.臺北市政府所屬翡管局及北水處主導大臺北地區亢旱,期間為 2 月 27 日至 6 月 16 日,中央災害應變中心則於 2002 年 6 月 17 日接手主導,7 月 9 日亢旱結束。 2.民間團體包括水療館、三溫暖、洗車、遊樂事業、醫療機構、量販店、百貨公司、飯店、加油站、學校、寺廟、大型公司行號、公會、協會等均配合政府節水措施,大臺北地區民眾在限水各階段亦配合節水措施。	

資料來源:本研究整理

肆、亢旱期間的爭議

　　中央旱災應變中心於 6 月 17 日提出臺北市政府是否擁有南勢溪水權的質疑,認為北水處水權使用年限將於 6 月 30 日到期,但卻未依規定於到期前一個月提出展延申請,中央認定北水處未依水利法取得水權,引發水權年限逾期違法爭議,並於亢旱結束後的總結報告中,建議經濟部應優先檢討南勢溪水權。[9] 針對水權是否違法部分,臺北市政府則於 6 月 20 日召開記者會說明,謂其南勢溪水權因已併入翡翠水庫之水權狀內,使用年限至 2003 年 6 月 30 日,並無逾期或無權取用之問題。[10] 期間的爭議由於立足點不同,雙方說法各異,惟經由媒體的報導,復形成中央與地方及政黨之

---

[9]　旱災中央災害應變中心(2002)。旱災中央災害應變中心總結報告,58。
[10]　同註 1,103。

間的競爭。

第二節　北臺灣最大亢旱期的公民參與

　　2002 年亢旱期間，民眾參與管道主要出現在兩個部分，一為透過翡翠水庫官網及電子郵件提出建議，另一則為透過民意調查表達看法，其中民意調查由北市研考會進行，分別於限水初期、發生水汙染事件及限水末期等三期間辦理，本節即以民眾建議及民調情形分述之。

壹、翡翠水庫亢旱期民眾建議情形

　　翡翠水庫亢旱期自 3 月 5 日呼籲節約用水及宣布節水措施起，至 7 月 9 日全面解除限水止，共計四個月零五天，民眾於此期間對抗旱作為提出建議案 42 案，建議採納有 6 案，占案件比例的 14.3％，建議時已在執行部分有 19 案，占案件比例的 45.2％，審慎評估有 2 案，占 4.8％，轉相關單位有 3 案，占 7.1％，回覆說明有 12 案，占 28.6％。[11] 抗旱過程民眾參與建議部分，主管機關的翡管局均予以回應，認為可接受則採納辦理，即使民眾建議無法採納，亦以回覆說明方式釐清，民眾意見採納情形如表 6-5。

---

[11]　同註 4，89-120。

表6-5　翡翠水庫亢旱期間民眾意見採納類別

參與類別	民眾意見採納情形								
建議案	建議採納		建議時已在執行		審慎評估		轉相關單位		回覆說明	
	增加限水資料	1	枯水期清淤	16	貨車接水	2	利用沿海抽海水救災	2	水資源利用及發電放水等問題	12
	增加歷史水文資料	2	澄清缺失質疑	2			鑽取地下水	1		
	增加近五年水文歷線	1	網頁資料更新	1						
	邀請媒體實地了解放水情形	1								
	網頁錯誤修正	1								
合計	6		19		2		3		12	
案件比例	14.3%		45.2%		4.8%		7.1%		28.6%	

資料來源：本研究整理

貳、亢旱期間民意調查部分

　　針對大臺北地區 22 年來缺水啟動分區限水措施，及對北市府抗旱應變等看法，北市府研考會於 2002 年 5 月 15 至 16 日進行了第一次民意調查，藉以了解 5 月 8 日實施分區供水後民眾的意見。第二次民調則於北市萬華忠恕社區發生水汙染事件後，為探知市民對自來水水質信心度，於 5 月 27

日至 28 日進行，第三次則於供水壓力稍獲緩解，於 6 月 19 日至 20 日進行。
三次民意調查有兩大主軸，包括政府的應變、對民間業者影響及中央作為
看法，藉由民眾意見調查，了解前述抗旱治理效果及影響面，整體言之，
民眾對臺北市抗旱作為呈現正面肯定。[12] 三次民意調查對政府抗旱應變看
法如表 6-6。

表 6-6　2002 年政府抗旱應變三次民意調查看法

第一次		第二次		第三次	
水荒期間北水繼續支援臺北縣地區用水	72.3%贊成	北市水汙染問題緊急應變能力	50.9%滿意	中央減少石門水庫供水而由翡翠水庫繼續增加	40.9%不合理
若降雨不足支持臺北市府繼續實施分區停水措施	90.7%支持	若降雨不足支持臺北市府繼續實施分區停水措施	90.3%贊成	臺北市將逐步降低對北縣供水至三十萬立方公尺以下	56.2%合理
對臺北市府處理旱災應變能力	71.7%滿意	對臺北市府處理旱災應變能力	72.2%滿意	對臺北市府處理旱災應變能力	73.3%滿意
		配合實施分區供水開放繼續營業以解決員工失業問題	35.6%贊成	配合實施分區供水開放繼續營業以解決員工失業問題	67.3%贊成
				中央對翡翠水庫直接進行水權調度	36%贊成

資料來源：本研究整理

---

[12]　同註 1，122-124。

第三節　北臺灣最大亢旱的效應

北臺灣最大亢旱年在 2002 年，歷經四個月的亢旱期，除了翡管局、北水處等主管部門調度，亦由於其他政府部門、非政府部門及大臺北地區民眾的配合下，始能撐到下個颱風帶來的雨水，安然度過缺水難關，漫長的亢旱期留下深遠影響，經由此次亢旱，使得翡翠水庫支援角色加重，翡管局針對水庫蓄水上限、中限、下限及嚴重下限等四條運轉之水位限制進行修正，北水處亦於事後強化供水管網改善的供水效益作為以及日後亢旱期用水調度主導權的機制修正等。

壹、翡翠水庫支援原水角色加重

翡翠水庫自 2002 年發生嚴重亢旱後，至 2017 年止未再發生，然而翡翠水庫卻長期扮演支援石門水庫供水轄區的角色，無論平時或石門水庫發生旱象，均須供水支援石門水庫供水轄區的板新淨水廠，故其支援量隨石門水庫旱象增減而調整，若以時間點作區別，則 2002 年可謂分界點，主因在於支援原水量差距，自 2003 年後支援量較 2001 年前明顯增加，而在非亢旱年及亢旱年支援量也不同，翡翠水庫運轉操作可謂與石門水庫息息相關，詳述如下：

一、非亢旱年支援量

由於 2002 年為亢旱年，以下探討非亢旱年支援量即從 2001 年前，及 2003 年後分析其支援情形。

（一）2001 年前

翡翠水庫開始固定支援省水時間為竣工後第三年，亦即 1989 年開始，至 2001 年底 13 年時間未有亢旱現象，此段時間年平均支援量為 4,272 萬

立方公尺，最高年支援量為 5,849 萬立方公尺，出現在 1999 年，最低則為
1989 年的 198 萬立方公尺。

（二）2003 年後

經歷 2002 年北臺灣最嚴重亢旱後，自 2003 年起至 2015 年止，翡翠水
庫在原水支援調度上明顯增加許多，最高則出現在 2009 年的 13,383 萬立
方公尺，最低則在 2005 年的 7,098 萬立方公尺，2009 年並非石門水庫亢旱
年，易言之，翡翠支援石門原水量亢旱年固然多，非亢旱年不必然就少，
經統計 2004-2005、2007-2010、2012-2013 等八年，石門水庫非屬亢旱年，
然翡翠水庫年平均支援量仍達 10,418 萬立方公尺。

二、亢旱年支援量

翡翠水庫除 2002 年亢旱年面臨乾枯情形下，當年支援量仍達 7,427 萬
立方公尺，其後 2003、2006、2011、2014 及 2015 等石門水庫的亢旱年，
翡翠水庫分別支援 9,649 萬、11,433 萬、11,836 萬、12,316 萬及 14,120 萬
立方公尺，連同 2002 當年的亢旱，亢旱的六年平均年支援量達 11,130 萬
立方公尺，其中 2015 年的支援量更是超過板新水廠當年出水量的一半。翡
翠水庫雖僅 2002 年發生亢旱，但依據資料顯示，石門水庫在前述六年亢旱
期間，同位於北臺灣的翡翠水庫，無論雨量、進水量、利用量、南勢溪流
量等年平均數，均僅為 2004 後、2001 前非亢旱年平均數的七成至八成八，
在各項影響水量條件不佳下，支援石門水庫水量卻不減反增。

翡翠水庫自 2002 年發生北臺灣最嚴重亢旱後至 2015 年止，亢旱雖未
再發生，卻須兼顧支援石門水庫供水轄區任務，無論本身是否處於亢旱環
境，支援石門水庫供水轄區清水量自 2003 年後均大幅增加，以翡翠水庫支
援石門水庫六次亢旱年資料統計，亢旱年支援量較 2001 前增加 2.6 倍以上，

較 2004 後亦增加 1.06 倍,即使非亢旱年的 2004 後支援量也較 2001 前增 2.43 倍以上。[13] 石門水庫亢旱年前後歷經六次,同時間的翡翠水庫無論雨量、進水量、利用量、南勢溪流量等均較低情形下,仍鼎力支援,顯示翡翠水庫除平日已肩負支援石門水庫供水轄區吃重任務,遇亢旱年支援量更為增加,凸顯目前翡翠水庫供應暨支援的雙重角色。翡翠水庫支援石門水庫原水統計詳如表 6-7。

表 6-7　翡翠水庫支援石門水庫原水統計比較

類型	年	降雨量（毫米）	進水量（萬立方公尺）	利用量（萬立方公尺）	南勢溪（萬立方公尺）	支援石門水庫供水轄區量（萬立方公尺）
非亢旱年	1989-2001	2440.6-5736.6	61564-158356	66248-121381	64339-166566	198-5849
	2001 前年平均	3797.7	101334	90446	118772	4272
	2004	4475.2	111146	81926	113811	10217
	2005	4772.6	130344	123727	182985	7098
	2007	4774.2	124602	107217	166924	10801
	2008	4214.5	112046	95416	139037	10315
	2009	3452.6	88536	82432	107863	13383
	2010	3518.3	87121	82226	92739	11416
	2012	4578.5	116799	104685	151531	9553
	2013	3925.5	98847	94901	127330	10564
	2004 後年平均	4213.9	108680	96566	138315	10418
	2004 後與 2001	1.1（倍）	1.07（倍）	1.06（倍）	1.16（倍）	2.43（倍）

---

[13] 臺北翡翠水庫管理局（2015）,翡翠水庫歷年水源利用統計表,取自:臺北翡翠水庫管理局網站 http://www.feitsui.gov.taipei/public/Data/61019143271.pdf。

	前比較				
亢旱年（2002年為翡翠與石門同時發生，餘為石門水庫發生。）	2002	2,512	54313	59976	66604	7427
	2003	2,433.8	53761	50143	59800	9649
	2006	3,739.7	88730	88776	108834	11433
	2011	4,213.8	108589	105907	123060	11836
	2014	3,472.9	83216	82402	97999	12316
	2015	3,831.9	1,02614	87660	124919	14120
	年平均	3367.4	81871	79144	96869	11130
	亢旱年與非亢旱年2001前比較	88.6%	80.7%	87.5%	81.5%	2.6（倍）
	亢旱年與非亢旱年2004後比較	79.9%	75.3%	81.9%	70%	1.06（倍）

資料來源：本研究整理

貳、亢旱後翡翠水庫供水效益的增進作為

　　大臺北地區在經歷至今最嚴重的亢旱後，根據此次亢旱經驗，翡翠水庫管理單位與供水單位分別進行了「翡翠水庫運用規則」修正及「供水管網改善中程計畫」的推動執行。

一、修訂翡翠水庫運用規則

　　經由此次亢旱運轉，翡管局依據新蒐集分析之集水區水文特性，檢討分析翡翠水庫之防洪運轉、洪水時期之適當操作方法等，將翡翠水庫蓄水上限、中限、下限及嚴重下限等四條運轉之水位限制修正，並於2004年1月13日完成修訂為「臺北翡翠水庫運用要點」，以兼顧用水需求。

翡翠水庫在經過最嚴重亢旱後，我們發覺若未來要再應付極端旱象，翡翠水庫原有的操作運轉標準規範，已經沒辦法應付，我們必須要重新檢討不同水位的運轉限制，當時就有考量到天候異常情形增加，供水轄區人口增長速度等因素，翡翠水庫面對這些的變化，操作運轉的標準一定要修正，於是在亢旱後就積極著手進行翡翠水庫運用要點的修正工作。（R3）

二、供水管網改善減少漏水率

北水處於 2002 年亢旱時兼負直接供水住戶責任，亢旱期的各階段限水均由北水處執行，經由亢旱經驗，北水處於 2003 年起，陸續執行 2003-2006 的供水管網改善中程計畫，及 2006 年再提出的 20 年期「供水管網改善及管理計畫」，以改善管線漏水情形，減輕翡翠水庫原水供水負擔。雖然大臺北地區管線改善在 2002 年前亦有執行，惟當時執行與否端視年度預算剩餘經費多寡而定，成為年度預算容許下始進行的次要工作……

北水處的管線改善，在 2002 年前是屬於例行性的做法，看預算執行情形再挑幾個地方去做，沒有計畫當然做的就沒有系統，在 2003 年後，也就是郭處長任內重視漏水率的問題，認為應該主動去處理，以前則認為北水處是營業單位，自行負責盈虧，管線改善不應是北水處責任。（R4）

2002 年亢旱後原翡管局長調至北水處擔任處長，開始有系統推動管線更新事宜，2002 年的抗旱經驗，使新任北水處決策者重視漏水問題，實為北水處後續中、長程管網改善計畫的觸動樞紐。

[14] 至今，推動多年的管網改善計畫已達到減少漏水率的目標……

> 我們推動管網改善中程計畫主要為解決漏水問題，在 2005 年底一
> 天配水為 231 萬噸，2014 年底為 191 萬噸，至 2015 年底配水量再
> 降至 186.3 萬噸，較 2005 年一天配水少掉 45 萬噸，一天少拿原水
> 45 萬噸，使得北水處總數 800 區的小區計量中，售水率達到 90%
> 以上就有約 250 區，[15] 這就是管網改善使漏水率降低的效果，也使
> 得翡翠水庫在枯水季時可減少供水壓力。（R4）

三、板新二期改善提高供應水量

2002 年北臺灣發生最大亢旱後，因應板新水廠輸送設施不足，
致翡翠水庫支援水量受限問題，行政院於 2006 年核定實施「板新地
區供水改善計畫二期工程」計畫，主辦機關為經濟部水利署，執行
單位為北水處及臺水公司，以解決前述輸送水量問題。目前北水處
與臺水公司正進行「板新地區供水改善計畫二期工程」計畫，該計
畫主要為增設「水量調度幹管、調配水池加壓站」以靈活調度新店
溪及大漢溪流域水源，預計於完工後，新北市板新地區包括板橋、
新莊、泰山、五股、蘆洲、八里、三峽、鶯歌、土城、樹林、中和
與三重等區將擴大由翡翠水庫供水，供應至 2021 年臺北市及新北市
板新地區計畫人口約 630 萬人及其工商業發展平均日 101 萬 CMD

---

[14] 姚祥瑞（2016）。公共治理決策模式探討：以大臺北管網改善決策為例，中國地方自治學會 雜
誌，69（4）：31。該篇論文並另於同年于福建師範大學「現代社會與民事主體制度創新」學
術研討會發表。

[15] 依據臺北市重要統計指標名詞定義，售水率指售水量占配水量之百分比。公式為（售水量÷
配水量）x100。取自：臺北市主計處網站
http://w2.dbas.taipei.gov.tw/news_weekly/Dic_N.asp?DS_No=751.

（最大日 130 萬 CMD）之用水需求，屆時翡翠水庫供應人口約佔全國四分之一。[16]

參、亢旱主導權機制修正

自 2002 年亢旱結束後，中央從法制面及規範地方政府旱災因應機制著手，法制面修正「自來水法」，將「停水」及「限水」權主導權力改由中央。規範地方政府旱災因應機制部分，制定「經濟部水利署災害緊急應變小組作業要點」，將公共給水及農業給水依缺水程度分成三級，狀況輕微的第三級發生時地方政府應成立緊急應變小組因應，並發布「自來水停止及限制供水執行要點」予以規範，要點內將停水及限水分成程度不等四個階段，自 2002 年結束後至 2016 年底止，大臺北地區雖未再發生嚴峻的亢旱事件，但臺北市政府於亢旱期間原主導的供水區域停水、限水等權力，包括旱災認定、停水、分區供水、啟動時機、啟動順序等均改由中央統籌，除此，在亢旱治理機關（團體）的協調聯繫等互動上仍維持不變。

---

[16] 板新地區供水改善計畫二期工程工程管理資訊系統，計畫緣由，取自：板新地區供水改善計畫網站 http://59.125.180.201/index.aspx。 臺北翡翠水庫管理局（2017）。翡翠水庫位於新北市，為什麼是由臺北市政府管理?取自：臺北翡翠水庫網站 http://www.feitsui.gov.taipei/ct.asp?xItem=9336244&ctNode=31508&mp=122011。

第七章　翡翠水庫治理模式探析

　　翡翠水庫於 1987 年 7 月 1 日竣工後即進入營運階段，直至 1999 年始有規模的與非政府機關及民間合作，此時國外治理理論方興未艾，本章將分別以治理理論的協力關係、公民參與及跨域治理等模式分析翡翠水庫之治理。

第一節　翡翠水庫治理的協力關係

　　本節以 Krame 等人提出的政府部門與第三部門關係之模式及 Rhodes 的治理的科層、市場及網絡等三種模式，輔以政府治理觀點等，依各構面治理分別探索翡翠水庫治理的協力關係。

壹、業務面治理的協力關係

　　本部分分別以生態、水土保持、水源維護、環境景觀及教育宣導等五治理構面，依 Krame 等人及 Rhodes 提出之模式分析之。

一、生態治理的協力關係

　　生態治理模式就本研究提出之生態調查合作、棲地維護及烏來杜鵑復育等三細項分析之。

　　（一）生態調查協力關係治理部分

　　有關生態調查合作以 Krame 等人提出的經費提供與服務輸送觀點類型模式、協調類型模式分析如下：

　　1.生態調查經費提供與服務輸送觀點下之類型模式

　　翡翠水庫生態調查經費提供部分，由翡管局支應，翡管局與臺師大的合作並非為解決政府財政負擔，而是借助學術機構的專業，生態調查的結果除供翡管局作為集水區治理參考，亦同時供雙方教育宣導與教學、研究運用，經費提供者雖為政府部門，但服務提供者同時有翡管局與臺師大，前者為政府部門，後者屬第三部門，故其輸送類型屬於「合作模式」。其後 2000 年 1 月 1 日委託該校進行的「自然資源與生態監測」研究、農委會特生中心執行的「翡翠水庫生態資源調查」計畫、臺大執行的 2006-2008 三年期的「翡翠水庫水生動物多樣性之長期監測計畫（一）～（三）」等，均由翡管局提出需求，並由翡管局經費支應，委託成果作為翡管局後續研究暨業務執行參考，屬政府提供經費與服務屬性，其經費提供與服務輸送類型模式已有變化，已從「合作模式」成為「政府主導模式」。

　　2.生態調查協調類型模式

　　以 Rhodes 針對不同治理協調機制特徵的三種模式觀之，1999 年-2002 年期間與臺師大合作，於五個特徵顯示模式如下：

　　（1）「基礎關係」部分：雙方合作水庫動植物物種數量的生態基礎調查，屬於理念契合的合作，雙方並無雇傭關係，雖經協議過程，但臺師大以人力、專業取得該區域動、植物資訊作為研究、教學使用，翡管局則將生態基礎調查結果作為水資源教育，甚而集水區治理參考，主要特徵顯示在網絡模式的資源交換。

　　（2）「依賴程度」部分：由於翡管局與臺師大，一方提供場地，一方提供調查人力，資源相互交換，彼此合作依賴程度高。

（3）「交換媒介」部分：雙方合作未以議價、比價或其他招標程序進行，不以市場價格做取捨標準，至翡管局亦未以主管機關的權威立場表示意見，雙方合作未顯示價格及權威特徵，主要基於理念，交換媒介以信任為主。

（4）「衝突解決和協調手段」部分：由於彼此並非採價格競爭方式，遇衝突亦未以規則、命令等方式解決，雙方以平等對話為主。

（5）「文化淵源」部分：雙方合作並非競爭及服從關係，而係基於生態調查資訊的共享與互惠等特徵。

整體而言，呈現出較多的資源交換、依賴程度高、信任、對話、互惠等網絡模式特性，網絡成員間的互動關係是基於相互認同的規範，可將之歸為「網絡模式」的代表，2003年後翡管局的生態調查主要以委託發包方式為主，其協調機制顯示出較多的「科層模式」特徵，包括基礎關係呈現委託的僱傭關係（科層）、依賴程度屬於單方面的依賴（科層）、交換媒介則介於以價格取勝與權威方式之間（科層與市場）、衝突解決和協調手段以現有規則、命令為主，價格競爭說服為輔（科層與市場）、文化淵源則顯示部分競爭，部分服從的特徵（科層與市場），整體言，「科層模式」較多，同期間亦顯示部分的「市場模式」特徵。

（二）棲地維護治理協力關係部分

以經費提供與服務輸送觀點下之類型模式及協調類型模式分析如下：

1.棲地維護治理經費提供與服務輸送觀點下之類型模式

翡翠水庫棲息地維護主要在食蛇龜類棲地部分，兼及柴棺龜以及其他包括臺灣野山羊、山羌、穿山甲、麝香貓、食蟹　及翡翠樹蛙等30餘種，棲息地維護效果在於保護區的公告，以及保護區公告後的落實措施，主要推動者為翡管局與屏科大，保護區成立後，屏科大接

受翡管局委託，進行食蛇龜族群變動及相關生態調查。翡管局另配合聯合巡查、委託研究等，並以編列預算方式增聘保育員 1 名，故在經費提供部分，主要為翡管局以預算方式維護。棲地維護除利於生態，亦供翡管局用於集水區治理，亦提供翡管局與屏科大教育宣導運用，不論研究監測或結果的運用，服務提供者除翡管局外，亦包含屏科大在內，在政府部門與第三部門關係之模式中，雖政府主導模式較為明顯，但仍顯露部分的合作模式。

　　2.棲地維護治理協調類型模式

　　協調類型模式部分，翡翠水庫棲地維護治理的五個特徵模式分析如下：

　　（1）「基礎關係」部分：與屏科大合作關係較不同於以命令為基礎的科層模式，雖有市場的雇傭關係，但市場模式亦不凸顯。由於翡管局提供場地，屏科大則提供專業，資源相互交換，較傾向於網絡模式。

　　（2）「依賴程度」部分：基於專業領域及場地提供、熟悉度及後勤支援等，彼此均無法獨立運作，亦無法單方依賴，並非市場及科層模式的特性，於此網絡情境雙方相互配合、相互依存，因相互依賴特性，翡管局、屏科大暨相關單位的互動較屬於網絡模式。

　　（3）「交換媒介」部分：雙方雖有委託關係，但非全以價格與權威為溝通載具，並非市場及科層模式能涵蓋，雙方仍以信任為溝通載具，較傾向於網絡模式。

　　（4）「解決衝突和協調的手段」部分：解決衝突和協調並非依賴市場價格與權威的規則、命令，而係以各方平等對話為主，治理模式類型中網絡模式功能較市場及科層模式為明顯。

　　（5）「文化淵源」部分：棲地維護有助水庫水質、水庫生物棲息環境

的提升，亦助於屏科大教學與研究，亦有助於相關機關的保育工作，由於各取所需，翡管局、相關單位暨屏科大等互動顯示較多的網絡模式的互惠文化特性。

　　整體言，棲地維護治理協調機制特徵模式分類上，市場及科層模式顯示不明顯，網絡成員間的互動關係主要基於相互認同的規範，較傾向於網絡模式，翡管局與屏科大等彼此網絡間擁有自主與自我管理的環境，然而，處於此網絡情境，翡管局基於對棲地維護專業知識的不足，無法完全佔據權威的地位，惟仍具網絡間接的控制能力。

　　（三）烏來杜鵑的復育協力關係部分

　　烏來杜鵑的復育治理模式分以經費提供與服務輸送觀點及協調類型模式分析如下：

　　1.烏來杜鵑復育經費提供與服務輸送觀點下之類型模式

　　烏來杜鵑的復育，先由翡管局與農委會特生中心的合作推動，其次，新北市農業局與林務局亦同時扮演推動角色，經費由政府提供，服務輸送亦以政府為主軸，可謂以政府為主導的模式。自 2015 年起，嘉義大學加入烏來杜鵑復育行列，該大學接受新北市農業局委託，成功培育出1200 株烏來杜鵑實生苗，嘉義大學的加入，同時提供傳送服務，使漸有合作等模式的影子。

　　2.烏來杜鵑復育協調類型模式

　　烏來杜鵑復育成功，其協調類型五個特徵模式如下：

　　（1）「基礎關係」部分：由於烏來杜鵑復育推動非以交易行為作為基礎，市場模式較不明顯。復育過程亦非以命令為基礎，並依此控制與指揮，故而非屬科層模式的僱傭關係。由於翡管局提供辦公區及壩址沿線道路，新北市農業局、林務局等則以扦插法於石碇小格頭苗圃繁殖種

苗，並移植至烏來環山路沿途及雲海國小校內及後山，大面積場地復育，農委會特生中心及嘉義大學則提供專業，資源是相互交換，較屬於網絡模式。

（2）「依賴程度」部分：由前述觀之，受限於場地、專業等使相關機關無法獨立運作，彼此無法顯示市場模式的獨立特性，亦非科層模式的單方依賴關係。翡管局、農委會特生中心、新北農業局、林務局及嘉義大學，各方擁有資源不同，相互依賴，較傾像網絡模式。

（3）「交換媒介」部分：由於市場價格及官僚權威均非互動時的溝通載具，故而非屬市場及科層模式。翡管局、新北市農業局、林務局等政府部門間並無隸屬關係，與嘉義大學間亦無隸屬，彼此溝通載具以網絡模式的信任為主。

（4）「解決衝突和協調的手段」部分：烏來杜鵑復育的推動並非以價格取勝，解決衝突和協調手段不全然是規則命令，市場模式及科層模式均不明顯，屬於各方平等對話的網絡模式。

（5）「文化淵源」部分：由於未顯示競爭情形亦非服從特性，烏來杜鵑復育上顯示出相關單位互動的互惠文化，亦屬於網絡模式特性。

整體而言，翡翠水庫的生態治理呈現較明顯的網絡模式。翡翠水庫生態治理與第三部門協力關係模式以表 7-1 呈現。

表 7-1 翡翠水庫生態治理與第三部門協力關係模式

生態治理項目	經費與服務功能	協力類型	
		協力模式	協力情形
生態調查	合作	1999-2002網絡治理	基礎關係：生態保育及生態教育觀念相同下，臺師大生物系執行、翡管局提供場地，雙方合作推動，進行動植物物種數量、資源等交換。 依賴程度：彼此合作依賴程度高。 交換媒介：雙方開始即以信任為主。 衝突解決和協調手段：以平等對話解決爭議。 文化淵源：生態調查資訊共享互惠。
	政府主導	2003-今科層模式為主，同時顯示部分市場治理	基礎關係：呈現委託的僱傭關係（科層）。 依賴程度：屬於單方面的依賴（科層）。 交換媒介：介於價格取勝與權威方式之間（科層與市場）。 衝突解決和協調手段：以規則命令為主，價格競爭說服為輔（科層與市場）。 文化淵源：顯示部分競爭，部分服從的特徵（科層與市場）。
棲地維護	合作	網絡治理	基礎關係：翡管局提供場地，屏科大提供專業，資源相互交換。 依賴程度：翡管局、屏科大暨相關單位相互依賴。 交換媒介：信任為相關單位溝通的載具。 解決衝突和協調手段：各方均能平等對話。 文化淵源：相關單位暨屏科大等互動顯示互惠文化。
烏來杜鵑復育	合作	網絡治理	基礎關係：翡管局、新北市農業局、林務局等提供大面積場地復育，特生中心及嘉義大學提供專業，資源相互交換。 依賴程度：翡管局、特生中心、新北農業、林務及嘉義大學，擁有資源不同，相互依賴。 交換媒介：政府部門間及與嘉義大學間，相互均無隸屬關係，以信任為溝通載具。 解決衝突與協調手段：各方平等對話。 文化淵源：相關單位等互動顯示互惠文化。

資料來源：本研究整理

二、水土保持治理的協力關係

以下分別就集水區造林合作、集水區崩塌地處理等二部分分析。

（一）集水區造林協力關係部分

以經費提供與服務輸送觀點下之類型模式及協調類型模式分析如下：

1.集水區造林合作經費提供與服務輸送觀點下之類型模式

翡翠水庫集水區造林在 2007-2009 年期間，與財團法人時報文教基金會合作，由該基金會補助經費，屬於第三部門提供資金，政府提供服務輸送的「合作模式」。至於其他期間則多屬政府部門間的合作模式，主要有翡管局、水源局、農委會林務局、臺北縣政府、臺灣省林務局、北水處等政府單位，均可歸屬於政府間治理。較具規模的政府治理則始自 1995 年至 2003 年止，以編列預算或因應病蟲害進行的跨機關合作，或逐年進行更新造林方式，當時並未有第三部門或其他民間團體的參與，屬於政府機關間互動。

2.集水區造林合作協調類型模式

翡翠水庫的水土保持治理模式，由於 2007-2009 期間財團法人時報文教基金會的參與，呈現網絡治理屬性，該期間的集水區造林合作在五個特徵關係顯示如下：

（1）基礎關係上，2007-2009 年期間與財團法人時報文教基金會的合作，彼此合作相互提供經費及造林場域，顯示出資源互換特徵。

（2）依賴程度上，與財團法人時報文教基金會的互動，彼此能提供不同資源，在集水區合作造林業務能顯示相互依賴特性。

（3）交換媒介上，與財團法人時報文教基金會彼此互不隸屬，合作造林互動仍以信任為主。

（4）解決衝突和協調的手段，合作造林推動方式由基金會補助經費，始有公、私合作模式，此種公、私合作是以對話、關係為解決衝突和協調方式，不屬於市場及科層治理類型模式，較傾向於網絡模式特徵。

（5）文化淵源上，公、私之間均顯示互惠精神。前述五種特徵使造林合作協調類型傾向於網絡治理模式的類型。

（二）集水區崩塌地的治理協力關係

以經費提供與服務輸送觀點下之類型模式及協調類型模式分析如下：

1. 集水區崩塌地治理經費提供與服務輸送觀點下之類型模式

翡翠水庫集水區崩塌治理，無論是經費提供、服務輸送或是協調類型均未顯示第三部門參與，主要著重在政府部門間互動，包括翡管局、水源局及農委會林務局等機關，屬於「政府治理」的觀點。

2.集水區崩塌地治理協調類型模式

翡翠水庫集水區土地多涉及國有，林業部分主要為農委會林務局，2005年起共同整治部分，即屬於地方的翡管局與中央的林務局的合作，崩塌地為國有林第四林班崩坍地，屬於農委會林務局羅東林區管理處管轄，雙方均編列預算直至2008年止，共同將前述崩坍地與水庫區整治完成，由於合作成員均為政府機關，且跨地方與中央二個層級，屬於「政府治理」面的府際層次。前述翡翠水庫造林及崩塌地的水土保持治理與第三部門協力關係模式如表7-2。

表 7-2　翡翠水庫水土保持治理與第三部門協力關係模式

水土保持項目	治理類型				
	與第三部門協力治理			政府治理	
	經費與服務功能	協力模式	協力情形	治理層次	治理情形
集水區造林	合作	網絡（2007-2009）	基礎關係部分：翡管局與時報文教基金會，相互提供專業、資源互換。依賴程度部分：相互依賴。交換媒介部分：翡管局與時報文教基金會，相互均無隸屬關係，以信任為溝通載具。解決衝突和協調的手段部分：彼此平等對話。文化淵源部分：彼此互動顯示互惠文化。	府際、地方政府間	1.1995 年至 2003 年止，編列預算、因應病蟲害進行跨機關合作、逐年進行更新造林。2. 其他期間，包括翡管局、水源局、農委會林務局、臺北縣政府、臺灣省林務局、北水處等政府間合作造林。
集水區崩塌地治理	非與第三部門協力治理	非與第三部門協力治理	非與第三部門協力治理	府際	翡管局、水源局、農委會林務局等政府間合作

資料來源：本研究整理

三、水源維護治理協力關係

　　以下分別就集水區聯合稽查與汙水道系統合作建置及坪林交流道開放後水源維護的合作防治以及建置公、私協力平台機制等三部分說明。

　　（一）集水區聯合稽查與汙水道系統合作建置等協力關係部分

　　集水區聯合稽查與汙水道系統合作建置可歸類於「政府治理」模式，此種以「國家」為中心的網絡治理路線，主要認為其他非政府部門網絡成員的資源條件不及國家，國家無論在資源條件、合法工具等均遠優於第三

部門，前者聯合稽查的互動，包括臺北市政府的翡管局、新北市政府的環保局、農業局，及經濟部的水源局等政府間，屬於地方與中央的府際層次，亦涵蓋臺北市與新北市等地方政府間的地方政府層次，後者汙水道系統合作主要為水源局與翡管局的合作建置，則屬於地方與中央府際間的治理。

（二）坪林交流道開放後水源維護治理的協力關係

以經費提供與服務輸送觀點類型模式及協調類型模式分析如下：

1.經費提供與服務輸送觀點下之類型模式

針對坪林交流道開放，政府扮演經費提供角色，至於服務輸送部分，除政府本身外，包含專家學者、環境品質文教基金會及坪林鄉民等均實際參與意見提供，最終影響了坪林交流道開放暨水源維護的決策形成，使政府以外的第三部門實際提供了服務輸送，此種政府提供資金，第三部門服務輸送的類型，即屬於「合作模式」。

2.協調類型部分

坪林交流道的開放與水源維護的協調類型，顯示在五個特徵下：

（1）基礎關係部分，環保署環評委員、專家學者、內政部營建署、臺北縣政府、水源局、翡管局、北水處、坪林鄉公所、坪林鄉民代表會及環境品質文教基金會等，相互提供專業、資源互換，坪林鄉民並可藉公投表達意見。

（2）依賴程度部分，政府各部門相互依賴，鄉民間意見雖僅供政府參考，但經媒體報導，得以顯示在地意見，連同環評委員及基金會等提供專業意見，共同為開放為一般交流道及開放後水源維護的政策依據，網絡間可謂相互依賴。

（3）交換媒介部分，各政府部門、基金會及坪林鄉民間，相互均無隸屬關係，以信任為溝通載具。

（4）解決衝突和協調的手段部分，各方平等對話。

（5）文化淵源部分，各互動者顯示成員間的互惠文化。整體協調類型屬於「網絡治理」模式。

整體言之，坪林交流道開放後水源維護治理的協力關係，經前述五項特徵的分析，顯示出網絡治理的特徵。

（三）建置公、私協力平台機制的協力關係部分

以經費提供與服務輸送觀點下之類型模式及協力類型模式分析如下：

1.經費提供與服務輸送觀點下之類型模式

水源局與第三部門共同建置的公、私協力平台機制，由水源局提供經費運作，參與的在地第三部門組織則負責實際的服務傳送，顯示在政府與第三部門關係類型，主要為「合作模式」，無論是會議、會勘或是其他經費運用等，均由水源局提供，參與的第三部門則代表其團體，負責意見提供及共同會勘等實際的服務傳送功能。

2.協力類型模式

水源局所建置的公、私協力平台機制，從五個特徵可觀之其協力類型模式如下：

（1）基礎關係部分，水源局與新店溪流域守護聯盟共同建立平台機制，相互提供專業、資源互換。

（2）依賴程度部分，水源局與新店溪流域守護聯盟，就政策公開及經驗交流分享協議，水源局公開水源保育政策，非政府組織成員分享多元領域之經驗，雙方相互依賴。

（3）交換媒介部分，水源局與守護聯盟各別公民團體間，分別屬政府機關及非政府組織，均無相互隸屬關係，相互以信任為溝通載具。

（4）解決衝突和協調的手段部分，水源局與聯盟各成員間及聯盟各團

體間遇爭議議題，均能平等對話，並非以權威的法規命令解決。

　　（5）文化淵源部分，網絡情境內水源局與在地團體行動者相互配合，相互依存，由於各取所需，成為網絡行動者的學習場域，各方互動顯示互惠文化。翡翠水庫水源維護治理模式如表7-3。

表7-3　翡翠水庫水源維護治理模式

水源維護項目	治理類型				
	與第三部門協力治理			政府治理	
	經費與服務功能	協力模式	協力情形	治理層次	治理情形
集水區聯合稽查	非與第三部門協力治理	非與第三部門協力治理	非與第三部門協力治理	府際、地方政府間	翡管局、水源局，新北市環保局、農業局等政府間互動。
汙水道系統合作建置	非與第三部門協力治理	非與第三部門協力治理	非與第三部門協力治理	府際	水源局與翡管局合作處理。
坪林交流道開放後水源維護的合作防治	合作	網絡	基礎關係：環保署環評委員等專家學者、政府各層級部門及基金會等，相互提供專業、資源互換，坪林鄉民並可藉公投表達意見。 依賴程度：政府各部門與、基金會及民眾間相互依賴。 交換媒介：各政府部門、基金會及坪林鄉民間，相互均無隸屬關係，以信任為溝通載具。 解決衝突和協調的手段：各方平等對話。 文化淵源：各互動顯示互惠文化。	非政府治理	非政府治理

| 公、私協力平台機制 | 合作 | 網絡 | 基礎關係:水源局與新店溪流域守護聯盟共同建立,相互提供專業、資源互換。
依賴程度:水源局與新店溪流域守護聯盟,就政策公開及經驗交流分享協議,雙方相互依賴。
交換媒介:水源局與守護聯盟均無相互隸屬關係,以信任為溝通載具。
解決衝突和協調的手段:水源局與聯盟各團體間均平等對話。
文化淵源部分:各方互動顯示互惠文化。 | 非政府治理 | 非政府治理 |

資料來源：本研究整理

四、環境景觀治理的協力關係

以下主要以環境景觀治理的環境清潔（垃圾清除）及景觀美化等二部分就其協力關係治理模式分析之。

（一）環境清潔（垃圾清除）協力關係部分

以經費提供與服務觀點的類型模式及協調類型模式分析如下：

1.經費提供與服務觀點下的類型模式

本研究垃圾清除範圍主要以集水區為主,可以 2013 年為類型分界點,2013 年前為水源局負責,此階段為敦親睦鄰復委託集水區轄區鄉公所清運,屬於政府與政府間執行的「政府治理」層面。2013 年 1 月,則將與第三部門建立的公・私協力交流平台,納入水源維護治理,主要為提供環境清潔決策的意見、現場勘查等作為,並定期開會討論,經費雖屬於政府預算支應,但環境清潔的服務輸送已納入第三部門機制,其經費提供與服務輸送類型已屬於「合作模式」。

2.協調類型模式

Rhodes 的治理模式針對不同治理協調機制制定有五項特徵，分析如下：

（1）基礎關係部分，水源局與總數 14 個第三部門組織共組成立的新店溪流域守護聯盟，經由公、私協力平台機制提供意見、相互交流。自 2005 年起集水區垃圾清理復委託新北市位於水源區之五區公所辦理清運，不同機制相互提供專業、資源互換。

（2）依賴程度部分，水源局與新店溪流域守護聯盟就政策公開及經驗交流分享協議，水源局藉此既可敦親睦鄰，又可吸收公部門以外意見，第三部門組織則可藉平台參與體制，而水源區區公所則受水源局委託雙方相互依賴。

（3）交換媒介部分，水源局與守護聯盟各別第三部門組織間，及水源區各區公所間，均無相互隸屬關係，彼此協調互動都以信任為溝通載具。

（4）解決衝突和協調的手段部分，水源局與聯盟各成員間、聯盟各團體間及水源區各區公所間均平等對話，不涉及權威的法規命令。

（5）文化淵源部分，各組織、團體間互動，以相互配合，相互依存等互惠文化的特徵。根據前述五個治理特徵，垃圾清除治理屬於網絡治理模式。

（二）景觀美化協力關係部分

本部分同樣以經費提供與服務輸送觀點下的類型模式及協調類型模式等分析如下：

1.經費提供與服務輸送觀點下的類型模式

景觀美化部分主要在於規劃與建置二部分，錫瑠環境綠化基金會自 1999 年至今長期與翡管局合作，不但經費挹注，亦提供規劃意見，至於國際扶輪社則利用各別活動捐贈解說牌，雖協助期間長短有別，但均能出錢

出力，翡管局與前述第三部門協助，部分以共同提供經費與服務輸送模式下進行，在經費服務功能上屬於「合作模式」。

2.協調類型模式

在協調類型的治理模式特徵分析如下：

（1）基礎關係部分，錫瑠環境綠化基金會宗旨之一為綠美化環境，翡翠水庫提供場地，錫瑠提供經費與專業。國際扶輪社則提供經費與翡管局合作建置「翡翠水庫導覽圖」解說牌，雙方資源互換。

（2）依賴程度部分，翡管局無論與錫瑠環境綠化基金會或與國際扶輪社等，均須彼此合作始能完成，相互依賴明顯。

（3）交換媒介部分，錫瑠環境綠化基金會與國際扶輪社均屬第三部門組織，翡管局則為公部門，彼此均無相互隸屬關係，互動的溝通載具以信任為主。

（4）解決衝突和協調的手段部分，以信任為主的互動下，彼此以平等對話解決爭議。

（5）文化淵源部分，錫瑠環境綠化基金會於翡翠水庫區美化景觀，達成該會綠美化宗旨，國際扶輪社捐贈導覽解說設施，則彰顯其義助及關注水資源的形象，翡管局則因翡翠水庫場地美化，有益於教育宣導推動，各方互動顯示的屬於互惠文化。

前述五種特徵顯示出網絡治理模式。翡翠水庫環境景觀治理模式如表7-4。

表 7-4　翡翠水庫環境景觀治理模式

環境景觀項目	治理類型		
	與第三部門協力治理		
	經費與服務功能	協力模式	協力情形
環境清潔（垃圾清除）	2013.1月前屬於政府治理。2013年1月後屬於合作模式。	2013起網絡	基礎關係部分：水源局與新店溪流域守護聯盟經由公私協力平台機制互換意見、水源局委託新北市位於水源區之五區公所辦理清運，不同機制相互提供專業、資源互換。 依賴程度部分：水源局與新店溪流域守護聯盟就政策公開及經驗交流分享協議，水源區區公所則受水源局委託雙方相互依賴。 交換媒介部分：水源局與守護聯盟各別公民團體間，及水源區各區公所間，均無相互隸屬關係，以信任為溝通載具。 解決衝突和協調的手段部分：水源局與聯盟各成員間及聯盟各團體間及水源區各區公所間均平等對話。 文化淵源部分：各方互動顯示互惠文化。
景觀美化	合作	網絡	基礎關係部分：錫瑠環境綠化基金會宗旨之一為綠美化環境，翡翠水庫提供場地，錫瑠提供經費與專業。國際扶輪社則提供經費與翡管局合作建置「翡翠水庫導覽圖」解說牌，雙方資源互換。 依賴程度部分：翡管局無論與錫瑠環境綠化基金會或與國際扶輪社間須雙方合作始能完成，相互依賴明顯。 交換媒介部分：錫瑠環境綠化基金會與國際扶輪社均屬第三部門組織，與翡管局間均無相互隸屬關係，彼此互動的溝通載具以信任為主。 解決衝突和協調的手段部分：以信任為主的互動下，彼此以平等對話解決爭議。 文化淵源部分：錫瑠環境綠化基金會達成綠美化宗旨，國際扶輪社彰顯其義助形象，翡翠水庫則因場地美化，有益於教育宣導推動，各方互動顯示的屬於互惠文化。

資料來源：本研究整理

五、教育宣導治理協力關係

翡翠水庫教宣治理分就「導覽解說」及「生態教材與活動」二項目分析。

（一）導覽解說協力關係部分

分別以經費功能與服務輸送類型模式及協調類型模式分析如下：

1.經費功能與服務輸送類型模式

翡翠水庫導覽解說的治理類型，就政府與第三部門經費與服務功能部分，1999-2002 年推動的導覽解說經費主要為經濟部水資源局資助，以及翡管局本身預算，由於均為政府部門，其經費可歸於「政府主導」，2002年後持續推動的導覽解說則為管理機關每年編列預算推動。而臺師大生物學系不同領域學者、北市師環境教育研究所、國立臺灣大學植物標本館專家、荒野保護協會及退休人員等負實際講座暨解說工作，屬於服務輸送性質，在 Gidron 等的政府部門與第三部門關係中，屬於政府提供資金，第三部門負責實際服務輸送的「合作模式」。

2.協調類型模式

Rhodes 的治理模式的協調機制特徵分析如下：

（1）基礎關係部分，翡管局擬訂計畫提供導覽場所，臺師大生物學系不同領域學者、北市師環境教育研究所、國立臺灣大學植物標本館專家、荒野保護協會及退休人員等擔任講座或導覽人員，參與志工人員則來自各行業，不同成員相互提供專業、資源互換。

（2）依賴程度部分，導覽解說若無彼此合作，無法單獨完成，管理單位以進階訓練使其擁有部分水庫專業，即可擔任導覽為管理機構節省人力，志工人員則不論為理念或其他因素參與，彼此相互依賴。

（3）交換媒介部分，參與機構及人員，為水庫管理機構、第三部門及一般公民，彼此互不隸屬，互動過程以信任為溝通載具。

（4）解決衝突和協調的手段部分，由於互不隸屬，遇有衝突及須協調事項，各方處理並非以法令規範，而係平等對話。

（5）文化淵源部分，各方互動，除相互影響，亦互有所得，顯示互惠文化。

依前述協調機制特徵觀之，教育宣導的導覽解說部份屬於網絡治理模式。

（二）生態教材與活動協力關係部分

生態教材與活動類型模式分析如下：

1.經費功能與服務輸送類型模式

翡管局辦理的翡翠水庫生態教材製作與活動項目，1999-2002 年期間由經濟部資助經費及翡管局預算支應，2002 年後則由翡管局預算支應。水源局辦理活動則屬經濟部預算，雖屬地方與中央不同層級，但均屬於「政府部門」。至於服務輸送，翡管局及水源局均與第三部門有協力關係，由第三部門貢獻顯示於教材編制及活動規劃辦理，在政府部門與第三部門關係之模式中，屬於政府提供資金，第三部門負責實際服務傳送的「合作模式」。

2.協調類型模式

根據 Rhodes 治理模式的協調機制，仍顯現出網絡模式的特徵分析如下：

（1）基礎關係部分，翡管局與臺師大生物系合作完成「翡翠水庫環境與常見動、植物圖鑑」等生態教材，前者作為水庫治理及教育宣導使用，後者則運用於研究及教學部分，資源分別共享。水源局則針對水源區辦理教宣活動，連同翡管局辦理之活動，及互動的北市師環境教育研究所、荒

野保護協會等單位人員擔任講座或解說人員，不同機制相互提供專業、資源互換。

（2）依賴程度部分，不論生態教材製作或是活動辦理，無論翡管局或水源局，與之互動的各方，相互依賴，並無單方可獨立完成。

（3）交換媒介部分，參與機構及人員，政府部門分別屬中央、地方層級，學校及環保團體亦各自獨立，互不隸屬，彼此以信任為溝通載具。

（4）解決衝突和協調的手段部分，由各方協調解決，仍係平等對話。

（5）文化淵源部分，無論翡管局、水源局及其他第三部門，顯示各方互動的互惠文化。

整體顯示生態教材與活動協力關係部分屬於網絡治理模式。翡翠水庫教宣治理與第三部門協力關係模式如表 7-5。

表 7-5　翡翠水庫教宣治理與第三部門協力關係模式

教育宣導項目	治理類型		
	與第三部門協力治理		
	經費與服務功能	協力模式	協力情形
導覽解說	合作	網絡	基礎關係部分：翡管局擬訂計畫提供場地，國立臺灣師範大學生物學系不同領域學者、臺北市立師範學院環境教育研究所、國立臺灣大學植物標本館專家、荒野保護協會及退休人員等擔任講座或解說人員，參與志工者則各行業，不同機制相互提供專業、資源互換。依賴程度部分：各方相互依賴，並無單方可完成。交換媒介部分：參與機構及人員，互不隸屬，以信任為溝通載具。解決衝突和協調的手段部分：各方解決衝突並非以法令規範，而係平等對話。文化淵源部分：各方互動顯示互惠文化。

生態教材與活動	合作	網絡	基礎關係部分：翡管局與國立臺灣師範大學生物學系合作完成「翡翠水庫環境與常見動、植物圖鑑」等生態教材。連同臺北市立師範學院環境教育研究所、荒野保護協會等單位人員擔任講座或解說人員，水源局則針對水源區辦理教宣活動，不同機制相互提供專業、資源互換。 依賴程度部分：各方相互依賴，並無單方可完成。 交換媒介部分：參與機構及人員，互不隸屬，以信任為溝通載具。 解決衝突和協調的手段部分：各方解決衝突並非以法令規範，仍係平等對話。 文化淵源部分：各方互動顯示互惠文化。

資料來源：本研究整理。

貳、亢旱治理的協力關係

分以翡翠水庫亢旱年應變及支援石門水庫亢旱二部分分析之。

一、翡翠水庫亢旱年協力關係部分

以經費功能與服務輸送類型模式及協調類型模式分析如下：

（一）經費功能與服務輸送類型模式

翡翠水庫亢旱期各階段抗旱工作推動，在與各級學校、醫院、公（工）會、媒體及各私營企業互動中，所需經費來源均由臺北市政府、中央等不同層級政府預算支應，政府並主導節約用水宣導、各階段限水之用水調度等服務輸送，經費功能與服務輸送類型屬於政府主導模式。

（二）協調類型模式

以 Rhodes 的治理模式的協調機制特徵分析如下：

1.基礎關係上，翡管局與北水處因應亢旱，採取的是網絡模式治理的概念，其具有自主性與自我管理的特質，藉由網絡，成功扮演政府與民間抗旱期間新型式的合作角色。從初期北市府翡管局、北水處，甚而新聞處等與媒體間的相互合作，政府藉由媒體協助宣導，媒體第一時間取得報導

材料，雙方協力合作、各取資源，及至後續與各級學校、醫院、公（工）會及與水有關行業的會議協調配合等，雙方均處於合作的基礎上，供水主管機關始能減緩水庫運轉及供水壓力、取得節水成效，也才能使翡翠水庫有條件撐到下個颱風的雨量挹注。

2.依賴程度部分，各方共體時艱度過旱期難關，民眾及其他部門均依賴抗旱機關的用水調度，抗旱主管機關則需民眾及其他部門的節水配合，彼此可謂相互依賴。

3.交換媒介部分，無論公部門間或公、私雙方成員等均互不隸屬，並未簽訂契約，互動以信任為溝通載具。

4.解決衝突和協調的手段部分，各方解決衝突並非以權威性的法令規範，主要係以節水配合以度過缺水難關的平等對話。

5.文化淵源部分，各方互動各取資源，顯示互惠文化。

整體顯示，翡翠水庫亢旱年協力關係屬於網絡治理模式，翡翠水庫亢旱治理模式如表 7-6。

表 7-6 翡翠水庫亢旱年治理模式

亢旱治理項目	治理類型		
	與第三部門協力治理		
	經費與服務功能	協力模式	協力情形
警訊處理、第一階段限水-第三階段限水	政府主導	網絡	基礎關係部分：翡管局、北水處間，及各別與醫院、公（工）會及媒體間之資源互換。 依賴程度部分：各方相互依賴。 交換媒介部分：互不隸屬，以信任為溝通載具。 解決衝突和協調的手段部分：各方解決衝突並非以法令規範，而係平等對話。 文化淵源部分：各方互動顯示互惠文化。

資料來源：本研究整理。

二、支援石門水庫亢旱協力關係部分

　　翡翠水庫支援石門水庫部分，無論本身是否遇亢旱年，若以 2002 年為分界點，2001 年前歷年平均支援量明顯較 2002 年後的歷年平均為少。2002 年後至 2015 年期間，遇石門水庫亢旱年，年平均支援量又較同期間非亢旱年為多。支援石門水庫的決策互動僅在臺北市政府內翡管局、北水處，與經濟部的北區水資源局、臺水公司等政府部門或政府事業機構間互動。臺北市政府內部分，由北水處提出用水需求後由翡翠水庫管轄機構翡管局決策供應原水。北市與中央部分，則由經濟部所屬的臺水公司板新水廠提出需求量，由北市所屬的北水處決策後經由管線輸送，減緩同為經濟部所屬北區水資源局管理之石門水庫蓄水壓力。不論決定供應量或是需求量的決策依據，在自身非亢旱年支援石門水庫部分，僅涉及北市府與中央間的府際治理層次，屬於政府機構間之政府治理範圍。翡翠水庫非亢旱年支援石門水庫模式如表 7-7。

表 7-7　翡翠水庫非亢旱年支援石門水庫模式

類型	治理層次	治理情形	支援年	支援量
政府治理	府際	臺北市政府內部分：北水處提出用水需求後由翡翠水庫管轄機構翡管局決策後供應原水。 北市與中央部分： 臺水公司板新水廠提出需求量，由北水處決策後經由管線輸送，減緩北區水資源局所屬石門水庫蓄水壓力。	1989-2001	年平均 4272 萬立方公尺
			非亢旱年 （2004-2005、2007-2010、2012-2013）	年平均 10418 萬立方公尺
			亢旱年 （2002、2003、2006、2011、2014 及 2015）	年平均 11130 萬立方公尺

資料來源：本研究整理

第二節　翡翠水庫的公民參與治理

翡翠水庫治理的公民參與，隨著各業務類型項目暨亢旱等構面不同，呈現不同的公民參與模式，本節以 Arnstein 的公民參與階梯圖排列方式呈現，並輔以 Irland 的公民參與系統、Eidsvik 的公民參與模式及 Cavaye 公民及社群的參與型態等模式，分別就業務治理及亢旱期等構面分析參與模式層級。

壹、業務面的公民參與治理

以生態、水土保持、水源維護、環境景觀及教育宣導等五個構面的公民參與治理分析比較如下：

一、生態的公民參與治理

公民參與模式在生態治理部分，主要顯示於生態調查及棲息地維護治理兩項業務，至於烏來杜鵑復育部分，在翡翠水庫範圍的參與者為翡管局與農委會特生中心，皆屬政府部門，故未顯現公民參與部分，述之如下：

（一）生態調查的公民參與部分

翡翠水庫的生態調查合作自 1999 年至 2002 期間，由臺師大生物系主動，無論進入轄區調查，或是生態教材製作，該系擁有部分主導權，政府較能聽取意見，進而要求臺師大進行有意義的參與，生態調查規劃專業者做到客觀中立，不代表任何一方，但過程中臺師大生物系教授尚非能完全自主行為、決策，仍需政府領導、協助或參與，在 Irland 的公民參與系統中，為「協調」與「居間」階段，公民參與層次屬於「象徵式」參與，但在 Arnstein 的參與階梯論及 Eidsvik 的公民參與模式中，由於共同治理與共同承擔責任，相互需求，互蒙得利，已屬參與過程，Arnstein 列為「夥伴」關係，Eidsvik 則為「合作模式」，均可列於「公民權力」層次的第六梯級。Cavaye 公民及社群的參與型態，在生態調查計

畫目標確定下，政府提供調查場地誘因，使公民與政府一同投入特定方案，屬於「結構良好的社群參與型態」，層次上則仍屬於「象徵式」參與。由前述各學者的分類，翡翠水庫治理在生態調查的公民參與模式部分，依學者對參與層次的定義分類，應介於「象徵式」參與與「公民權力」之間。2003 年後，翡翠水庫生態調查改以發包委託方式，類似政府將計畫告知民眾，屬於單向的通告，民眾僅配合政府要求，參與程度上受到影響，屬於「象徵式」參與，在 Arnstein、Eidsvik、Cavaye 及 Irland 等公民參與模式的梯級上列屬第三級。翡翠水庫 1999-2002 期間及 2002 年後生態調查公民參與階梯如圖 7-1。

	翡翠水庫生態調查（1999-2002）	翡翠水庫生態調查（2003後）	
8			公民權力（Citizen Power）
7			
6	Arnstein夥伴式合作參與 Eidsvik合作模式		
5	Cavaye結構良好的社群參與 Irland的協調與居間階段		象徵式參與（Tokenism）
4			
3		Arnstein告知 Eidsvik通告模式 Cavaye諮商 Irland通告並徵詢	
2			無參與狀態（Noparticipation）
1			

圖 7-1　翡翠水庫 1999-2002 期間及 2002 後生態調查公民參與階梯
資料來源：本研究繪製

（二）棲息地維護的公民參與部分

　　翡翠水庫棲息地保育由翡管局發起，其中的監測調查計畫則由屏科大陳添喜教授執行，雙方為委託關係，與行政單位未必呈現對等地位，雙方共享規劃和決策的程度較小，惟政府較能聽取意見，進而要求公民進行有意義的參與，惟然無法擔保公民對其關心的決策產生影響，較屬於 Arnstein「階梯論」的諮詢至安撫階段的第四至第五梯級，為象徵式參與層次。在 Irland 的「公民參與系統」，較類似於「協調」系統，在 Eidsvik 的「公民參與模式」中，棲息地維護治理較類似於徵詢各方意見並做成決策的「諮商」模式，由於計畫目標確定，提供誘因，使公民與政府一同投入特定方案，以此觀點言，在 Cavaye 的公民及社群的參與型態中，屬於「結構良好的社群參與」，前述均為「象徵式」參與層次。以前述各學者提出的觀點觀之，翡翠水庫棲地維護治理層次分類上仍落於「象徵式」參與區間。翡翠水庫棲息地維護公民參與階梯如圖 7-2。

8		公民權力
7		（Citizen Power）
6		
5	Arnstein的安撫 Eidsvik的諮商模式 Cavaye結構良好的社群參與	象徵式參與 （Tokenism）
4	Arnstein諮商 Irland的協調系統	
3		
2		無參與狀態
1		（Noparticipation）

圖 7-2　翡翠水庫棲息地維護公民參與階梯

資料來源：本研究繪製

二、水土保持的公民參與治理

水土保持治理的公民參與，分以集水區合作造林及崩塌地治理等二部分分析如下：

（一）集水區造林的公民參與部分

翡翠水庫的「合作造林」在 2007-2009 年曾針對集水區 50 公尺保護帶進行補植及割草撫育，財團法人時報文教基金會以經費補助方式參與合作，由於僅經費補助，並未實質對合作造林參與意見，此種方式在 Arnstein 的「階梯論」中屬於「諮詢」階段，為第四梯級，層次上則為「象徵式」參與，Irland 的規劃者的角色和定位中為「通告並徵詢」階段，類似於第三梯級，Eidsvik「民眾參與模式」則屬於「說服」模式，說服參與者接受原計畫的安排，類似於第四梯級，Cavaye 的「參與公共治理型態」則屬於「結構良好的社群參與」，為第五梯級，依前述各學者的公民參與模式，跨域合作造林可列屬「象徵式」參與，至於「集水區佔墾地收回復舊造林」部分，則無民眾或其他團體參與，屬於「無參與」層級。翡翠水庫集水區造林的公民參與階梯如圖 7-3。

8		公民權力
7		（Citizen Power）
6		
5	Cavaye結構良好的社群參與	象徵式參與（Tokenism）
4	Arnstein諮商 Eidsvik的說服模式	
3	Irland通告並徵詢	
2		無參與狀態（Noparticipation）
1		

圖 7-3　翡翠水庫集水區造林的公民參與階梯
資料來源：本研究繪製

（二）崩塌地的公民參與治理部分

翡翠水庫受數次颱風侵襲影響，集水區崩塌情形未能緩和，由於土地涉及國有等因素，翡管局即以協調方式，自 2005 年起取得與行政院農業委員會林務局羅東林區管理處同意，共同整治水庫集水區內國有林第四林班崩坍地，屬於政府治理模式，此種方式並無公民參與，在 Arnstein 等四位學者提出之公民參與模式中，亦僅 Arnstein 的「無參與」層次的「操縱」式梯級內容較為符合。翡翠水庫集水區崩塌地治理公民參與階梯如圖 7-4。

8		公民權力
7		（Citizen Power）
6		
5		象徵式參與
4		（Tokenism）
3		
2		無參與狀態
1	Arnstein操縱式	（Noparticipation）

圖 7-4 翡翠水庫集水區崩塌地治理公民參與階梯
資料來源：本研究繪製

三、水源維護的公民參與治理

翡翠水庫水源維護治理主要表現在「集水區聯合稽查」、「汙水道系統合作建置」、「公私協力平台機制」及「坪林交流道開放後水源維護的合作防治」等面向。公民參與模式分析如下：

（一）集水區聯合稽查的公民參與部分

翡翠水庫集水區聯合稽查，參與者為翡管局、水源局、新北市政府、北水處、國道高速公路新建工程局等單位，主辦機構包括翡管局、水源局，稽查項目只要違反都市計畫土地使用、水土保持、森林、廢棄物、水源污染等與水源、水質、水量、建築法等行為，均屬於處理範圍，惟均屬於「政府治理」模式，並無公民參與。在 Arnstein 等四位學者提出之公民參與模式中，Arnstein 的「操縱」式梯級內容，在八階論中列屬於無參與層次的第一梯級。由於政府將集水區聯合稽查事項以新聞稿、公布欄等方式公告呈現，在 Irland 的公民參與系統中，屬於政府單向「告知」，民眾無法表達意見，亦類似於八階論無參與狀態的第一梯級。然在 Eidsvik 及 Cavaye 的公民參與模式中，雖亦屬於「通告」模式及「決策的告知」，卻可將其歸類於八階論的第三、第四梯級，均屬於「象徵式」參與層次，窺其原因，在後二位學者認為雖同為單向告知，但已稍具參與空間。翡翠水庫集水區聯合稽查公民參與階梯如圖 7-5。

8		公民權力 （Citizen Power）
7		
6		
5		象徵式參與 （Tokenism）
4	Cavaye決策的告知	
3	Eidsvik的通告模式	
2		無參與狀態 （Noparticipation）
1	Arnstein的操縱式 Irland的告知	

圖 7-5 翡翠水庫集水區聯合稽查公民參與階梯
資料來源：本研究繪製

（二）汙水道系統建置的公民參與部分

翡管局與水源局在汙水道處理上雙方合作，協調辦理臺北水源特定區汙水下水道未納戶處理工程。翡翠水庫「汙水道系統合作建置」為翡管局與水源局合作，屬於政府治理，並無公民參與，與前述集水區聯合稽查相類似，汙水道系統合作建置依四位學者提出之公民參與模式觀點，Arnstein及 Irland 均列為第一梯級的無參與層次。Eidsvik 及 Cavaye 的公民參與模式中，則可歸類為八階論的第三、第四梯級，屬於「象徵式」參與層次。翡翠水庫污水系統建置公民參與階梯如圖 7-6。

8		公民權力
7		（Citizen Power）
6		
5		象徵式參與
4	Cavaye決策的告知	（Tokenism）
3	Eidsvik的通告模式	
2		無參與狀態
1	Arnstein的操縱式 Irland的告知	（Noparticipation）

圖 7-6 翡翠水庫污水系統建置公民參與階梯
資料來源：本研究繪製

（三）坪林交流道開放後水源維護防治的公民參與部分

　　坪林交流道由原規劃的公務交流道開放為一般交流道案，直接
受影響的坪林鄉民，自主成立民意調查推動委員會，由於並非經政
府辦理或經政府同意辦理，故未納入政府決策體制，進行的坪林公
投僅為諮詢性公投性質，類似於 Arnstein 第四梯級的「諮詢」，此階
段已允許人民發聲，但無法保證人民意見會被重視，象徵意義大過
實質。政府最後以保護水源及兼顧坪林鄉民意見，以 4000 車次為限
方式有條件開放，即使 Arnstein 修正後的六階梯論中，亦屬於政府

較能聽取意見，進而要求公民進行有意義參與的「諮詢公眾 2」梯級。在 Irland 的公民參與系統中，為「協調」階段，因政府規劃開放為一般交流道，已經由專家、學者蒐集各方意見來做規劃，協調各方參與者的意見，所以各方的意見有被採納的可能，惟仍屬於象徵性參與。在 Eidsvik 的公民參與模式中，為徵詢各方意見並做成決策的「諮商」模式，亦屬於象徵性參與。在 Cavaye 公民及社群的參與型態中，開放一般交流道的議題由政府設定甚而控制決策程序，故雖有雙向溝通，但僅為提供資訊給政府之功能，取決於否主動權仍在於政府，屬於「諮商」階段，仍列為象徵性參與。前述可觀之，坪林專用道開放為一般專用道的議題，在 Arnstein， Irland， Eidsvik 及 Cavaye 等學者模式中，政府對坪林人意見的公民參與層次，可列為象徵式參與，僅在層次內的程度有所差異。坪林交流道開放為一般交流道的公民參與階梯如下圖 7-7 所示。

8		公民權力
7		（Citizen Power）
6		
5	Eidsvik諮商模式	象徵式參與
4	Arnstein諮商 Irland協調	（Tokenism）
3	Cavaye諮商	
2		無參與狀態
1		（Noparticipation）

圖 7-7 坪林交流道開放為一般交流道的公民參與階梯

資料來源：本研究繪製

（四）公、私協力平台交流機制的公民參與部分

水源局成立的「臺北水源特定區管理局與 NGO 團體公私協力交流平台」，為針對翡翠水庫集水區及水源區的溝通及合作機制，交流平台主要溝通議題與合作事項涵蓋重要政策透明公開、合作推動水資源教育宣導、水源保育回饋金妥善使用、垃圾與環境污染問題等重要事項，雙方分享經驗及個案探勘交換意見，顯示公民組織已傾向高度自主與獨立性，與行政單位漸呈對等地位，共享規劃和決策，政府和民間已能利用機制共同解決問題，屬於 Arnstein 階梯論修正前或修正後的「夥伴」關係及「權力分享」等梯級，均屬於公民權力層次的第六梯級。由於規劃者水源局以客觀規劃、公正立場來裁決各方團體意見，亦為 Irland 公民參與系統的「仲裁」階段，類似於第六梯級。新店溪流域守護聯盟等 14 個地區及全國性質的民間團體與決策者雙方合作，相互需求，互蒙得利，屬於 Eidsvik 的公民參與模式的「合作」模式，類似於第六梯級，亦為 Cavaye 的政府和社群納入決策的「社群夥伴」關係，同樣類似於第六梯級。前述不同學者的公民參與模式，可將翡翠水庫公、私協力平台機制列為公民完全參與的「公民權力」層次，但因參與團體仍未達主導及控制決策階段，故雖為「公民權力」層次，但並未進階較高梯級的「授權權力」及最高梯級的「公民控制」階段。翡翠水庫公私協力交流平台機制公民參與階梯如圖 7-8。

8		公民權力 （Citizen Power）
7		
6	Arnstein的夥伴關係 Irland的仲裁 Eidsvik的合作 Cavaye的社群夥伴關係	
5		象徵式參與 （Tokenism）
4		
3		
2		無參與狀態 （Noparticipation）
1		

圖 7-8　翡翠水庫公私協力平台機制公民參與階梯
資料來源：本研究繪製

四、環境景觀的公民參與治理

集水區與水源區的環境清潔（垃圾清除），在公民參與部分，主要在 2013 年後透過與非政府組織公私協力交流平台的會議溝通，在政策面符合適度參與，公民組織傾向自主與獨立特性，該組織與水源局呈現漸等地位，共享規劃和決策，屬於 Arnstein 八階段第六梯級的「夥伴」關係，為公民權力層次。若以修正後的六階論觀之，則屬於「權力分享」層級。規劃者能以客觀、公正立場來裁決各方團體意見，在 Irland 參與系統中屬於「仲裁」階段，類似於 Arnstein 八階論的第六梯級。由於交流平台機制參與者

層面廣，與決策者雙方合作，相互需求，互蒙得利，過程中公民已達參與狀態，屬於 Eidsvik 公民參與的「合作」模式，類似於第六梯級範圍。過程中政府和社群納入決策，在 Cavaye 的公民及社群的參與型態中屬於「社群夥伴」關係。

　　景觀美化部分，翡管局與錫瑠環境綠化基金會的長期協力合作，輔以水源局與 NGO 團體 2013 年開始的針對集水區、水源區的溝通協調平台機制，依前述四位學者公民參與模式觀點，景觀美化公民參與模式分析結果與前述類似，可歸於公民權力層次的第六梯級「夥伴」關係。翡翠水庫環境景觀治理公民參與階梯如圖 7-9。

8		公民權力
7		（Citizen Power）
6	Arnstein夥伴關係 Irland的仲裁 Eidsvik合作模式 Cavaye社群夥伴關係	
5		象徵式參與
4		（Tokenism）
3		
2		無參與狀態
1		（Noparticipation）

圖 7-9　翡翠水庫環境景觀治理的公民參與階梯
資料來源：本研究繪製

五、教育宣導的公民參與治理

翡管局 1999 年至 2002 年與學術單位的教育宣導合作關係、水源局與非政府部門 2013 年開始的交流平台教育宣導部份，均展現公民組織高度自主與獨立性，與行政單位共享規劃和決策，屬於 Arnstein 公民參與階梯理論的夥伴關係第六階梯，此梯級屬於公民權力層次，同等於修正後的六階論權力分享第五階梯。此期間翡管局及水源局，在與臺師大或 NGO 團體協調時，均能以客觀、公正立場來裁決各方團體意見，屬於 Irland 公民參與系統的「仲裁」層級。相互需求，互蒙得利，屬於 Eidsvik 公民參與模式的「合作」模式，亦屬於 Cavaye 公民及社群的參與型態的「社群夥伴」關係。自 2002 年後，翡管局在教育宣導上，仍維持既有模式，即便過程中有說服參與者接受原計畫安排的「說服」模式或「諮商」模式產生，但教育宣導整體上仍超越「象徵式」參與，屬於「公民權力」層次，由於公民團體在教育宣導面仍未被授權，更不具主導控制地位，故而仍未達該層次更高的「授權權力」及「公民控制」梯級。前述教育宣導公民參與階梯如圖 7-10。

8		公民權力
7		（Citizen Power）
6	Arnstein夥伴關係 Irland的仲裁 Cavaye社群夥伴關係 Eidsvik合作模式	
5		象徵式參與
4		（Tokenism）
3		
2		無參與狀態
1		（Noparticipation）

圖 7-10 翡翠水庫教育宣導的公民參與階梯
資料來源：本研究繪製

貳、亢旱面的公民參與治理

　　翡翠水庫 2002 年亢旱期自 3 月 5 日呼籲節約用水及宣布節水措施起，至 7 月 9 日全面解除限水止，共計四個月零五天，民眾於此期間對亢旱作為陸續提出建議案，翡管局亦做出回應，包括採納與轉相關單位處理，亢旱時公民雖以提出意見及民意調查方式參與意見，惟議題意見未必被採納，且無法擔保公民對其關心的決策產生影響，依 Arnstein 公民參與八階梯理論，為「安撫」階段，屬於「象徵式」參與層次的第五階梯，即使修正的六階論，類似於「諮詢公眾 1」至「諮詢公眾 2」階段，仍落於「象徵式」

參與層次。由於亢旱期間，協調各方利益團體，調配水源客觀中立，不代表任何一方，減少產生的摩擦，在 Irland 的公民參與系統為「居間」階段，亦屬於「象徵式」層次。針對亢旱的抗旱計畫目標確定下，提供誘因，使公民與政府共體時艱，一同投入抗旱行列，在 Cavaye 的觀點，為「結構良好的社群參與」，仍屬於「象徵式」參與層次。較為特別的是以 Eidsvik 的五種公民參與模式觀點，其中的「合作」模式界定，民眾與決策者雙方合作，相互需求互蒙得利，民眾於過程中即屬參與狀態，若依此標準，2002年亢旱期間，公民與翡管局、北水處等互動，可歸類於於 Eidsvik 的「合作」模式，此模式已屬「公民權力」的層次。整體言之，2002年的亢旱治理公民參與層次，介於「象徵式」與「公民權力」之間。前述公民參與階梯如圖7-11。

8		公民權力 (Citizen Power)
7		
6	Eidsvik合作模式	
5	Arnstein的安撫 Cavaye 結構良好的社群參與	象徵式參與 (Tokenism)
4	Irland的居間	
3		無參與狀態 (Noparticipation)
2		
1		

圖 7-11 翡翠水庫亢旱治理公民參與階梯
資料來源：本研究繪製

第三節 翡翠水庫的跨域治理

翡翠水庫治理轄區跨及臺北市與新北市，集水區與水源區業務則擴及中央相關主管機關及地方政府主管機關，在業務治理上多涉及跨域治理型態，由於各治理構面涉及管理機構治理方向、重點的不同，跨域治理深淺即不同，本節即從本研究建構之跨域治理的互動、運作及結構等三層面模式分析之。

壹、業務面的跨域治理

以生態、水土保持、水源維護、環境景觀及教育宣導等五個構面分析比較如下：

一、生態跨域治理部分

有關生態跨域治理模式分為生態調查、棲息地維護及烏來杜鵑復育合作等三部分依互動、運作及結構等三層面分析如下：

（一）生態調查的跨域治理部分

生態跨域治理從互動面觀之，由於翡翠水庫的辦公區連同跨越不同行政區域的集水區，翡管局、臺師大生物系、農委會特生中心、臺大生物環境系統工程系等對集水區的生態調查合作，在跨域治理的三層面關係中，屬於「跨越轄區的合作」關係。運作面上，臺師大生物系、農委會特生中心及臺大生物環境系統工程系等對生態的專業性，主管機關則掌控生態調查場地的管理，彼此間由於互依性，促使跨域治理者通力合作。結構面上，翡管局隸屬臺北市政府，農委會特生中心屬於行政院農委會，傾向於「中央與地方」關係，至於臺師大與臺大等非屬於政府機關，為學術研究機構，屬於第三部門類型，翡管局將生態調查業務委託，在治理的四個類型面向

中屬於「政府機關與公民社會」關係。

（二）棲息地維護治理部分

棲息地維護治理範圍涵蓋臺北市及新北市轄區，業務主管機關遍及地方與中央，合作機構（團體）包括臺北市政府的翡管局、動保處，不同轄區的新北市政府及中央機關的水源局、林務局、保警第七總隊，以及學術機構的屏科大，互動面上屬於「跨越轄區的合作」關係。運作面上，由於臺北市、新北市及中央機關彼此間互依性，促使跨域治理之參與者的通力合作，在區域整合的認同基礎與區域政策中的協調幅度上，亦達成協力與共識。結構面上，傾向於「中央與地方」關係及「地方政府間」關係，由於政府部門將業務委託非第三部門辦理，也可歸於「政府機關與公民社會」關係。

（三）烏來杜鵑復育合作部分

翡翠水庫區域的烏來杜鵑於 1988 年由行政院農委會及經濟部會銜公告為法定珍貴稀有植物後，1992 年農委會特生中心成立後即主動進行復育工作，翡管局進行相較為晚，但於 1984 年相關文獻中已提及烏來杜鵑為瀕臨滅絕植物，二單位均對該物種的復育工作重視，1995 年翡管局亦提供復育樣區協助農委會特生中心，2000 年起翡管局大量扦插，更自 2006 年起有計畫的推動烏來杜鵑復育中程計畫，故而烏來杜鵑復育工作主要在政府部門間推動，互動面上，農委會特生中心藉由翡管局的場域提供協助，翡管局則依賴該中心的復育專業，二單位為「跨組織合作」關係，由於一為北市府，另一為中央的農委會，在運作面上屬於府際間通力合作思考模式，結構面上，一為地方，一為中央，屬於「中央與地方」關係。前述生態跨域治理模式以表 7-8 顯示。

表 7-8　翡翠水庫生態跨域治理模式

模式類型＼治理機構	主導機構（團體）	合作機構（團體）	治理模式 跨域治理		
			互動面	運作面	結構面
生態調查合作	1.翡管局 2.臺師大生物系	翡管局 臺師大生物系 農委會特生物中心 臺灣大學生物環境系統工程系	跨越轄區的合作關係	彼此間互依性，促使跨域治理之參與者的通力合作。	1.傾向於中央與地方關係 2. 政府機關與公民社會關係（政府部門將業務委託第三部門辦理）
棲息地維護治理	翡管局	翡管局 林務局 保警第七總隊 水源局 新北市政府 北市府動保處 屏科大	跨越轄區的合作關係	1. 彼此間互依性，促使跨域治理之參與者的通力合作。 2.擴大區域整合的認同基礎與區域政策中的協調幅度，達成協力與共識。	1.傾向於中央與地方關係 2.地方政府間關係 3. 政府機關與公民社會關係（政府部門將業務委託第三部門辦理）
烏來杜鵑復育合作	1.翡管局 2.農委會特生中心	農委會特生中心 翡管局	跨組織合作關係	府際間通力合作思考模式	中央與地方關係

資料來源：本研究繪製

二、水土保持跨域治理

以下就集水區造林合作、集水區崩塌地治理等二部分分析之。

（一）集水區造林跨域治理部分

集水區造林合作分別以跨域合作造林及集水區佔墾地收回復舊造林等業務細項分析如下：

1.跨域合作造林部分

翡翠水庫以跨機關合作方式造林始於 1995 年，包括臺北縣政府（2010年改制）、水源會、臺灣省林務局（1999 年改隸中央）與北水處等單位，其後又因管轄地問題，商經水源局同意自 1998-2000 年度分三年更新造林，從互動面觀之，屬於「跨組織合作」及「跨越轄區的合作」等二層面關係，又由於 2007-2009 年與財團法人時報文教基金會合作，施行補植及割草撫育等工作，屬於「公、私協力夥伴」關係。運作面上，因涉及地方與中央機關及民間基金會組織，故屬於機關間、府際間通力合作思考模式及政府部門和私人間夥伴關係，亦為地方與中央於治理期間經費配置共識問題。結構面上，屬於「中央與地方」關係及「政府機關與企業組織」關係。

2.集水區佔墾地收回復舊造林部分

翡翠水庫集水區土地二筆遭占用收回過程，分別與行政院財政部國有財產署、新北市政府城鄉局、林務局、農業局、及北市府地政局等跨域、跨機關之協調合作，從互動面觀之，為「跨組織合作」關係及「跨越轄區的合作」關係。運作面上，屬於機關間、府際間及跨域轄區的通力合作思考模式以及擴大區域整合的認同基礎與區域政策中的協調幅度。結構面上，則除了屬於「中央與地方」關係，也為「地方政府間」關係。

（二）集水區崩塌地跨域治理先例

翡翠水庫集水區崩塌土地由於涉及國有等因素，自 2005 年起與行政院農委會林務局羅東林區管理處協調，共同整治水庫集水區內國有林第四林班崩坍地，數年來翡管局與林務局均編列治理經費共同治理轄管崩坍地與水庫區其他邊坡，亦開啟臺北市政府與中央林務單位合作整治水庫崩坍地先例。從互動面觀之，屬於「跨組織」和「跨越轄區的合作」關係。運作面上，採取機關間、府際間的通力合作思考模式。結構面上則為「中央與地方」關係。

由於集水區崩塌地治理未涉及私有土地，無公民參與議題。前述翡翠水庫水土保持跨域治理模式如表 7-9 顯示。

表 7-9　翡翠水庫水土保持跨域治理模式

治理機構 / 模式 / 類型		主導機構（團體）	合作機構（團體）	治理模式		
				跨域治理		
				互動面	運作面	結構面
集水區造林合作	跨域合作造林	翡管局 水源局	翡管局 水源局 林務局 財團法人時報文教基金會	1.跨組織合作。 2.跨越轄區合作。 3.公私協力夥伴關係。	1. 機關間、府際間通力合作思考模式。 2.政府部門和私人間夥伴關係。 3. 地方與中央於治理期間經費配置共識問題。	1.中央與地方關係。 2. 政府機關與公民社會關係。
	集水區佔墾地收回復舊造林	翡管局	財政部國有財產署 新北市政府城鄉局 林務局 農業局 北市府地政局	1. 跨組織合作關係。 2.跨越轄區的合作關係。	1.採取機關間、府際間及跨域轄區的通力合作思考模式。 2. 擴大區域整合的認同基礎與區域政策中的協調幅度。	1 中央與地方關係。 2. 地方政府間關係。
集水區崩塌地治理合作先例		翡管局 水源局 林務局	翡管局 水源局 林務局	1.跨組織合作關係。 2.跨越轄區的合作關係。	採取機關間、府際間的通力合作思考模式。	中央與地方關係。

資料來源：本研究繪製

三、水源維護跨域治理

　　翡翠水庫水源維護治理主要表現在「建置公、私協力交流平台機制」、「集水區聯合稽查」、「汙水道系統合作建置」及「坪林交流道開放後水源

維護的合作防治」等面向，其中「汙水道系統合作建置」僅為翡管局與水源局合作，屬於政府自建方式，治理模式分析如下：

（一）集水區聯合稽查跨域治理部分

集水區聯合稽查從互動面觀之，翡管局、水源局與新北市政府、北水處、水源局、國道高速公路新建工程局等公部門就水源區內水土保育與重大污染案維護業務協調會，或因應蔣渭水高速公路坪林行控中心專用道開放成立的翡翠水庫集水區稽查會報，以及後續結合不同轄區政府力量共同保護水庫水質的露營區、休閒農場及養鹿場等稽查，屬於「跨越轄區的合作」關係。在運作面則包含以下三種情形：1.屬於北市府機關間、與中央府際間及與地方政府間的跨域轄區的通力合作思考模式。2.由於與中央及新北市彼此間互依性，促使跨域治理之參與者的通力合作。3. 屬於不同層級治理機關的協商治理，最後建立區域合作平台。結構面則屬於「中央與地方」及「地方政府間」的治理關係。

（二）汙水道系統合作建置跨域治理部分

為維護翡翠水庫水源所建置之汙水下水道系統，主要為坪林汙水道系統，翡管局與水源局合作，互動面上，屬於跨組織合作關係。運作面上，為府際間的通力合作思考模式，由於經費為中央、省、市三對等分擔，形成地方與中央於治理期間經費配置共識問題。結構面上，翡管局隸屬臺北市政府，水源局則隸屬經濟部水利署，一為地方一為中央，屬於中央與地方關係。2015-2017 年臺北市與中央持續投入汙水道治理經費，仍屬前述治理模式。

（三）坪林交流道開放後水源維護的跨域治理部分

坪林交流道開放後水源維護的合作防治，從互動面觀之，中央針對北宜高速公路坪林行控中心專用道開放為一般交流道，成立之共同管理協調

會報，水源局為召集單位，並委託工程顧問公司為協調會報總顧問，為公、私部門之間透過正式契約所建立的一種合作關係，除此，與臺灣環境資訊協會、坪林生態保育協會、北宜高行控中心開放為一般交流道公開意見調查推動委員會等的互動，亦為合作關係，均屬於「公、私夥伴」關係。翡管局與北水處之間合作則屬於「跨組織的合作」關係，至於翡管局、水源局、交通部國工局、交通部高公局、交通部高公局北工處坪林行控中心及新北市政府等的互動，則屬於「跨越轄區合作」關係。在運作面，以前述不同層次政府間及政府與民間團體等之運作，可歸於機關間、府際間、跨域轄區的通力合作思考模式及跨域政策議題協商治理建立區域合作平台以及構築政府部門和私人間夥伴關係。結構面則經由前述地方與中央、地方政府間、政府業務委託民間辦理、政府與民間團體資源與資訊交換形成公私夥伴模式等之互動運作觀之，涵蓋「中央與地方」、「地方政府間」、「政府機關與企業組織」及「政府機關與公民社會」等四種關係。

（四）建置公、私協力交流平台機制跨域治理部分

從互動面觀之，水源局與新店溪流域守護聯盟共同成立公、私協力交流平台，民間團體計有新店溪流域守護聯盟等計 14 個民間團體參與，雙方透過每三個月定期召開公、私協力交流會議方式，形成水源維護執行共識，公、私部門之間的合作關係並非契約關係，由於雙方共同價值願望的追尋，屬於自發性的合作行動，此種合作即屬於「公、私協力夥伴」關係。由於新店地區參與團體屬於非政府部門，運作面屬於構築政府部門和私人間夥伴關係，結構面則屬於「政府與公民社會」關係。

前述翡翠水庫水源維護跨域治理模式如表 7-10。

表 7-10　翡翠水庫水源維護跨域治理模式

治理機構模式類型	主導機構（團體）	合作機構（團體）	治理模式		
			跨域治理		
			互動面	運作面	結構面
集水區聯合稽查	翡管局、水源局	北水處、水源局、國道高速公路新建工程局、新北市政府農業局、環保局、民政局、環保署、內政部空勤總隊、警政署保警水源局小隊 民間團體：新店溪流域守護聯盟等計 14 民間團體	1.跨組織合作關係。 2.跨越轄區的合作關係。 3.公私協力夥伴關係。	1.機關間、府際間及跨域轄區的通力合作思考模式。 2.彼此間互依性，促使跨域治理之參與者的通力合作。 3. 協商治理建立區域合作平台。 4.構築政府部門和私人間夥伴關係。	1. 中央與地方關係。 2. 地方政府間關係。 3.政府機關與公民社會關係。
汙水道系統合作建置	翡管局、水源局	翡管局、水源局	跨組織合作關係。	1.府際間的通力合作思考模式。 2. 地方與中央於治理期間經費配置共識問題。	中央與地方關係。
坪林交流道開放後水源維護的合作防治	行政院環保署、水源局	學者專家、臺灣環境資訊協會、坪林生態保育協會、北宜高行控中心開放為一般交流道公開意見調查推動委員會、京	1.公私協力夥伴關係。 2.跨組織合作關係。 3.跨轄區合作關係。	1.機關間、府際間及跨域轄區的通力合作思考模式。 2.跨域政策議題協商治理建立區域合	1. 中央與地方關係。 2. 地方政府間關係。 3. 政府機關與企業組織關係。 4. 政府機

		華工程顧問(股)公司,經濟部水利署、交通部國工局、交通部高公局、交通部高公局北工處坪林行控中心、翡管局、北水處、新北市政府環保局、新北市坪林區公所、水源局		作平台。 3.構築政府部門和私人間夥伴關係。	關與公民社會關係。
建置公私協力交流平台機制	水源局	水源局與新店地區非政府部門團體	1.跨組織合作關係 2.公私協力夥伴關係	構築政府部門和私人間夥伴關係。	政府機關與公民社會關係。

資料來源:本研究繪製

四、環境景觀跨域治理

　　環境景觀的跨域治理,在集水區垃圾清除部分,從互動面觀之,垃圾清除範圍涵蓋臺北市及新北市新店、烏來、石碇、坪林、雙溪等區公所的不同行政轄區,屬於「跨越轄區的合作」關係。在運作面,藉由地方的府際間及跨域轄區的通力合作思考模式,以及建立水源局與不同區公所協力合作與整合一致功能,作為運作方式。在結構面,則屬於「中央與地方」關係。景觀美化部分,從互動面觀之,翡管局長期與錫瑠環境綠化基金會合作,進行翡管局園區的綠美化改善規劃,以及與國際扶輪社的短期合作建置「翡翠水庫導覽圖」解說牌,均屬於「跨組織的合作」關係。在運作面,為政府部門和私部門達成協力與共識並構築互動機制。在結構面,則為「政府機關與公民社會」關係。前述翡翠水庫環境景觀跨域治理模式如表 7-11。

表 7-11　翡翠水庫環境景觀跨域治理模式

機構 模式 類型	主導機構（團體）	合作機構（團體）	跨域治理模式		
			互動面	運作面	結構面
環境清潔（垃圾清除）	水源局	水源局、臺北市、新北市新店、烏來、石碇、坪林、雙溪等區公所	跨越轄區的合作關係	1.府際間及跨域轄區的通力合作思考模式。 2.政府部門建立區域上下級政府及政府的不同職能部門間協力合作與整合一致。	中央與地方關係
景觀美化	翡管局	錫瑠環境綠化基金會、國際扶輪社3520地區	跨組織合作	彼此間互依性，促使跨域治理之參與者的通力合作。	政府機關與公民社會關係

資料來源：本研究整理

五、教育宣導跨域治理

　　翡翠水庫教育宣導分為導覽解說及教材編制與活動等二部分，在導覽解說部分，分別為個人及團體參與導覽解說二種類型，在個人參與導覽解說部分，主導機關為翡管局與水源局，合作機構涵蓋學者、專家、退休人士及其他民間人士，從互動面觀之，雖共同為公共服務，但合作對象均為個人，而非部門，類似於「公、私協力夥伴」關係。運作面亦類似於構築公、私互動機制，結構面則類似於「政府機關與公民社會」關係。在團體參與導覽解說部分，主導機關為翡管局與水源局，合作機構有荒野保護協會、臺師大生物學系、國立臺灣大學植物標本館專家等，從互動面觀之，有「公、私協力夥伴」關係，運作面觀之，政府與前述機構團體彼此間互依性，促使跨域治理之參與者的通力合作，政府部門並和私部門達成協力

與共識，構築互動機制，結構面則屬於「政府機關與公民社會」關係。至於生態教材與活動部分，翡管局經由臺師大生物系教授指導，將該校生態基礎調查於 2000 年製作成「翡翠水庫環境與常見動、植物圖鑑」，水源局則於 2009 年有系統且連年辦理，水源區學校年年參與的連續性水資源教育，包括辦理水源小尖兵培育營、水生活智慧達人競賽及水資源保育教師研習等水資源教育宣導活動。互動面類似「公、私協力夥伴」關係，運作面彼此間達成協力與共識並構築互動機制，結構面則類似「政府機關與公民社會」關係，前述教育宣導模式模式如表 7-12。

表 7-12　翡翠水庫教育宣導跨域治理模式

機構 模式 類型	主導機構 （團體）	合作機構（團體）	跨域治理模式		
			互動面	運作面	結構面
個人參與導覽解說行列	翡管局 水源局	學者、專家、退休人士及其他民間人士	類似公、私協力夥伴關係	類似政府部門和私部門間協力與共識並構築互動機制。	類似政府機關與公民社會關係
團體參與導覽解說行列	翡管局 水源局	荒野保護協會 臺師大生物學系 國立臺灣大學植物標本館專家	公私協力夥伴關係	1.彼此間互依性，促使跨域治理之參與者的通力合作。 2. 政府部門和私部門達成達協力與共識並構築互動機制。	政府機關與公民社會關係
生態教材與活動	翡管局 水源局	臺師大生物學系 水源區學校	類似公私協力夥伴關係	彼此間達成達協力與共識並構築互動機制	類似政府機關與公民社會關係

資料來源：本研究整理

貳、亢旱面跨域治理

2002 年亢旱動員為北部地區歷年最大之規模，主導機關有翡管局及北水處，以及中央任務編組的「旱災中央災害應變中心」，合作機構（團體）包括中央的經濟部水利署、北區水資源局、臺灣自來水公司、中央氣象局及空軍氣象中心，臺北市政府所屬新聞處暨其他相關單位。亦涵蓋各工（公）會、法人團體、民間團體、公司行號等代表以及參與的民眾，民眾並藉由三次的民意調查表達限水意見，受影響地區並遍及臺北市、新北市及接受支援的桃園等轄區，從互動面觀之，屬於「跨組織合作」及「跨越轄區的合作」關係。運作面則呈現多種面向，包括支援石門水庫供水轄區用水的府際間及跨域轄區的通力合作思考、政府部門不同職能部門間協力合作與整合一致等方式，另由於非政府部門組織、民間團體及民眾在抗旱過程中積極參與，政府部門亦須構築與私人互動機制，而在與民間企業協調用水調配則仍展現與前不同的政府主導機制。結構面則包括「中央與地方」、「地方政府間」、「政府機關與公民社會」及「政府機關與企業組織」等四種關係。前述翡翠水庫亢旱跨域治理模式如表 7-13。

表 7-13　翡翠水庫亢旱跨域治理模式

機構　模式　類型	主導機構（團體）	合作個人、機構（團體）	跨域治理模式		
			互動面	運作面	結構面
亢旱治理	翡管局、北水處、旱災中央災害應變中心	中央單位：經濟部水利署、北區水資源局、臺水公司、中央氣象局、空軍氣象中心。 臺北市政府：翡管局、北水處、新聞處、北市府其他相關單位。 大臺北地區民間團體、公司行號配合政府節水措施。 民眾參與亢旱治理建議。	1.跨組織合作關係。 2.跨越轄區的合作關係。 3.類似協力模式	1.府際間及跨域轄區的通力合作思考模式 2 政府部門建立區域上下級政府及政府的不同職能部門間協力合作與整合一致。. 3.政府與私人構築互動機制。 4.政府主導模式。	1.中央與地方關係 2.地方政府間關係 3.政府機關與公民社會關係 4.政府機關與企業組織關係

資料來源：本研究整理

第八章 翡翠水庫與石門水庫業務治理比較

　　翡翠水庫與石門水庫目標功能雖有差異，但同為北部重要水源，且石門水庫供應民眾日常用水日益成為水庫施政重心，二水庫為供應「質優」、「量豐」原水的一切施政作為即極有比較價值。本章先就石門水庫的治理歷程做一探討，再就生態、水土保持、水源維護、環境美化及教育宣導等五個治理構面作業務治理比較，其中翡翠水庫治理模式分析部分業於第七章詳細探討，與石門水庫比較部分僅重點敘明，以下即分以石門水庫的治理歷程、翡翠水庫與石門水庫協力關係治理的比較、翡翠水庫與石門水庫公民參與治理的比較及翡翠水庫與石門水庫跨域治理的比較等四節探討。

第一節　石門水庫的業務治理歷程

　　石門水庫位於桃園市境淡水河最大支流大漢溪上，行政區跨大溪、龍潭、復興三區，1956 年 7 月開始興建，1964 年 6 月 14 日完工，興建歷時 8 年。其功能為灌溉、給水、發電、防洪及觀光，為北部地區多功能目標的大型水庫，主要供應新北市、桃園市及新竹縣湖口鄉之公共用水。以下即就石門水庫業務職掌、及其五個治理構面的業務治理歷程等分別探索。

壹、石門水庫的業務職掌

　　石門水庫隸屬於經濟部水利署北區水資源局，[1]下設石門水庫管理中心直接管理水庫，並置主任一名，其主要業務職掌包括：石門水庫運轉、水庫蓄水範圍使用管理、水文設施及警報系統維護檢查、水文觀測、觀光業務、環境綠美化、苗木培育等事項。至於集水區治理、維護等，則統由北區水資源局負責。其組織編制暨職掌如下表 8-1。

表 8-1　北區水資源局主要業務職掌

單位	主要業務職掌
計畫課	水資源開發規劃、災害緊急應變等。
品管課	工程施工品質
工務課	水資源開發監造、進度考核等。
保育課	水庫集水區治理、水源水質維護及保育、水污染防治等。
養護課	水庫及週邊工程結構物之觀測、安檢養護、水庫淤積處理、水庫安全評估等。
經管課	水資源各標的用水分配、調度、協調、仲裁、亢旱因應及農業用水等。
資產課	工程用地清查、取得、水利用地之處分、公有土地管理等。
石門水庫管理中心	石門水庫運轉、水庫蓄水範圍使用管理、水文設施及警報系統維護檢查、水文觀測、觀光業務、環境綠美化、苗木培育等事項。
寶二水庫管理中心	寶山第二水庫防洪運轉及各標的用水運用之執行、水庫蓄水範圍使用管理、集水區治理、水庫周邊工程之安全檢查及維護事項、隆恩堰及上坪堰之營運管理及維護等。

資料來源：本研究整理

貳、業務治理歷程

　　石門水庫業務治理歷程分別就生態、水土保持、水源維護、環

---

[1]　經濟部水利署北區水資源局管轄寶二水庫及石門水庫，前者位於新竹縣，後者位於桃園市，該二水庫均設有管理中心。

境景觀及教育宣導等治理構面述之如下。

一、生態治理面

石門水庫由於多功能目標，自興建完成營運至今，期望打造生態保育、環保節能之綠色生態水庫淨心園地。[2] 以下即從生態基礎調查、公民社會參與的生態保育治理及在地志工的保育巡守工作等三面向探述。

（一）生態基礎調查

石門水庫大型的陸域生態基礎調查始於 2005 年，由北區水資源局與中華大學生態環境研究中心合作，為委託服務性質。依該校 2005 年石門水庫集水區溪流生態環境情勢調查研究顯示，計有哺乳類動物 6 目 11 科 24 種；鳥類 12 目 33 科 97 種；兩生類 1 目 5 科 20 種；爬蟲類 7 科 25 種；蜻蛉目昆蟲 11 科 61 種；蝴蝶共記錄到 7 科 140 種；有關植被調查部分，共記錄到植物 111 科 482 種。其中屬於珍貴稀有保育類野生動物有 31 種，自然資源相當豐富。[3] 前述調查結果，可看出集水區生態多元，北區水資源局將調查結果應用於保育教材彙整，並由保育本土野生動植物多樣性觀點，提供北區水資源局進行集水區生態保育規劃之具體建議及生態工法設計重點建議。[4]

石門水庫隸屬的北區水資源局於莫拉克風災後，為了解集水區崩塌對生態的影響，於 2009 年陸續委託進行植生、陸域生物、濱溪植被、水域生態等生態與棲地調查分析，其中植生調查完成二季部分，期間自 2009 年 9 月至 2010 年 3 月，經調查結果計有維管束植物 67 科 138 屬 177 種。陸域

---

[2] 經濟部水利署北區水資源局（2014），石門水庫營運 50 周年特刊，104。
[3] 中華大學水域生態環境研究中心（2005）。石門水庫集水區溪流生態環境情勢調查研究，經濟部水利署北區水資源局。
[4] 經濟部北區水資源局（2005）。北區水資源局 94 年度年報，36。

生物則自 2009 年 7 月至 2010 年 5 月陸續完成四季調查，紀錄特有鳥類 36
種，二級及三級保育類 14 種，爬蟲類 9 筆。濱溪植被調查則於 2009 年 9 月
至 2010 年 3 月進行，計有維管束植物 43 科 86 屬 102 種，其中原生種 75 種。
水域生態則於匹亞溪主流樣站記錄到 7 種以上，卡拉溪上游樣站棲地環境多
樣化，下游樣站則因受豐枯水期水量變化，成為影響水域生物棲息因子。[5]

（二）棲息地保育

　　針對石門水庫集水區溪流的生態、棲地等，北區水資源局以社區總體營
造方式號召集水區溪流沿岸社區、部落與學校共同參與溪流生態監測與保育
治理工作。具體做法由國立臺灣大學漁業科學研究所，聯合國立交通大學、
中華大學、東南科技大學與濕地學會組織輔導團隊，以承接北區水資源局針
對石門水庫集水區溪流進行溪流指標生物習性調查、生態監測、移地復育及
微棲地營造等計畫方式，號召集水區溪流沿岸社區、部落與學校，以愛鄉、
愛土情懷一同參與。這項民眾參與計畫，是由居民親自參與討論及進行戶外
實際操作演練，讓社區團隊成員真正了解各種採樣方法與儀器操作，然後才
讓其獨立自主實施溪流監測工作，過程中輔導團隊亦派員在旁加以指導，真
正落實民眾參與公共事務的精神。其計畫自 2009 年起至 2015 年止，陸續推
出包括「石門水庫集水區水域指標生物習性調查及棲地營造」、「石門水庫集
水區移地復育在地民眾參與生態監測及成效評估」、「石門水庫集水區在地民
眾參與及生態保育行動」、「石門水庫自來水水質水量保護區巡守監測與管理
協勤」、「石門水庫自來水水質水量保護區巡守持續推動及管理協勤」等涵蓋

5　　林信輝（2010）。經濟部水利署 99 年 12 月 17 日石門水庫及其集水區整治計畫（99 年度）委
　　託研究成果研討會簡報結論。取自經濟部水利署網站
　　http://file.wra.gov.tw/public/Attachment/0122410421382.pdf

棲地、生態保育及巡守監測等多項類型的跨年度計畫。[6]

（三）在地志工的保育巡守工作

石門水庫的棲息地保育工作合作治理部分，除由北區水資源局員工不定期巡查外，另於 2012 年 11 月 27 日成立巡守志工隊巡守，此志工隊成員為在地居民，共同與北區水資源局擔任集水區的保育巡守，該志工隊自成立至 2015 年止，志工人數已達 99 人，分為中壢隊、百吉隊、雪霧鬧隊、玉峰隊等共 4 小隊，以在地志工參與主要用意在於愛土愛鄉之熱忱，如此，志工對於保護區之保育有更深切瞭解，並可進一步推廣至社會大眾，可彰顯集水區保育之重要性。[7] 巡守志工自 2012 年成立以來，第一年志工們巡查水庫集水區總時數即超過 1,700 個人時，查報疑似違規案件達 18 件，總計自 2012 至 2015 年止，查報違規部分，包括土砂崩塌 35 件，疑似違規 67 件。[8]

二、水土保持面

石門水庫水土保持在 2005 年，因艾莉風災產生關鍵性影響，風災使石門水庫集水區受創嚴重，致使行政院通過特別條例治理，以下即以集水區造林及崩塌地整治二項業務說明如後。

（一）集水區造林部分

石門水庫集水區面積廣闊，有關林班地治理權責，依據 2006 年訂頒的「水庫集水區保育綱要」指定由農委會林務局負責，[9] 多年

6　　同註 2，196,206。

7　　經濟部水利署北區水資源局（2016）。北區水資源局 104 年度年報，7-9,7-10。

8　　經濟部水利署北區水資源局（2015）。104 年度提升服務品質績效總報告，2。取自：經濟部水利署網站 http://file.wra.gov.tw/public/Data/611414574271.pdf.

9　　詳如第三章第二節，貳、保育綱要具體措施依據。

來石門水庫在主管單位推動下亦持續集水區造林工作。石門水庫較大規模有計畫地推動造林主要在二個期間，第一個期間自 2001 年至 2005 年，由農委會林務局在該地區造林 237 公頃，[10] 第二個則自 2006 年執行「石門水庫及其集水區整治計畫」，[11] 計畫中有關造林內容包括國、公有土地停止放租，限期收回造林，水庫集水區國有林班地違約租地造林地回收，主要針對超限利用部分，[12] 該項造林部分執行至 2009 年止，三年累計完成造林 134.7369 公頃，造林範圍多以復興、尖石等二鄉為主，以 2009 年為例，完成造林的 75 筆，復興鄉即佔 73 筆最多，其次則為尖石鄉的 2 筆。[13]

（二）崩塌地整治

石門水庫自完工後至今，集水區的崩塌地整治主要分成三個階段，[14] 執行至第三階段即因艾莉風災，政府復啟動「石門水庫及其集水區整治計畫」接續前述第三階段，述之如下：

1.三階段治理計畫

第一階段二十年（1972-1991）治理計畫

該計畫緣由在於 1963 年 9 月「葛樂禮」颱風襲臺致石門水庫集水區

---

[10] 行政院農委會（2005）。石門水庫集水區農委會依據行政院分工原則積極治理，取自：經濟部水利署網站 http://file.wra.gov.tw/public/Attachment/04291574161.

[11] 該計畫依據立法院 2006 年 1 月 13 日通過之「石門水庫及其集水區整治特別條例」第三條研擬。

[12] 依據水土保持法施行細則第 26 條規定，所謂超限利用，乃在宜林地或加強保育地之山坡地上，從事農、漁、牧業之墾殖、經營或使用。取自：全國法規資料庫 http://law.moj.gov.tw/LawClass/LawAll.aspx?PCode=M0110002.

[13] 經濟部水利署（2009）。石門水庫及其集水區整治計畫（95~98 年度）執行成果。取自：經濟部水利署網站 http://file.wra.gov.tw/public/Attachment/04291574161.pdf.

[14] 同註 2，172-174。

多處崩塌，水庫嚴重淤積，已嚴重影響水庫壽命及運轉功能。為有效治理崩塌的集水區，當時由中央及省屬各權責機關，跨組織的規畫「石門水庫集水區治理二十年計畫」於 1968 年開始成形，並自 1972 年起分四期治理，迄 1991 年共投資約 11 億元，水庫年平均淤積量在治理後亦已降至 167.5 萬立方公尺，僅為治理前平均淤積量之 42%。

第二階段治理（1992-2003 年）

第二階段治理計畫於 1990 年擬定，仍屬中央及省屬各權責機關跨組織性質的治理規劃，期間為 1992-2003 年。計畫內容包含農路水土保持、崩塌地處理、防砂壩處理、溪流整治、道路水土保持、大型崩塌地個案調查研究、以及工程維護管理等等，經費約 16.8 億元。執行至 2004 年 3 月，水庫年平均淤積量再降至 137 萬立方公尺。

第三階段治理（2004-2015）

「石門水庫集水區治理第三階段計畫」原預定於 2004 年開始辦理，主要工作內容分為農地水土保持、道路水土保持、崩塌地處理、溪流整治、興建防砂壩及林業經營等，後因 2004 年艾利颱風來襲，帶來超大雨量（單日降下 973 毫米 ）遠超過水庫集水區之負荷能力，集水區部分地區嚴重崩塌，面積達 265.1 公頃以上，加以 2001-2006 年期間包括桃芝、納莉、海棠、瑪莎等颱風相繼來襲，連同艾利風災，引發集水區嚴重土砂災害，大量泥砂流入水庫，原有第三階段計畫須分二期執行至 2015 年，所需經費約 25 億元。

2.平行治理計畫（2006-2017）

前述第三階段計畫實施期間，部分執行項目屬於原計畫第三階段第二期，部分則改由「石門水庫及其集水區整治計畫」接續平行辦理，執行單位為中央機關各部會與地方政府，並由經濟部成立「石門水庫及其集水區

整治推動小組」辦理計畫之審查、督導、管制考核、政策協調及研究發展與人才培訓等事項；另推動小組下亦設置「工作小組」協助辦理上開相關工作事宜，小組成員由中央各部會、地方政府及相關專家學者共同組成。

　　平行計畫實施期程原為 2006-2011 年，分二階段共編列 250 億元實施，第一階段計畫自 2006-2009 年，整治經費 139.7 億元，第二階段為2009-2011 年結束，整治經費約 110.3 億元， 執行期間配合實際需要多次滾動檢討修正，其後在經費不變下，又將執行期間修正至 2017 年，[15] 分別由北區水資源局及行政院農委會水土保持局、林務局、公務局以及縣府等共同治理。自艾利風災後，北區水資源局配合行政院推動「石門水庫及其集水區整治計畫」，在整治推動上設有相關專家學者及民間參與協調協商機制，並由經濟部於 2009 年 5 月 15 日發布「石門水庫及其集水區整治計畫民眾參與注意事項」，以法令落實民眾參與，使工程於規劃階段即可依法令邀集當地民眾及其他相關團體辦理地方說明會，[16]其後即落實在該項計畫執行成果檢討座談會上，包括邀集桃園縣環境保護協會、水患治理監督聯盟、臺灣原住民族政策協會、新北市鶯歌河川巡守隊等民間關懷團體及在地人士，亦包括學術機構的臺師大環境教育所、交通大學土木系、成功大學水利及海洋工程系、明新科技大學土木工程與環境資源管理系、中興大學及中山大學等，以及中興工程

---

[15]　經濟部水利署北區水資源局（2017）。石門水庫及其集水區整治計畫現階段執行成果，取自：經濟部水利署北區水資源局網站
http://www.wranb.gov.tw/ct.asp?xItem=5924&ctNode=321&mp=5.

[16]　依 2009 年 5 月 15 日訂定之「石門水庫及其集水區整治計畫民眾參與注意事項」規定：執行機關辦理規劃設計、現場勘查及委辦案審查會、公聽會、說明會、研討會、座談會等相關會議，應於機關網站上公告接受民眾參與。取自：經濟部水利署網站
http://wralaw.wra.gov.tw/wralawgip/cp.jsp?lawId=402886812161e32f0121623408080005.

顧問公司，參與者層面廣，且在當時可說是立下國內政府政策與民眾參與的創舉。

> 石門水庫集水區的治理，有個很特別的地方，上游工程在規劃時，會參考採納外面的意見，包括環保團體、學者專家還有在地民眾等，都有固定勘查及會議機制讓他們提出意見。（R6）

該項計畫有關集水區整治保育崩塌地處理執行，遍及尖石及復興，成效類型包括護岸整治 1,159 公尺、坡面植生 36,776 平方公尺、土石籠或石籠 1,066 公尺、排水溝或導流溝 4,390 公尺、基礎補強 307.5 公尺及固床工座 1 座等成果。[17]

三、水源維護面

水源維護面，主要在與其他政府機關合作及結合民間成立巡守志工隊等二部分，說明如下：

（一）與其他政府機關合作

為加強集水區管理維護，遏止破壞水土、濫墾濫伐及隨意傾倒土石及垃圾等情事，自 2006 年至 2011 年，北區水資源局制定「水庫蓄水範圍及保護帶加強管理巡查計畫」，合作機關為復興鄉及尖石鄉公所，除 2006 年完成巡查執行計畫核定及巡查人員招募、講習外，2007 年 1 月開始巡查至 2011 年 12 月，累積巡查計 5,959 人次，已查報濫倒垃圾 64 件、棄置土方 31 件、濫伐 15 件、擅自開墾 30 件、新增崩塌地 59 件、違規岸邊捕魚或垂釣 208 件、未經許可行駛船筏 39 件、違建及其他違規 6 件。[18]

---

[17] 經濟部水利署北區水資源局（2011）。北區水資源局 99 年度年報，96。
[18] 經濟部水利署北區水資源局（2012）。北區水資源局 100 年度年報，2-9,2-10。

　　北區水資源局蓄水範圍執法主要法源依據為「水利法」、「水庫蓄水範圍使用管理辦法」及「石門水庫蓄水範圍違規事件處理程序表」等，合作機關為內政部警政署保安警察總隊，[19] 北區水資源局在前述法規依據下與保警總隊負起蓄水範圍水域巡查工作。2015 年度石門水庫蓄水範圍合計查獲違規事件 21 件（違規勸導 6 件，水利法裁罰 15 件）其中違規釣魚 17 件，戲水 1 件，使用未經申請許可之船筏 3 件。[20]

　　（二）結合民間成立巡守志工隊

　　該局在水源維護的作法上，亦與當地民眾合作，具體作法為 2012 年成立巡守志工隊，包括學校教師、村里長或部落（社區）居民、環保團體、熱心民間團體及民眾成立的保護區保育巡守隊等，經由北區水資源局完成「保護區巡守志工之教育訓練」後投入各區域巡守行列，依不同區域成立有玉峰、中壢、百吉、雪霧鬧、樂山等中隊，執行事項涵蓋崩塌地提報、違規釣魚、公廁、清掃及周邊垃圾撿拾、竹林雜枝物堵塞、水溝整地種植墾地及違建濫墾等情事之舉報處理等。結合在地居民加入保育巡守志工行列，至 2015 年為止，志工人數已達 99 人。[21]

四、環境景觀面

　　石門水庫由於開放觀光，環境清潔與景觀美化的效果，首入遊客眼簾，向為管理機構推動重點，探討如下：

　　（一）環境清潔部分

　　由於石門水庫風景區幅員遼闊，清潔維護工作繁雜，目前園區

---

[19]　2009 年合作機關為保五總隊，2016 年為保七總隊。
[20]　同註 7，10-12。
[21]　同註 7，7-9,7-10。

內包括票站 4 座、道路 18 公里、涼亭 30 餘座、公廁 19 座及環翠樓、依山閣及辦公大樓等均為清潔維護的項目，顧及現有人力，目前委外由民間業者辦理，石門水庫管理中心則負檢查督導之責，以派專人隨時檢查並督導承商方式進行。[22] 風景區清除的垃圾量由於主客觀因素，難有明確數字，但根據行政院環保署 2009 年資料，復興鄉有一垃圾掩埋場，面積為 2 公頃，每日處理量約 25～30 公噸，在觀光季節期間最高可達 35 公噸，1981 年開始運作至 2005 年 7 月停止掩埋。掩埋場後由環保署補助興建焚化爐，每日清運垃圾約 7～8 公噸，[23] 以扣除國定假日計算，一年換算清運量約 2000 公噸。

（二）景觀美化部分

園區景觀維護美化部分，主要為改善園區遊園步道、周邊環境綠美化、排水及安全設施等，多半為委託技術服務方式，自 2011 年起至 2016 年止，均經由勞務採購發包與民間業者。另為運用民間社團資源參與環境美化，解決政府經費有限問題，北區水資源局亦依據「國有公用財產無償提供使用之原則」，自 2012 年起在不出具使用權同意書之前提下，得無償提供政府機關（構）、法人或非法人團體以認養方式施以綠美化，並訂定契約，有關石門水庫範圍部分，土地提供政府機關（構）、法人或非法人團體等計 12 個使用單位，合計 12 案；247 筆國有土地，均作為綠美化、生態環境維護及設施

---

[22] 經濟部水利署北區水資源局（2015）。北區水資電局 103 年度年報，10-13。
[23] 行政院環保署（2009），石門水庫水質治理方案。取自：
http://140.124.61.21/reservoir/paper/09.pdf.

改善等使用。[24] 經多年治理後，在以環境保育及觀光遊憩兩大核心價值為發展主軸下，石門水庫景觀包括下列主要區塊：[25]

1.水庫設施

石門水庫水利工程設施包含大壩及位於石門水庫大壩下游左側的發電系統、設於石門大壩溢洪道左岸的排砂隧道，另有位於石門大壩下游約 1.4 公里處的後池及後池堰、石門水庫內的石門大圳進水口與後池堰左岸的桃園大圳進水口等。

2.公園區

包括公園、步道及大草原如下：

（1）槭林公園及步道區

位於中線山坡上，區域內種植楓、槭等落葉紅木，高大樹群下，步道蜿蜒其內，適合悠閒漫步或健行，為北臺灣賞楓觀槭之首選地點。

（2）溪洲公園步道區

溪洲公園園區內景緻涵蓋廣闊的休憩草地，並有蓮花池、情人橋、文亭、心亭、傘亭等雅致亭臺，是石門水庫內舉辦團康活動或親子野遊之良好空間。溪洲公園由於自然生態豐富，同時是賞鳥的好地點。

（3）坪林公園

坪林公園位於坪林收費站及入園停車場之右側腹地，內設大型三層涼亭供遊客休憩，鄰接後池堰橋可通往對岸，沿途飽覽水庫山光水色。坪林公園旁步道側卵石牆面彩繪繽紛，頗具特色。

---

[24] 使用單位包括桃園市政府、綠色陣線協會、交通部公路總局、桃園市溪州農村觀光推展協會、桃園市龍潭區公公所、國際扶輪社 3500 地區桃園分區福興扶輪社、碧蘿村企業社、桃園市復興區公所、國際獅子會台灣總會台灣省第十聯合會、桃園市政府水務局、台日文化經濟協會、桃園市溪州農村觀光推展協會等。經濟部水利署北區水資源局（2015）。104 年度提升服務品質績效總報告，13-15。

[25] 同註 2，106-111。分類標題由著者另加。

（4）石門大草原

石門大草原位於北苑，開闊的綠色草原兩旁樹木林立，瀰漫自然空曠的幽靜氣息，為極佳之休憩場所，同時是舉辦團康活動或親子野餐的絕佳場地。

3.生態園區

包括南苑及阿姆坪二處如下：

（1）石門水庫南苑生態園區

屬於綠色環保生態園區，將生態與綠能融入設計當中，整體配置以大草原為中心，於外圍設計內環及外環兩條環區步道。部分步道採用石門水庫淤泥替代砂石，和水泥依比例拌合鋪築而成，以達到環保、減少環境破壞及節省公帑之功效。園區內尚有一座超過 50 年歷史建築的五彩噴泉區的涼亭，屬於自他處吊置於本園區之建物，為園區內最重要之歷史景觀。

（2）阿姆坪生態園區

阿姆坪生態園區為結合遊艇、登山步道、社區公園、湖畔景觀的多元休閒度假中心，設有碼頭，提供遊客欣賞石門水庫最廣闊的水域景觀。

石門水庫經多年努力，環境上呈現了前述不同景觀區塊，確實打造了生態保育、環保節能之綠色生態水庫淨心園地，提供每位到訪遊客知性、感性及休閒性兼具之深度旅遊的目標。

五、教育宣導面

教育宣導面過程主要集中在與第三部門合作及納入民眾參與志工行列等二部分，述之如下：

（一）與第三部門合作

石門水庫的教育宣導與民間合作部分為導覽解說業務，石門水庫最早招訓志工擔任導覽人員是在 2002 年，當時北區水資源局與在地的「桃園縣龍潭鄉導覽協會」合作，開辦「龍潭鄉文化導覽種

籽培訓營」，招訓 80 位具有導覽經驗的社團成員，經過 3 天共計 24 小時的水庫專業課程，錄取 40 名學員成立「北區水資源局石門水庫導覽解說人員」，展開石門水庫假日定時導覽服務，及非假日接受機關團體、學校預約導覽服務。

（二）民眾參與志工行列

北區水資源局於 2004 年依上級機關要求善用民間資源，並提供民眾參與水利公共事業之機會，將原有導覽解說人員改組成立為「經濟部水利署北區水資源局珍水志工服務隊」。珍水志工每周例假日定時、定點協助機關服務園區遊客了解石門水庫重要工程設施、自然生態及水資源宣導工作，也接受政府機關及民間社團於非假日申請預約導覽。該局珍水志工每年並獲經濟部表揚成績斐然，亦顯示珍水志工對於機關宣導工作的貢獻得到高度的肯定。珍水志工人員多以當地龍潭鄉民為主，有退休教師、公務人員、家庭主婦及現職公務人員與各階層社會人士，目前亦有來自桃園市熱心人士參與珍水志工隊，該隊成立後，志工老師除進行導覽與遊客諮詢服務，每年亦協助北區水資源局至集水區復興鄉及尖石鄉進行各國中、小學愛護水資源及水土保持宣導工作，該局大型活動亦由珍水志工協助進行。

珍水志工在 2015 年服勤人數 403 人次、共 1,919 小時，服務解說團體 109 場、5 千餘人。[26]自 2011 年起至今，珍水志工總計服務 639 個團體、派出 1,983 人次志工接待來自各地參訪團體與民眾，協助機關接待參訪人數達 3 萬 5,432 人次。[27] 至於民眾其他參與部分，顯示於所舉辦的生態教育工作坊、研討會、教材推廣等多元化教育宣導活動，建立與在地

---

[26] 同註 7，10-7。

[27] 北區水資源局石門水庫管理中心（2016）。「珍水愛水護水-石門水庫珍水志工」，水利署電子報，取自：水利署電子報網站
http://epaper.wra.gov.tw/Article_Detail.aspx?s=1A3EDEA0CC7515DD.

居民、生態保育專家之協商機制，自 2011 年 6 月國內開始實施環境教育以來，至 2015 年底石門水庫的環境教育共計有 124 梯次，6,277 人次參與。[28]

　　經由前述生態、水土保持、水源維護、環境及教育宣導等五個構面推動過程，可看出石門水庫五個構面的合作治理情形如表 8-2 顯示。

表 8-2　石門水庫五個治理構面的合作情形

合作構面	業務類型	合作方式	合作對象	合作效益
生態治理	生態基礎調查	委託	學術機構 生態顧問公司	提供北區水資源局進行集水區生態保育規劃之具體建議及生態工法設計重點建議，並應用於保育教材。
	棲息地保育	民眾及學校參與	集水區溪流沿岸社區居民、部落與學校	落實民眾參與公共事務的精神。
		民眾參與	在地居民	在地居民成為志工，對於保護區之保育有更深切瞭解，並可進一步推廣至社會大眾。
水土保持治理	集水區造林	政府治理	農委會林務局主導	涵養水土
	崩塌地治理	跨組織、民眾參與	中央及省屬機關、其他相關機關、在地居民	立下政府政策與民眾同參與的創舉。
水源維護治理	水源區汙染案件稽查	跨組織、民眾參與	中央機關、鄉公所、在地居民	轄區鄉公所與在地志工對於保護區之保育有更深切瞭解，更進一步推廣至社會大眾。
環境治理	垃圾清除及景觀規劃	委外、民眾參與	業者、民間社團	垃圾清除委外，景觀規劃則運用民間社團資源參與環境美化，無償以

[28]　北區水資源局（2014）。北區水資源局 102 年報，11-2。北區水資源局（2014）。北區水資源局 103 年報，11-1。北區水資源局（2016）。北區水資源局 104 年報，11-4。

				土地提供法人或非法人團體，訂定契約以認養方式施以綠美化。
教宣治理	導覽解說	民眾參與	在地居民為主	建立與在地居民、生態保育專家之協商機制。

資料來源：本研究整理

第二節　翡翠水庫與石門水庫協力關係治理的比較

　　翡翠水庫與石門水庫集水區範圍廣闊，均涵蓋數個行政轄區，業務主管單位亦包括中央與地方層級，層級之間的業務、功能和疆界相接及重疊，須藉由公部門、私部門以及第三部門的結合，透過協力、社區參與、公、私合夥或契約等聯合方式，以解決問題，以下即從協力關係角度，就五個治理構面作比較。

壹、生態治理協力關係比較

　　有關生態治理協力關係比較部分，將就生態基礎調查、棲息地保育等二項業務分析比較之。

一、生態基礎調查部分

　　翡翠與石門生態基礎調查部分，以下分就經費提供與服務輸送下之類型及協調類型等二模式比較：

　　（一）生態基礎調查經費提供與服務輸送下之類型模式比較

　　翡翠水庫生態基礎調查協力關係與石門水庫稍有差異，前者1999年至2002年由臺師大主動發起、推動，基於理念相同，翡管局同意與臺師大合作，且推動初期除簽訂協議外，並無公務經費挹注，雙方相互提供經費以

外資源，經費提供與服務輸送的類型模式上屬於「合作模式」，2003 年後則屬於招標委託的公、私協力關係。至於石門水庫部分，由北區水資源局以預算經費委託學術機構，並將調查結果應用於保育教材彙整，亦提供北區水資源局進行集水區生態保育規劃之具體建議及生態工法設計重點建議，經費提供與服務輸送均為政府部門，類型主要為「政府主導」與翡翠水庫不同。

（二）生態基礎調查協調類型模式比較

翡翠水庫生態基礎調查可分成 1999 至 2002 年及 2003 年至今的二個階段，以基礎關係、依賴程度、交換媒介、衝突解決和協調手段及文化淵源等五特徵觀之，前階段偏向於「網絡」模式，後階段則偏向「科層」模式，同時顯示部分「市場」模式。石門水庫部分，以北區水資源局單方需求，並以招標方式與學術機構作為雙方協力重點，故在 Rhodes 的五種協調機制特徵中，基礎關係顯示為委託學術機構的雇傭關係，依賴程度並非相互依賴，交換媒介主要為市場價格及部分的科層權威，衝突解決和協調手段取決於以科層模式的規則命令為主，市場模式的價格競爭說服為輔，文化淵源表現於部分市場競爭及部分科層服從，故其表現出較明顯的科層模式，並顯示出部分的市場模式，故與翡翠水庫不同，後階段自 2003 年起二水庫則呈現相同的治理模式。翡翠水庫與石門水庫生態基礎調查關係模式及協力模式比較如表 8-3。

表 8-3　　翡翠水庫與石門水庫生態基礎調查關係模式及協力模式比較

經費服務與協調類型特徵		翡翠水庫		石門水庫
		1999-2002	2003-今	
功能暨關係模式	經費提供	政府部門	無第三部門的公私協力關係	無第三部門的公私協力關係
	服務輸送	政府及第三部門		
	關係模式	合作		
類型暨協力模式	基礎關係	資源交換	委託雇傭	委託雇傭
	依賴程度	相互依賴	單方依賴	單方依賴
	交換媒介	信任	部分權威部分價格	部分權威部分價格
	衝突解決和協調手段	平等對話	以規則命令為主，價格競爭說服為輔	以規則命令為主，價格競爭說服為輔
	文化淵源	共享互惠	部分競爭部分服從	部分競爭部分服從
	協力模式	網絡	科層模式為主，市場模式為輔	科層模式為主，市場模式為輔

資料來源：本研究整理

二、棲息地保育

　　以下即以協力關係之經費提供與服務輸送下之類型模式及協調類型模式比較之。

　　（一）棲息地保育經費提供與服務輸送下之類型模式比較

　　翡翠水庫與石門水庫推動棲息地保育模式相同，翡管局以編列預算方式維護棲息地保育，即使推動烏來杜鵑復育亦復如此，同時用於集水區治理，亦與相關參與機構人員共同運用於教育宣導，不論研究監測或結果的運用，服務輸送者除翡管局外，亦包含其他學術機構在內，故而經費提供雖為政府部門，但服務輸送則為雙方，其類型模式偏向於「合作」模式。北區水資源局以社區總體營造方式號召集水區溪流沿岸社區、部落與學校

共同參與溪流生態監測與保育治理工作，經費雖為政府預算，但服務功能由雙方合作，經費提供與服務輸送的類型模式仍偏於「合作」模式。

（二）棲息地保育協調類型模式比較

棲息地保育在翡翠水庫部分，翡管局提供場地，屏科大則提供專業，資源相互交換，雙方相互配合、相互依存，並以信任為溝通載具，彼此平等對話以及互惠的文化特性等，其協力模式依基礎關係、依賴程度、交換媒介、衝突解決和協調手段及文化淵源等五個特徵觀之較偏於「網絡」模式。石門水庫協調機制的五個特徵顯示，基礎關係是由北區水資源局與相關學術機構、濕地學會組織等，相互交換資源，屬於相互依賴程度，其交換媒介並非價格或權威，而是相互信任，衝突解決和協調手段取決於對話及彼此關係，文化淵源表現於互惠，前述五個協調機制特徵顯示，石門水庫的棲息地保育治理與翡翠水庫相同，均偏於「網絡」模式。翡翠水庫與石門水庫棲息地保育關係模式及協力模式如表 8-4。

表 8-4　翡翠水庫與石門水庫棲息地保育關係模式及協力模式比較

經費服務與協調類型特徵		翡翠水庫	石門水庫
功能暨關係模式	經費提供	政府部門	政府部門
	服務輸送	政府及第三部門	政府及第三部門
	關係模式	合作	合作
類型暨協力模式	基礎關係	資源交換	資源交換
	依賴程度	相互依賴	相互依賴
	交換媒介	信任	信任
	衝突解決和協調手段	平等對話	對話、關係
	文化淵源	互惠	互惠
	協力模式	網絡	網絡

資料來源：本研究整理

貳、水土保持治理協力關係比較

水土保持治理協力關係部分以集水區造林及集水區崩塌地處理等二項目比較之。

一、集水區造林協力關係比較部分

集水區造林協力關係比較如下：

（一）政府治理階段

翡翠水庫水土保持治理的集水區造林在 1995 年至 2003 年期間，主要為政府治理層面，集水區造林項目共同治理涵蓋翡管局，及改制前的臺北縣政府、臺灣省林務局及水源會、北水處等單位，屬於府際及地方政府層次。石門水庫集水區造林則出現於 2005 年前，由農委會林務局在該地區推動，屬於政府治理層次，二水庫集水區造林均為「政府」治理，模式時期頗為相近。

（二）與第三部門合作

二種類型模式比較如下：

（1）集水區造林合作經費提供與服務輸送之類型模式比較

翡翠水庫集水區造林合作，有第三部門參與推動始於 2007 年，自 2007-2009 年由財團法人時報文教基金會協助造林工作，除由翡管局以預算支應外，並由該基金會另補助經費，雙方共提經費由翡管局執行，可歸為政府與第三部門關係之「合作」模式。石門水庫部分，則自 2009 年 5 月起由北區水資源局依據經濟部發布之「石門水庫及其集水區整治計畫民眾參與注意事項」，將民間團體及在地民眾等納入治理意見提供對象，治理經費雖由政府部門支應，服務輸送則包括前述民間團體及在地民眾，其政府與第三部門關係可歸於「合作」模式。

（2）集水區造林之協調類型模式比較

翡翠水庫集水區造林自 2007 年起，翡管局與時報文教基金會彼此合作、相互提供經費及造林場域，顯示出資源互換特徵，彼此能提供不同資源，互不隸屬，合作造林互動仍以信任為主，以對話、關係等為解決衝突和協調方式，公、私之間均顯示互惠精神，依基礎關係、依賴程度、交換媒介、衝突解決和協調手段及文化淵源等五個特徵，可將之歸為「網絡」模式。石門水庫其協力關係自 2009 年制定「石門水庫及其集水區整治計畫民眾參與注意事項」，其協調機制顯示特徵如下：包括基礎關係屬於政府提供經費，非政府機關團體以及在地民眾提供意見與人力的資源交換，各行動者相互配合、相互依存，依賴程度屬於相互依賴，交換媒介並非市場價格或科層權威，而是彼此信任，衝突解決和協調手段屬於平等對話，文化淵源表現於相互間之互惠，前述五種機制特徵顯示其治理協力模式偏於「網絡」模式層次。二座水庫差異在於翡翠水庫網絡模式集中於 2007-2009 年與財團法人時報文教基金會合作期間，其他期間則屬政府治理，石門水庫則自 2009 年起即屬於網絡模式。翡翠水庫與石門水庫集水區造林關係模式及協力模式比較如表 8-5。

表 8-5　翡翠水庫與石門水庫集水區造林關係模式及協力模式比較

經費服務與協調類型特徵		翡翠水庫		石門水庫	
		2003 前及 2010 年後	2007-2009	2005 前	2009-今
功能暨關係模式	經費提供	政府治理	政府及第三部門	政府治理	政府部門
	服務輸送		政府部門		政府部門、第三部門、在地民眾
	關係模式		合作		合作

類型暨協力模式	基礎關係		資源交換		資源交換
	依賴程度		相互依賴		相互依賴
	交換媒介		信任		信任
	衝突解決和協調手段		平等對話		平等對話
	文化淵源		互惠		互惠
	協力模式		網絡		網絡

資料來源：本研究整理

二、集水區崩塌地處理協力關係部分

集水區崩塌地處理協力關係比較如下：

（一）政府治理階段

翡翠水庫集水區土地多涉及國有，2005年起翡管局與農委會林務局共同合作整治，雙方均編列預算直至2008年止，由於合作成員均為政府機關，且為地方與中央，故屬於府際層次的「政府治理」模式。石門水庫崩塌地處理，納入1972年起至2003年止長達30年的二階段整治計畫，當時整治計畫均為政府部門，分由中央及省屬各權責機關辦理，屬於府際間的「政府治理」模式。

（二）與第三部門及民間團體等合作階段

其協力關係的類型模式比較如下：

（1）集水區崩塌地經費提供與服務輸送下之類型模式比較

翡翠水庫的集水區崩塌地處理並未與第三部門合作，僅顯示於「政府治理」模式。石門水庫部分則自艾利風災後，北區水資源局配合行政院推動「石門水庫及其集水區整治計畫」，在整治推動上設有相關專家學者及民間參與協調協商機制，由於參與涵蓋面擴及非政府機關的團體以及在地民

眾，經費面雖由政府編列，但在服務功能面則屬於合作形式，整體言之，經費提供與服務輸送的類型模式仍可歸於「合作」模式。

（2）集水區崩塌地治理之協調類型模式比較

同前述，翡翠水庫的集水區崩塌地處理並未與第三部門合作，僅顯示於「政府治理」模式。石門水庫部分，崩塌地處理則依附於「石門水庫及其集水區整治計畫」，自開始實施後，即將非政府機關團體、民眾等納入，故與前述類型模式分析相同，依基礎關係、依賴程度、交換媒介、衝突解決和協調手段及文化淵源等五特徵分析，集水區崩塌地治理之協調類型模式較偏於「網絡」模式。

翡翠與石門二水庫在 2009 年前推動水土保持治理模式類似，但自 2009 年起，石門水庫因颱風的嚴重侵害事件後，由特別條例的法制面，直接規範與非政府機關團體及在地民眾的合作治理，二水庫模式明顯不同。翡翠水庫與石門水庫集水區崩塌地治理關係模式及協力模式比較如表 8-6。

表 8-6　翡翠水庫與石門水庫集水區崩塌地治理關係模式及協力模式比較

經費服務與協調類型特徵		翡翠水庫	石門水庫	
			2009 年前	（2009 年將民眾參與法制化）
功能暨關係模式	經費提供	政府治理	政府治理	政府部門
	服務輸送			政府部門、第三部門、在地民眾
	關係模式			合作
類型暨協力模式	基礎關係			資源交換
	依賴程度			相互依賴
	交換媒介			信任
	衝突解決和協調手段			平等對話
	文化淵源			互惠
	協力模式			網絡

資料來源：本研究整理

參、水源維護治理協力關係比較

包括聯合稽查、汙水系統建置及坪林交流道開放後水源維護防治、公私協力平台機制等四項業務分二部分就其協力關係比較如下：

一、聯合稽查及汙水系統建置等協力關係

翡翠水庫水源維護治理，其中的聯合稽查及汙水系統建置，均屬於「政府治理」模式。石門水庫汙水系統建置與翡翠水庫相同，可歸類於「政府治理」模式，至於聯合稽查部分，石門水庫的巡查依據北區水資源局制定「水庫蓄水範圍及保護帶加強管理巡查計畫」，與復興鄉及尖石鄉公所合作，亦屬於「政府治理」模式，與翡翠水庫相同。

二、坪林交流道開放後水源維護防治及公、私協力平台機制等協力關係

有關坪林交流道開放後水源維護防治及公、私協力平台機制等二項業務的協力關係比較如下：

1.經費提供與服務輸送下之類型模式比較

翡翠水庫集水區水源維護治理，有關坪林交流道開放後水源維護的合作防治及建置公、私協力平台機制等二項，均與第三部門合作，前者除非政府組織外，復以公投方式體現坪林民意，經費為政府預算，服務輸送則屬於政府與第三部門合作，故而其類型模式偏向於「合作」模式，後者則納入非政府組織參與。石門水庫部分，則自 2012 年開始成立巡守志工隊，參與民眾及團體性質涵蓋第三部門，北區水資源局提供訓練經費、師資，由學校教師、村里長或部落（社區）居民、環保團體、熱心民間團體及民眾等提供意見及執行巡守服務等，亦偏向於與第三部門的「合作」模式。

2.協調類型模式比較

　　翡翠水庫集水區水源維護治理有關坪林交流道開放後水源維護防治及公、私協力平台機制等協力關係部分，參與的各個機關、第三部門、民間團體及在地鄉民等，其協力關係，依基礎關係、依賴程度、交換媒介、衝突解決和協調手段及文化淵源等五項協調特徵，展現治理的「網絡」模式。石門水庫部分，受到 2009 年訂定之「石門水庫及其集水區整治計畫民眾參與注意事項」影響，自 2012 年起成立巡守隊，彼此協力關係落實，顯示於五項協調特徵，包括屬於資源交換的基礎關係、相互依賴程度，彼此交換媒介亦非市場價格與科層權威，而是相互信任，以對話及和諧關係化解彼此衝突，文化淵源則表現於彼此間之互惠，前述協調特徵顯示其關係屬於「網絡」模式。前述分析，翡翠水庫集水區水源維護治理與石門水庫相同，部分均納入民眾及第三部門組織。翡翠水庫與石門水庫水源維護關係模式及協力模式比較如表8-7。

表 8-7　翡翠水庫與石門水庫水源維護關係模式及協力模式比較

經費服務與協調類型特徵		翡翠水庫		石門水庫	
		聯合稽查及汙水系統建置	坪林交流道開放後水源維護防治及建置公私協力平台機制	集水區稽查(2011前)汙水系統建置	集水區稽查(2012-今)
功能暨關係模式	經費提供	政府治理	政府部門	政府治理	政府部門
	服務輸送		政府與第三部門		第三部門
	關係模式		合作		合作
類型暨協力模	基礎關係		資源交換		資源交換
	依賴程度		相互依賴		相互依賴
	交換媒介		信任		信任

式	衝突解決和協調手段		平等對話		平等對話
	文化淵源		共享互惠		共享互惠
	協力模式		網絡		網絡

資料來源：本研究整理

肆、環境景觀治理協力關係比較

以下分就環境清潔（垃圾清除）及景觀美化二項業務協力關係比較。

一、環境清潔（垃圾清除）

翡翠與石門二水庫協力關係比較如下：

1.政府治理

翡翠水庫集水區 1988 年至 2013 年執行的垃圾清除，由水源局直接或委由五鄉公所處理，屬於府際治理層次的「政府治理」模式。石門水庫有關環境清潔工作，主要以發包方式委由一般廠商清理，非屬政府治理模式，亦非屬與第三部門關係，應可歸於與一般廠商協力的「公、私協力」關係，與翡翠水庫不同。

2.與第三部門合作

其協力關係如下：

（1）經費提供與服務輸送類型模式

翡翠水庫治理自 2013 年起，由水源局建置公、私協力平台後，已使翡翠水庫垃圾清除業務，多了民眾的意見參與，經費由政府編列，服務輸送則由彼此提供，經費提供與服務輸送類型可歸於「合作」模式。石門水庫部分，則自 2009 年訂頒的「石門水庫及其集水區整治計畫民眾參與注意事

項」，自執行機關辦理規劃設計、現場勘查及委辦案審查會、公聽會、說明
會、研討會、座談會等相關會議，民眾及第三部門皆可參與，環境清潔（垃
圾清除）的協力關係部分非同以往的發包委託，民眾參與後經費由北區水
資源局提供，服務輸送則由北區水資源局及參與民眾、團體等相互提供，
其經費提供及服務類型已可歸於「合作」模式。

（2）協調類型模式

翡翠水庫治理由水源局自 2013 年導入公、私協力平台機制後，水源局
與新店溪流域守護聯盟共同建立平台機制，相互提供專業、資源互
換，水源局公開水源保育政策，非政府組織成員分享多元領域之經
驗，雙方相互依賴，水源局與守護聯盟各別公民團體間，均無相互
隸屬關係，遇爭議議題，均能平等對話，並非以權威的法規命令解
決，各方互動顯示出互惠文化，從其基礎關係、依賴程度、交換媒
介、衝突解決和協調手段及文化淵源等五項特徵，顯示「網絡」模
式的治理。石門水庫部分，在民眾參與規範制定前，其協力關係，
在基礎關係部分，屬於發包委託的僱傭關係，此種關係依賴程度僅
止於單方依賴，交換媒介為科層權威，衝突解決和協調手段主要為
規則命令，輔以價格競爭與說服，文化淵源則以服從為主，前述呈
現的協調機制特徵，其協力模式以「科層」模式較為明顯，少部分
顯示「市場」模式。自 2009 年民眾參與規範訂定後，類型模式已有變
化，在基礎關係面，政府與民間第三部門等具資源交換功能，依賴程度面，
屬於相互依賴，交換媒介面，靠的是彼此信任，衝突解決和協調手段面，
是以平等對話方式為主，文化淵源面則表現出互惠，五項特徵顯示出其治
理亦偏向「網絡」模式。翡翠水庫與石門水庫環境清潔（垃圾清除）關係
模式及協力模式比較如表 8-8。

表 8-8　翡翠水庫與石門水庫環境清潔（垃圾清除）關係模式及協力模式比較

經費服務與協調類型特徵		翡翠水庫		石門水庫	
		1988-2013	2013-今（交流平台機制）	2009 前	2009-今（民眾參與規範）
功能暨關係模式	經費提供	政府治理	政府及第三部門	無第三部門之公私協力關係	政府部門
	服務輸送		政府部門		第三部門
	關係模式		合作		合作
類型暨協力模式	基礎關係		資源交換	雇傭	資源交換
	依賴程度		相互依賴	單方	相互依賴
	交換媒介		信任	科層權威	信任
	衝突解決和協調手段		平等對話	規則命令為主，價格競爭為輔	平等對話
	文化淵源		互惠	服從	互惠
	協力模式		網絡	科層為主及部分市場	網絡

資料來源：本研究整理

二、景觀美化協力關係

翡翠與石門二水庫之協力關係比較如下：

1.經費提供與服務輸送類型模式

翡翠水庫景觀美化自 1999 年起至今，經費與服務提供面，均由翡管局與該金會共同合作，在經費與服務均為雙方共同提供下，其經費提供與服務輸送類型模式，看似「雙元」模式，但不符合雙元模式的競爭關係特徵，彼此仍以「合作」模式較為妥適。石門水庫部分，2009 年前景觀美化主要仍在發包廠商的委託性質，屬於經由發包與民間廠商合作的公、私協力關係。2009 年後，民眾參與機制列入正式規範，經費由政府提供，服務輸送則多了民眾及第三部門，在經費提供與服務輸送類型可歸於「合作」模式。

2.協調類型模式

　　翡翠水庫的景觀美化部分，翡管局提供場地，錫瑠環境綠化基金會提供經費與專業、彼此合作始能完成，相互依賴明顯、一方為第三部門組織，另一方為公部門，無隸屬關係、以信任為主的互動下，彼此以平等對話解決爭議、雙方互動顯示互惠文化，依其基礎關係、依賴程度、交換媒介、衝突解決和協調手段及文化淵源等五種協調特徵顯示，其協力關係屬於「網絡」模式。石門水庫部分，2009 年前在基礎關係部分，屬於發包委託的僱傭關係，此種關係依賴程度僅止於單方依賴，交換媒介為科層權威，衝突解決和協調手段主要為規則命令，輔以價格競爭與說服，文化淵源則以服從為主，前述呈現的協調機制特徵，其協力模式以科層模式較為明顯，少部分顯示市場模式。惟 2009 年訂定之「石門水庫及其集水區整治計畫民眾參與注意事項」，提供民眾與第三部門可提供意見的平台機制，及 2012 年起運用民間社團資源參與環境美化，無償提供政府機關（構）、法人或非法人團體以認養方式施以綠美化，使其協力關係與之前明顯差異，在基礎關係面，政府與民間第三部門等具資源交換功能，依賴程度面，屬於相互依賴，交換媒介面，靠的是彼此信任，衝突解決和協調手段面，是以平等對話方式為主，文化淵源面則表現出互惠特性，五項特徵顯示出其治理亦偏向「網絡」模式。翡翠水庫與石門水庫景觀美化關係模式及協力模式比較如表 8-9。

表 8-9　翡翠水庫與石門水庫景觀美化關係模式及協力模式比較

經費服務與協調類型特徵		翡翠水庫		石門水庫	
		1999 前	1999-今	2009 前	2009-今
功能暨關係模式	經費提供	無第三部門之公私協力關係	政府及第三部門	無第三部門之公私協力關係	政府部門
	服務輸送		政府及第三部門		第三部門
	關係模式		合作		合作
類型暨協力模式	基礎關係	雇傭	資源交換	雇傭	資源交換
	依賴程度	單方	相互依賴	單方	相互依賴
	交換媒介	科層權威	信任	科層權威	信任
	衝突解決和協調手段	規則命令為主，價格競爭為輔	平等對話	規則命令為主，價格競爭為輔	平等對話
	文化淵源	服從	互惠	服從	互惠
	協力模式	科層為主及部分市場	網絡	科層為主及部分市場	網絡

資料來源：本研究整理

伍、教育宣導治理協力關係比較

有關教育宣導治理部分，分為導覽解說及生態教材活動二項業務協力關係分析比較之。

一、導覽解說協力關係部分

其協力關係模式比較如下：

1.經費提供與服務輸送類型模式

翡管局 1999 至今的導覽解說經費主要為機關預算，其經費是由政府主導，包含經濟部的水資源局、水源局及北市府的翡管局，而實際負責講座暨解說工作則涵蓋學者、專家及民間團體等，經費提供與服務輸送類型屬於政府提供資金，第三部門負責實際服務傳送，與第三部門關係屬於「合

作」模式。石門水庫部分，教育宣導最早與非政府組織合作於 2002 年，主要為合作開辦訓練營及導覽解說業務，2004 年更進一步擴及提供民眾參與水利公共事業之機會，參與人員多以當地龍潭鄉民為主，有退休教師、公務人員、家庭主婦及現職公務人員與各階層社會人士，此種建立與在地居民、生態保育專家之協商機制，經費主要為政府預算，服務輸送則為雙方合作，經費提供與服務輸送類型可歸於「合作」模式。

2.協調類型模式

翡翠水庫教育宣導的導覽解說部分，翡管局擬訂計畫提供導覽場所，第三部門成員來自各行業，不同成員相互提供專業、資源互換，若無彼此合作，無法單獨完成，水庫管理機構、第三部門及一般公民，彼此互不隸屬，互動過程以信任為溝通載具，遇有衝突及須協調事項，各方處理係平等對話，相互影響，亦互有所得，顯示互惠文化，其協力關係依基礎關係、依賴程度、交換媒介、衝突解決和協調手段及文化淵源等五項協調特徵，可歸於「網絡」模式。石門水庫部分，北區水資源局與在地的「桃園縣龍潭鄉導覽協會」合作，開辦「龍潭鄉文化導覽種籽培訓營」，顯示在基礎關係面，為政府與民間第三部門的資源交換功能，依賴程度面，北區水資源局與參與的第三部門及各行業加入志工的民眾，屬於相互依賴，交換媒介面，彼此並非隸屬及市場關係，靠的是彼此信任，衝突解決和協調手段面，並非靠規則命令及價格競爭，而是以平等對話方式為主，文化淵源面為則表現出互惠特性，前述協調特徵，可將協調類型歸於「網絡」模式。翡翠水庫與石門水庫導覽解說關係模式與協力模式比較如表 8-10。

表 8-10　　翡翠水庫與石門水庫導覽解說關係模式及協力模式比較

經費服務與協調類型特徵		翡翠水庫	石門水庫
功能暨關係模式	經費提供	政府	政府
	服務輸送	第三部門	政府及第三部門
	關係模式	合作	合作
類型暨協力模式	基礎關係	資源交換	資源交換
	依賴程度	相互依賴	相互依賴
	交換媒介	信任	信任
	衝突解決和協調手段	對話、關係	對話、關係
	文化淵源	互惠	互惠
	協力模式	網絡	網絡

資料來源：本研究整理

二、生態教材活動協力關係部分

其協力關係模式比較如下：

1.經費提供與服務輸送類型

翡翠水庫生態教材製作與活動部分，經費提供為「政府部門」，服務輸送則由第三部門提供教材編製及活動規劃，經費提供與服務輸送類型屬於「合作」模式。石門水庫部分，為善用民間資源，2002、2004 年起至今分別與在地導覽協會及透過民間人士加入珍水志工方式，參與教育宣導活動，項目涵蓋生態教育工作坊、研討會、教材推廣等多元化教育宣導活動，經費均由政府提供，服務輸送則由第三部門等民間人士提供，其經費提供與服務輸送類型亦屬於「合作」模式。

2.協調類型模式

翡翠水庫在翡管局及水源局分別辦理下，連同互動的臺師大、北市師環境教育研究所、荒野保護協會等單位人員，不同機制相互提供專業、資源互換，不論生態教材製作或是活動辦理，與之互動的各方，相互依

賴，並無單方可獨立完成，政府部門則分屬中央、地方層級，學校及環保團體亦各自獨立，互不隸屬，彼此以信任為溝通載具，各方以平等對話協調解決問題，無論翡管局、水源局及其他第三部門，顯示各方互動的互惠文化，依五項協調特徵標準，可歸於「網絡」模式。石門水庫部分，與第三部門及民間團體的合作，主要在教育宣導部分，北區水資源局於 2004 年依上級機關要求善用民間資源，並提供民眾參與水利公共事業之機會，將原有的志工服務隊改組納入石門水庫的活動辦理規範。至於民眾其他參與部分，顯示於所舉辦的生態教育工作坊、研討會、教材推廣等多元化教育宣導活動，建立與在地居民、生態保育專家之協商機制。其協調特徵顯示在五個項目，包括在基礎關係面，政府與第三部門、參與民眾顯示資源交換功能，依賴程度面，北區水資源局與參與民眾，屬於相互依賴，交換媒介面，靠的是彼此信任，衝突解決和協調手段面，主要以平等對話方式為主，文化淵源面則表現出互惠特徵，依前述五項協調特徵，可將協調類型歸於「網絡」模式。翡翠水庫與石門水庫生態教材關係模式及協力模式比較如表 8-11。

表 8-11　翡翠水庫與石門水庫生態教材活動關係模式及協力模式比較

經費服務與協調類型特徵		翡翠水庫	石門水庫
功能暨關係模式	經費提供	政府	政府
	服務輸送	第三部門	第三部門
	關係模式	合作	合作
類型暨協力模式	基礎關係	資源交換	資源交換
	依賴程度	相互依賴	相互依賴
	交換媒介	信任	信任
	衝突解決和協調手段	對話、關係	對話、關係
	文化淵源	互惠	互惠
	協力模式	網絡	網絡

資料來源：本研究整理

　　翡翠水庫教育宣導與非政府組織合作時間雖較石門水庫為早，但二者均能運用民間力量彌補政府人力之不足，翡翠水庫教育宣導，無論人力或經費，無法與石門水庫豐沛資源相比，石門水庫屬於中央預算，更藉由中央制定規範，法制化的與非政府部門合作。經由前述業務治理項目各別比較後，綜理出翡翠、石門二水庫整體協力關係比較如表 8-12。

表 8-12　　翡翠水庫與石門水庫整體協力模式比較

構面	項目	水庫	治理模式			
			與第三部門協力治理		公私協力（民間企業）	政府治理
			經費與服務功能	協力模式		
生態	生態基礎調查	翡翠	合作	網絡治理（1999-2002）。	科層模式為主，顯示部分市場治理。（2003-今）	
		石門	政府主導	科層、市場	科層模式為主，同時顯示部分市場治理。	
	棲息地保育（烏來杜鵑復育）	翡翠	合作	網絡治理		
		石門	合作	網絡治理		
水土保持	集水區造林暨崩塌地處理	翡翠	合作	網絡治理（集水區造林）		府際、地方政府間（集水區造林1995 年至 2003年、崩塌地處理）。
		石門	合作	網絡治理		府際層次（1972-2005）

水源維護	水源區維護、協力平台、坪林交流道開放、聯合稽查及汙水系統	翡翠	合作	網絡治理（公私協力平台機制、坪林交流道開放後水源維護的合作防治）		1.府際、地方政府間（集水區聯合稽查） 2.府際（汙水道系統合作建置）
		石門	合作	網絡治理（2012-今）		府際治理（2011年前）
環境景觀	環境清潔（垃圾清除）及景觀美化	翡翠	合作（景觀美化）	網絡治理（垃圾清除 2013-今、景觀美化 1997-今）		政府治理（垃圾清除 1988-2013）
		石門	合作	網絡治理（2009後）	科層與市場（2008前垃圾清除）	
教育宣導	導覽解說暨生態教材活動	翡翠	合作	網絡治理		
		石門	合作	網絡治理		

資料來源：本研究整理

第三節　翡翠水庫與石門水庫公民參與治理的比較

　　翡翠水庫功能為單一飲用水水源，未開放觀光，集水區多數為管制區，石門水庫則為多功能水庫，包含觀光在內，翡翠水庫雖未開放觀光，但由於位處坪林休憩點下游，且整個水源區涵蓋了新北市的五個區，相關治理又與在地民眾及休憩民眾有關，翡翠水庫處此環境與石門水庫的公民參與治理模式會有差異，本節即以此模式分析比較之。

壹、生態治理的公民參與比較

　　包含生態基礎調查及棲息地保育等二項業務的公民參與比較如下：

一、生態基礎調查部分

　　翡翠水庫 1999 年至 2002 期間的生態調查，由臺師大生物系主動，該系擁有部分主導權，政府較能聽取意見，進而要求臺師大進行有意義的參與，生態調查規劃專業者做到客觀中立，但過程中臺師大生物系教授尚非能完全自主行為、決策，仍需政府領導、協助或參與，如前章所詳述，在 Arnstein 的公民參與八階梯論、Irland 的公民參與系統、Eidsvik 的公民參與模式及 Cavaye 公民及社群的參與型態等四種公民參與模式的分類中，可歸類於「象徵式」參與至「參與」狀態間，其梯級列為五至六級。2002 年後，翡翠水庫生態調查改以發包委託方式，類似政府將計畫告知民眾，屬於單向的通告，民眾僅配合政府要求，參與程度上受到影響，在公民參與的梯級上列屬第三級。石門水庫大型的陸域生態基礎調查始於 2005 年，與中華大學生態環境研究中心合作，為委託服務性質。其後，石門水庫陸續經莫拉克及艾利風災之重創，於 2009 年仍陸續以委託方式進行植生、陸域生物、濱溪植被、水域生態等各項生態的調查分析，與翡翠水庫 2002 年後相同，均屬於 Arnstein 公民參與層次的「象徵式」參與，在 Arnstein、Eidsvik、Cavaye 及 Irland 等人的分析中可歸於第三梯級。翡翠水庫與石門水庫生態基礎調查的公民參與階梯比較如圖 8-1。

翡翠水庫生態調查	層　次	石門水庫生態調查	
8	公民權力 （Citizen Power）		8
7			7
6　（1999-2002） Arnstein 夥伴式合作 參與 Eidsvik合夥模式			6
5　（1999-2002） Cavaye 結構良好的 社群參與 Irland 的協調與居間 階段	象徵式參與 （Tokenism）		5
4			4
3　（2003-今） Arnstein 告知 Eidsvik 通告模式 Cavaye 諮商 Irland 通告並徵詢		Arnstein 告知 Eidsvik 通告模式 Cavaye 諮商 Irland 通告並徵詢	3
2	無參與狀態 （Nonparticipation）		2
1			1

圖 8-1 翡翠水庫與石門水庫生態基礎調查的公民參與階梯比較
資料來源：本研究繪製

二、棲息地保育部分

　　翡翠水庫棲息地保育由翡管局與屏科大陳添喜教授合作，主要針對集水區的食蛇龜類，雙方為委託關係，較屬於 Arnstein「階梯論」的「諮詢」至「安撫」階段的第四至第五梯級，為「象徵式」參與層次。在 Irland 的

「公民參與系統」模式較類似於「協調」系統，至於 Eidsvik 的「公民參與模式」中，棲息地維護治理較類似於徵詢各方意見並做成決策的「諮商」模式，由於計畫目標確定，提供誘因，使公民與政府一同投入特定方案，以此觀點言，在 Cavaye 的公民及社群的參與型態中，屬於「結構良好的社群參與」，前述 Irland、 Eidsvik 及 Cavaye 等的歸類亦與 Arnstein 同，屬於「象徵式」參與。以前述各學者提出的觀點觀之，翡翠水庫棲地保育治理層次分類上仍落於「象徵式」參與區間。

　　石門水庫集水區溪流的棲地部分，北區水資源局以社區總體營造方式號召集水區溪流沿岸社區、部落與學校共同參與溪流生態監測與保育治理工作，已可列於「公民權力」層次的「夥伴」關係階段，依 Arnstein 八階梯論的參與層次，屬於第六階梯。而依 Irland 分類，規劃者能以客觀、公正立場來裁決各方團體意見，亦屬於參與系統的完全參與的「仲裁」類，類似於 Arnstein 的第六梯級。以 Eidsvik 的五種層級的公民參與模式觀之，民眾與決策者雙方合作，相互需求，互蒙得利，民眾於過程中已屬參與狀態，類似於 Arnstein 的第六梯級。若以 Cavaye 的六個層次群的參與型態標準，政府和社群均納入決策，公民完全參與過程，可將之列為「社群夥伴」關係，同樣類似於 Arnstein 的第六梯級。整體分析，石門水庫在前述學者分類的標準可歸於第六梯級，屬於「公民權力」層次。前述翡翠與石門等二水庫棲地維護的公民參與模式略有不同，翡翠水庫因棲息地保育種類的專業性致參與組織較為單一，石門水庫則以社區總體營造方式號召集水區溪流岸社區、部落與學校共同參與，較為開放。翡翠水庫與石門水庫棲息地保育公民參與階梯比較如圖 8-2。

翡翠水庫棲地維護		層　次	石門水庫棲地維護	
8		公民權力 （Citizen Power）		8
7				7
6			Arnstein 的夥伴關係 Irland 的仲裁 Eidsvik 的合作 Cavaye 的社群夥伴關係	6
5	Arnstein 的安撫及諮詢階級 Eidsvik 的諮商模式 Cavaye 結構良好的社群參與	象徵式參與 （Tokenism）		5
4	Irland 的協調系統			4
3				3
2		無參與狀態 （Nonparticipation）		2
1				1

圖 8-2 翡翠水庫與石門水庫棲息地保育公民參與階梯比較
資料來源：本研究繪製

貳、水土保持治理的公民參與比較

以下就集水區合作造林及集水區崩塌地治理等二項業務分析比較如下：

一、集水區合作造林部分

翡翠水庫的合作造林在 2007-2009 年與財團法人時報文教基金會以經費補助方式參與合作，由於僅為經費補助，並未實質提供意見，此種方式在 Arnstein 的「階梯論」中屬於「諮商」階段，為第四梯級，層次上則為「象徵式」參與，Irland 的規劃者的角色和定位中則為「通告並徵詢」階

段，類似於第三梯級，Eidsvik「民眾參與模式」屬於「說服」模式，說服參與者接受原計畫的安排，類似於第四梯級，Cavaye 的「參與公共治理型態」則屬於「結構良好的社群參與」，為第五梯級，整體觀之，翡翠水庫的合作造林公民參與模式，層次可列為「象徵式」參與。

石門水庫部分，依據 2006 年訂頒的「水庫集水區保育綱要」指定由林務局負責，多年來石門水庫在主管單位推動下亦持續集水區造林工作。在石門水庫的二個主要造林期間，無論是 2001 年至 2005 年間的農委會林務局，或是自 2006 年起執行的「石門水庫及其集水區整治計畫」，均為農委會林務局與北區水資源局、水利署等機構合作，屬於「政府治理」模式，並無公民參與，依 Arnstein 等四位學者的公民參與模式觀點，僅 Arnstein 的無參與層次的「操縱」式梯級較為符合。經前述分析，翡翠水庫造林已有政府以外機構參與合作，雖然時間不長，亦僅屬「象徵」式參與，但在公民參與面仍跨出主要一步，此與石門水庫僅止於「政府治理」模式有所差異。翡翠水庫與石門水庫集水區造林的公民參與階梯比較如圖 8-3。

翡翠水庫集水區造林		層　次	石門水庫集水區造林	
8		公民權力 （Citizen Power）		8
7				7
6				6
5	Cavaye 結構良好的社群參與	象徵式參與 （Tokenism）		5
4	Arnstein的諮商階級 Eidsvik的說服模式			4
3	Irland的通告並徵詢			3
2		無參與狀態 （Nonparticipation）		2
1			Arnstein的操縱式	1

圖 8-3　翡翠水庫與石門水庫集水區造林的公民參與階梯比較
資料來源：本研究繪製

二、集水區崩塌地治理

　　翡翠水庫集水區崩塌主要受數次颱風侵襲影響，而因土地涉國有等因素，翡管局需經中央同意，並共同整治水庫集水區內國有林第四林班崩坍地，此種方式並無公民參與，屬於「政府治理」模式，依其治理情形，在Arnstein 等四位學者提出之公民參與模式中，亦僅 Arnstein 的無參與層次的「操縱」式梯級內容較為符合。

　　石門水庫部分，自艾利風災後，北區水資源局配合行政院推動「石門水庫及其集水區整治計畫」，加入相關專家學者及民間參與協調協商機制，並執行由經濟部發布的「石門水庫及其集水區整治計畫民眾參與注意事項」，落實民眾參與，參與公民團體類別包括財團法人、環保協會、民間關懷團

體、學術機構及在地人士等，北區水資源局與參與團體間屬於的合作，依
Arnstein 八階梯論的參與層次，屬於第六梯級的「夥伴」關係。而依 Irland
分類，亦屬於參與系統的完全參與的「仲裁」類，類似於八階論的第六梯
級。以 Eidsvik 的五種層級的公民參與模式觀之，可列為第四層級的合作
模式，類似於八階論的第六梯級。若以 Cavaye 的六個層次的公民及社群的
參與型態標準，政府和社群均納入決策，公民完全參與過程，可將之列為
「社群夥伴」關係，亦類似於八階論的第六梯級。前述翡翠與石門等二水
庫集水區崩塌地治理的公民參與模式不同，翡翠水庫較為謹慎，屬於「政
府治理」範疇，石門水庫則經艾利風災後採取公民參與方式，與公民團體、
在地民眾合作等共同治理，故其公民參與階梯亦有不同。翡翠水庫與石門
水庫集水區崩塌地治理公民參與階梯比較如圖 8-4。

翡翠水庫集水區崩塌地治理		層　次	石門水庫集水區崩塌地治理	
8		公民權力 （Citizen Power）		8
7				7
6			Arnstein 的夥伴關係 Irland 的仲裁 Eidsvik 的合作 Cavaye 的社群夥伴關係	6
5		象徵式參與 （Tokenism）		5
4				4
3				3
2		無參與狀態 （Nonparticipation）		2
1	Arnstein的操縱式			1

圖 8-4　翡翠水庫與石門水庫集水區崩塌地公民參與階梯比較
資料來源：本研究繪製

參、水源維護治理的公民參與比較

　　包含集水區聯合稽查及公私協力平台機制等二項業務的分析比較如下：

一、集水區聯合稽查

　　翡翠水庫集水區聯合稽查，由於參與者為翡管局、水源局、新北市政府、北水處、國道高速公路新建工程局等單位，主辦機構包括翡管局、水源局，均屬於公部門的「政府治理」，並無公民參與。在 Arnstein 等四位學

者提出之公民參與模式中，由於政府將集水區聯合稽查事項以新聞稿、公布欄等方式公告呈現，屬於政府單向告知，民眾無法表達意見，屬於 Arnstein 的「操縱」式梯級內容，與 Irland 的公民參與系統的「告知」階段，均屬八階論無參與層次的第一梯級。然在 Eidsvik 及 Cavaye 的公民參與模式中，雖同為單向告知，但因認知稍具參與空間，故將其歸類於八階論的第三、第四梯級，均屬於「象徵式」參與層次。

石門水庫部分，該局在水源維護的作法上，亦與當地民眾合作，具體作法為 2012 年成立巡守志工隊，包括學校教師、村里長、部落、社區居民、環保團體、熱心民間團體及民眾成立的保護區保育巡守隊等，經由北區水資源局完成「保護區巡守志工之教育訓練」後投入各區域巡守行列，政府與公民呈現水平夥伴關係，共同治理與共同承擔責任，依 Arnstein 公民參與八階論，可將之列為第六梯級的「夥伴」關係。而北區水資源局能以客觀規劃者的公正立場來裁決各方團體意見，可列為 Irland 的「仲裁」層級。民眾與決策者雙方合作，相互需求，互蒙得利，民眾於過程中已屬參與狀態，可歸為 Eidsvik 的「合作」層級。過程中政府和社群納入決策，公民完全參與過程，可歸為 Cavaye 的「社群夥伴」關係。石門水庫集水區聯合稽查，依 Irland 等三位學者對參與模式觀點，均類似於八階論的第六梯級。翡翠水庫與石門水庫集水區聯合稽查公民參與階梯比較如圖 8-5。

翡翠水庫集水區聯合稽查		層　次	石門水庫集水區聯合稽查	
8		公民權力 （Citizen Power）		8
7				7
6			Arnstein 的夥伴關係 Irland 的仲裁 Eidsvik 的合作 Cavaye 的社群夥伴關係	6
5		象徵式參與 （Tokenism）		5
4	Cavaye 決策的告知			4
3	Eidsvik 的通告模式			3
2		無參與狀態 （Nonparticipation）		2
1	Arnstein 的操縱式 Irland 的告知			1

圖 8-5　翡翠水庫與石門水庫集水區聯合稽查公民參與階梯比較
資料來源：本研究繪製

二、公、私協力平台機制

　　翡翠水庫的溝通合作機制，主要為公、私協力交流平台，依 Arnstein 階梯論應屬於第六梯級的「夥伴」關係，為「公民權力」層次。規劃者水源局亦具 Irland 公民參與系統的「仲裁」階段，新店溪流域守護聯盟及全國性質的民間團體與決策者雙方合作，相互需求，互蒙得利，屬於 Eidsvik 的公民參與模式的「合作」模式，亦可列為 Cavaye 的政府和社群納入決策的「社群夥伴」關係。由於該平台機制並未完全取得主導，政策制定無法完全控制，依前述不同學者的公民參與模式，翡翠水庫公、私平台交流機

制可列為的第六梯級，仍屬於「公民權力」層級。

　　石門水庫部分，自 2009 年訂定「石門水庫及其集水區整治計畫民眾參與注意事項」影響，將公民參與法制化，並自 2012 年成立巡守隊，落實協力關係，此為石門水庫主要的公、私協力平台機制。巡守隊包括學校教師、村里長或部落、社區居民、環保團體、熱心民間團體及在地民眾等，成員涵蓋面廣，執行事項有崩塌地提報、違規釣魚、公廁、清掃及周邊垃圾撿拾、竹林雜枝物堵塞、水溝整地種植墾地及違建濫墾等情事之舉報處理等，並由北區水資源局完成「保護區巡守志工之教育訓練」後投入各區域巡守行列，雙方互動為政府與公民共同治理，呈現水平夥伴關係，屬於 Arnstein 八階論第六梯級的「夥伴」關係。北區水資源局以規劃者身分客觀、公正立場裁決巡守隊內不同團體意見，亦達 Irland 參與系統的「仲裁」階段。民眾與決策者雙方合作，相互需求，互蒙得利，在 Eidsvik 的公民參與模式屬於「合作」模式。由於政府和社群納入決策，在 Cavaye 的公民及社群的參與型態，可歸於「社群夥伴」關係。依 Arnstein 及後三位學者對參與階段的界定，前述公私協力平台機制雖已將公民團體納入決策，但仍未達授權公民團體的第七梯級及公民團體主導的第八梯級，故而整體可列為第六梯級。翡翠與石門二水庫為使公民得以參與公共事務，分別成立「交流平台」及「巡守隊」等協商機制，雖未達公民階梯的最高梯級，但使其公民參與階梯面均能達到「公民權力」的層次。翡翠水庫與石門水庫公私協力平台機制階梯比較如圖 8-6。

翡翠水庫公私協力平台機制		層　次	石門水庫公私協力平台機制	
8		公民權力 （Citizen Power）		8
7				7
6	Arnstein夥伴關係 Irland仲裁階段 Eidsvik合作模式 Cavaye社群夥伴關係		Arnstein的夥伴關係 Irland 的仲裁 Eidsvik的合作 Cavaye 的社群夥伴關係	6
5		象徵式參與 （Tokenism）		5
4				4
3				3
2		無參與狀態 （Nonparticipation）		2
1				1

圖 8-6 翡翠水庫與石門水庫公私協力平台機制階梯比較
資料來源：本研究繪製

肆、環境景觀治理的公民參與比較

　　翡翠水庫集水區與水源區的環境清潔（垃圾清除）及景觀美化，在 2013 年後，主要透過與 NGO 團體公、私協力交流平台的會議溝通，於政策面符合適度參與，公民組織具自主與獨立特性，該組織與水源局呈現對等地位，共享規劃和決策，屬於 Arnstein 八階論的第六梯級「夥伴」關係，為「公民權力」層次。若以修正後的六階論觀之，則屬於「權力分享」層級。規劃者能以客觀、公正立場來裁決各方團體意見，在 Irland 參與系統中屬於「仲裁」階段，類似於 Arnstein 八階論的第六梯級。由於交流平台機制參與者層面廣，與決策者雙方合作，相互需求，互蒙得利，過程中公民已

達參與狀態，屬於 Eidsvik 公民參與的「合作」模式，類似於第六梯級範圍。過程中政府和社群納入決策，在 Cavaye 的公民及社群的參與型態中屬於「社群夥伴」關係。整體觀之，翡翠水庫環境清潔及景觀美化治理，均可列為「公民權力」的第六梯級。

　　石門水庫園區遼闊，自營運後主要的環境清潔均委外由民間業者辦理，石門水庫管理中心則負檢查督導之責，以派專人隨時檢查並督導承商方式進行。至於在園區景觀維護美化多半為委託技術服務方式，經由勞務採購發包與民間業者。另北區水資源局亦依據「國有公用財產無償提供使用之原則」，自 2012 年起在不出具使用權同意書之前提下，得無償提供政府機關（構）、法人或非法人團體以認養方式施以綠美化，並訂定契約，目前有政府機關（構）、法人或非法人團體等計 12 個使用單位，均作為綠美化、生態環境維護及設施改善等使用。石門水庫景觀維護做法可以 2012 年為劃分點，2012 年前以發包方式委託私人營業公司，並無公民參與。2012 年後景觀美化由法人或法人團體認養，屬於適度參與，與北區水資源局呈現對等地位，在景觀美化部分共享規劃和決策，屬於 Arnstein 八階論第六梯級的「夥伴」關係，為公民權力層次。規劃者能以客觀、公正立場來裁決各方團體意見，在 Irland 參與系統中屬於「仲裁」階段。由於交流平台機制參與者層面廣，與決策者雙方合作，相互需求，互蒙得利，過程中公民已達參與狀態，屬於 Eidsvik 公民參與的「合作」模式，類似於第六梯級範圍。由於政府和社群納入決策，在 Cavaye 的公民及社群的參與型態中，屬於「社群夥伴」關係。整體言之，翡翠水庫與石門水庫環境清潔稍有不同，關鍵在於翡翠水庫於 2013 年成立的平台機制，讓公民有參與機會。至於石門水庫景觀美化部分在 2012 年推動的法人認養方式，使景觀美化亦能與第二方共享規劃和決策，得以在公民參與的階梯向上爬升。翡翠水庫與石門

水庫環境清潔與景觀美化階梯比較如圖 8-7。

翡翠水庫環境景觀		層 次	石門水庫環境景觀		
環境清潔 2013後	景觀美化		環境清潔	景觀美化	
				2012前	2012後
8		公民權力（Citizen Power）	發包方式委由民間營利公司辦理	發包方式委由民間營利公司辦理	8
7					7
6 Arnstein 夥伴關係 Irland 仲裁階段 Eidsvik 合作模式 Cavaye 社群 夥伴關係	Arnstein 夥伴關係 Irland 仲裁階段 Eidsvik 合作模式 Cavaye 社群 夥伴關係			Arnstein 夥伴關係 Irland 仲裁階段 Eidsvik 合作模式 Cavaye 社群夥伴關係	6
5		象徵式參與（Tokenism）			5
4					4
3					3
2		無參與狀態（Nonpartic ipation）			2
1					1

圖 8-7 翡翠水庫與石門水庫環境清潔與景觀美化階梯比較
資料來源：本研究繪製

伍、教育宣導

翡管局自 1999 年起與學術單位合作至今的關係、水源局與 NGO 團體 2013 年開始的合作關係等，在以翡翠水庫為主軸推動的教育宣導下，均展現公民組織自主與獨立性，與行政單位共享規劃和決策，屬於 Arnstein 公民參與階梯理論第六梯級「夥伴」關係，此梯級屬於「公民權力」層次。翡管局及水源局，在與臺師大或 NGO 團體合作協調時，均能以客觀、公正立場來裁決各方團體意見，屬於 Irland 公民參與系統的「仲裁」層級。相互需求，互蒙得利，屬於 Eidsvik 公民參與模式的「合作」模式，亦屬於 Cavaye 公民及社群的參與型態的「社群夥伴」關係。由於公民團體在教育宣導面仍未被授權，更不具主導控制地位，故而仍未達該層次更高的「授權權力」及「公民控制」梯級。

石門水庫部分，教育宣導與民間合作在 2002 年，當時北區水資源局與在地的「桃園縣龍潭鄉導覽協會」合作，成立「北區水資源局石門水庫導覽解說人員」，展開石門水庫假日定時導覽服務，及非假日接受機關團體、學校預約導覽服務。2004 年北區水資源局提供民眾參與水利公共事業之機會，成立「經濟部水利署北區水資源局珍水志工服務隊」，成員以桃園及當地龍潭鄉民為主，工作項目包含協助機關服務園區遊客了解石門水庫重要工程設施、自然生態及水資源宣導工作，亦協助至集水區復興鄉及尖石鄉進行各國中、小學愛護水資源及水土保持宣導工作。此期間教育宣導，政府與公民呈現水平夥伴關係，已達 Arnstein 公民參與階梯理論的公民權力的第六梯級「夥伴」關係，此梯級屬於「公民權力」層次。北區水資源局在與公民協調時，均能以客觀、公正立場來裁決各方團體意見，屬於 Irland 公民參與系統的「仲裁」層級。在地民眾愛鄉愛土，藉由北區水資源局推

動教育宣導得以參與，該局則藉由生態教育工作坊、研討會、教材推廣等多元化教育宣導活動，建立與在地居民、生態保育專家之協商機制，相互需求，互蒙得利，屬於 Eidsvik 公民參與模式的「合作」模式，將當地社群納入教育宣導決策，亦達 Cavaye 公民及社群的參與型態的「社群夥伴」關係。由於公民團體在教育宣導面仍未被授權，更不具主導控制地位，故而仍未達該層次更高的「授權權力」及「公民控制」梯級，整體言，翡翠水庫與石門水庫的教育宣導公民參與梯級相同，均達公民權力層次的第六梯級。翡翠水庫與石門水庫教育宣導公民參與階梯比較如圖 8-8。

	翡翠水庫教育宣導	層　次	石門水庫教育宣導	
8		公民權力 （Citizen Power）		8
7				7
6	Arnstein 夥伴關係 Irland 仲裁 Eidsvik 合作 Cavaye 社群夥伴關係		Arnstein 的夥伴關係 Irland 的仲裁 Eidsvik 的合作 Cavaye 的社群夥伴關係	6
5		象徵式參與 （Tokenism）		5
4				4
3				3
2		無參與狀態 （Nonparticipation）		2
1				1

圖 8-8　翡翠水庫與石門水庫教育宣導公民參與階梯比較
資料來源：本研究繪製

第四節　翡翠水庫與石門水庫跨域治理的比較

　　翡翠水庫與石門水庫集水區均涵蓋數個行政轄區，水庫業務亦面臨跨域治理的挑戰，二水庫跨域治理的環境條件經模式分析比較，可觀察跨域治理面的差異所在，本部分即以建構的跨域治理互動、運作及結構等三層面模式分析，並比較翡翠與石門二水庫跨域治理的差異。

壹、生態跨域治理比較

　　翡翠水庫生態治理除烏來杜鵑復育治理為翡翠水庫特有，無法抽出比較外，其他有關生態基礎調查及棲息地維護二類型業務與石門水庫在跨域治理部分，分析如下：

一、生態調查跨域治理部分

　　翡翠水庫辦公區連同集水區跨越不同行政區域，翡管局、臺師大生物系、農委會特生中心、臺大生物環境系統工程系等對集水區的生態調查合作，從互動面觀之，在跨域治理的三層面關係中，屬於「跨越轄區的合作」關係。運作面上，臺師大生物系、農委會特生中心及臺大生物環境系統工程系等提供專業性服務，主管機關則掌控生態調查場地的管理，彼此間由於互依性，促使跨域治理者通力合作。結構面上，翡管局隸屬臺北市政府，農委會特生中心屬於行政院農委會，傾向於「中央與地方」關係，至於臺師大與臺大等非屬於政府機關，為學術研究機構，屬於第三部門性質，翡管局將生態調查業務委託，在治理的四個類型面向中屬於「政府機關與公民社會」關係。

　　石門水庫部分，石門水庫大型的陸域生態基礎調查始於 2005 年，至後

續進行的生態調查，包括莫拉克風災後，陸續委託進行的植生、陸域生物、濱溪植被、水域生態等生態與棲地調查分析等均屬政府委託服務性質，從互動面觀之，屬於公、私部門之間透過正式契約所建立的一種「公、私協力夥伴」關係，故在運作面導向，即為構築政府部門和私人間夥伴關係。結構面觀之，北區水資源局將業務委託民間辦理，由政府與民間簽訂契約，前者提供全部或部份經費或硬體設施，由後者履行契約規定之項目提供服務，契約載明雙方權利義務關係及監督考核機制等，在治理類型的四個面向中，屬於「政府機關與企業組織」關係。前述分析，翡翠水庫與石門水庫生態調查的跨域治理，從互動面、運作面及結構面等三面向觀之，呈現不同治理面向。

二、棲息地保育跨域治理部分

翡翠水庫棲息地保育治理合作機構(團體)包括臺北市政府的動保處，不同轄區的新北市政府及中央機關的水源局、農委會林務局、保警第七總隊，以及學術機構的屏科大，互動面上屬於「跨越轄區的合作」關係。運作面上，由於臺北市、新北市及中央相關機關彼此間互依性，促使跨域治理之參與者的通力合作，在區域整合的認同基礎與區域政策中的協調幅度上，亦達成協力與共識。結構面上，傾向於「中央與地方」關係及「地方政府間」關係，由於政府部門將業務委託非政府部門辦理，也類似於「政府機關與公民社會」關係。

石門水庫部分，以社區總體營造方式號召集水區溪流沿岸社區、部落與學術機構等共同參與溪流生態監測與保育治理工作，互動面，由於公、私部門之間的合作關係非必然屬契約關係，雙方共同價值願

望的追尋，屬於自發性的合作行動亦常發生，此種為公共服務實踐過程亦可歸為「公、私協力夥伴」關係。運作面，公共事務在棲息地保育的相關者部分，包括各級政府、個人、企業及其他社會組織力量的全面動員及激發問題，構築政府部門和私人間夥伴關係。結構面，亦包括「政府機關與企業組織」關係及「政府機關與公民社會」關係。前述分析，翡翠水庫在生態治理的基礎調查及棲息地保育，其跨域治理的互動面呈現與石門水庫不同，結構面亦有差異。翡翠水庫與石門水庫生態跨域治理模式比較如表 8- 13。

表 8-13　翡翠水庫與石門水庫生態跨域治理模式比較

構面	水庫	類型	互動面	運作面	結構面
生態治理	翡翠	生態基礎調查	跨越轄區的合作	臺師大生物系、農特中心及臺大生物環境系統工程系等提供專業性服務，主管機關則掌控生態調查場地的管理，彼此間由於互依性，促使跨域治理者通力合作。	1 中央與地方關係 2.地方政府間關係
		棲息地保育	跨越轄區的合作關係	北市、新北、中央及學術機構彼此間互依性，促使跨域治理之參與者的通力合作。	1 中央與地方關係 2.地方政府間關係 3 政府機關與公民社會關係
	石門	生態基礎調查	公、私協力夥伴關係	構築政府部門和私人間夥伴關係。	政府機關與企業組織
		棲息地保育	公、私協力夥伴關係	公共事務相關者包括各級政府、個人、企業及其他社會組織力量的全面動員及激發問題，構築政府部門和私人間夥伴關係。	1.政府機關與企業組織關係 2.政府機關與公民社會關係

資料來源：本研究整理

貳、水土保持跨域治理比較

包括合作造林及崩塌地處理等之治理模式比較如下：

一、合作造林跨域治理部分

翡翠水庫以跨機關合作方式造林始於 1995 年，合作機關包括北水處、中央、省縣等，從互動面觀之，為「跨組織合作」及「跨越轄區的合作」等二層面關係，2007-2009 年財團法人時報文教基金會參與，則屬於「公、私協力夥伴」關係。運作面上，因涉及地方與中央機關及民間基金會組織，故屬於機關間、府際間通力合作思考模式及政府部門和私人間夥伴關係，亦為地方與中央於治理期間經費配置共識問題。結構面上，屬於「中央與地方」關係及「政府機關與公民社會」關係。

石門水庫部分，多年來石門水庫林班地由主管單位推動集水區造林工作，北區水資源局與林業主管單位間從互動面觀之，既屬於「跨組織合作」關係，亦兼及「跨越轄區的合作」關係。運作面觀之，由於為跨疆域的治理，故而採取機關間、府際間及跨域轄區的通力合作思考模式，結構面觀之，由於涉及地方政府權責，則屬於「中央與地方」關係。

二、崩塌地跨域治理部分

翡翠水庫集水區崩塌土地由於涉及國有等因素，與行政院農委會林務局羅東林區管理處合作，共同整治水庫集水區內國有林第四林班崩坍地，開啟臺北市政府與中央林務單位合作整治水庫崩坍地先例。從互動面觀之，屬於「跨組織合作」及「跨越轄區合作」關係。運作面上，採取機關間、府際間的通力合作思考模式。結構面上則為「中央與地方」關係。

　　石門水庫部分，集水區崩塌地治理分成三階段，外加因應風災後的「石門水庫及其集水區整治計畫」與第三階段平行治理，前述各階段均由中央機關各部會與地方政府執行，另成立「推動小組」協助辦理上開相關工作事宜，小組成員由中央各部會、地方政府及相關專家學者共同組成。在艾利風災後，石門水庫崩塌地等水土保持整治推動，設有相關專家學者及民間參與協調協商機制，並由經濟部於 2009 年法制化「石門水庫及其集水區整治計畫民眾參與注意事項」，以法令落實民眾參與。從互動面觀之，2009 年前為「跨組織」及「跨越轄區的合作」關係，之後則屬「公、私協力夥伴」關係。運作面觀之，2009 前採取機關間、府際間及跨域轄區的通力合作思考模式，2009 後包括各級政府、個人、企業及其他社會組織力量的全面動員及激發問題。結構面觀之，2009 年前為「中央與地方政府」關係，2009 年後則增加「政府機關與公民社會」關係。

　　前述分析可發現，翡翠水庫水土保持治理因業務類型不同，與石門水庫有相互差異，造林部分，翡翠水庫自 2007 年起有民間參與，互動面已屬「公、私協力夥伴」關係，石門水庫則無。崩塌地治理，翡翠水庫主要集中「跨組織合作」及「跨越轄區合作」，結構面已屬「中央與地方」關係，石門水庫則自 2009 後已具「公、私協力夥伴」性質，結構面則屬「政府機關與公民社會」關係。翡翠與石門二水庫水土保持跨域治理模式比較如表 8-14。

表 8-14　翡翠水庫與石門水庫水土保持跨域治理模式比較

構面	水庫	類型	互動面	運作面	結構面
水土保持治理	翡翠	合作造林	跨組織合作及跨越轄區的合作	機關間、府際間通力合作思考模式及政府部門和私人間夥伴關係	中央與地方關係
			2007-2009年公私協力關係	機關間、府際間通力合作思考模式及政府部門和私人間夥伴關係	1.中央與地方關係 2.政府機關與公民社會關係
		崩塌地治理	跨組織合作及跨越轄區合作	機關間、府際間的通力合作思考模式	中央與地方關係
	石門	合作造林	跨組織合作關係，兼及跨越轄區的合作關係	機關間、府際間及跨域轄區的通力合作思考模式	中央與地方關係
		崩塌地治理	跨組織及跨越轄區的合作關係	機關間、府際間及跨域轄區的通力合作思考模式	中央與地方政府關係
			2009後公私協力夥伴關係	各級政府、個人、企業及其他社會組織力量的全面動員及激發問題	1 中央與地方政府關係 2 政府機關與公民社會

資料來源：本研究整理

參、水源維護跨域治理比較

　　翡翠與石門二水庫治理相互業務比較，主要呈現在翡翠、石門二水庫皆有的集水區聯合稽查部分，從互動面觀之，水源局與新店溪流域守護聯盟共同成立公、私協力交流平台，公、私部門之間雖屬合作關係卻並非契

約關係，由於雙方共同價值願望的追尋，屬於自發性的合作行動，此種合作即屬於「公、私協力夥伴」關係。翡管局、水源局與新北市政府、北水處、水源局、國道高速公路新建工程局等公部門就水源區內水土保育與重大污染案維護業務協調會，或因應蔣渭水高速公路坪林行控中心專用道開放而成立的翡翠水庫集水區稽查會報，以及後續結合不同轄區政府力量共同保護水庫水質的露營區、休閒農場及養鹿場等稽查合作，則屬於「跨越轄區的合作」關係。運作面則包含臺北市府機關間、與中央府際間及與地方政府間的跨域轄區的通力合作思考模式、中央及臺北市彼此間互依性，促使跨域治理之參與者的通力合作、不同層級治理機關的協商治理，最後建立區域合作平台及構築政府部門和私人間夥伴關係。結構面則屬於「中央與地方」關係及「地方政府間」以及「政府機關與公民社會」關係。

　　石門水庫為加強集水區管理維護，遏止破壞水土、濫墾濫伐及隨意傾倒土石及垃圾等情事，自 2006 年起依「水庫蓄水範圍及保護帶加強管理巡查計畫」執行，合作機關則為桃園的復興、尖石等鄉公所及內政部警政署保警總隊等公部門，分別負起陸上及蓄水範圍水域巡查工作，亦結合在地居民加入保育巡守志工行列，並依不同區域將巡守志工分成玉峰、中壢、百吉、雪霧鬧、樂山等中隊，執行防制水源維護影響等事項，互動面上屬於「跨組織合作」關係及「公、私協力夥伴」關係。運作面，包含政府部門建立區域上、下級政府及政府的不同職能部門間協力合作與整合一致以及構築政府部門和私人間夥伴關係。結構面則屬於「中央與地方」及「政府機關與公民社會」關係。翡翠水庫與石門水庫水源維護（集水區聯合稽查）跨域治理模式比較如表 8-15。

表 8-15 翡翠水庫與石門水庫水源維護（集水區聯合稽查）跨域治理模式比較

構面	水庫	類型	互動面	運作面	結構面
水源維護治理	翡翠	集水區聯合稽查	1.公、私協力夥伴關係 2.跨越轄區的合作關係	北市府機關間、與中央府際間及與地方政府間的跨域轄區的通力合作思考模式、中央及新北市彼此間互依性，促使跨域治理之參與者的通力合作、不同層級治理機關的協商治理，最後建立區域合作平台及構築政府部門和私人間夥伴關係	1.中央與地方關係 2.地方政府間關係 3.政府機關與公民社會關係
	石門	集水區聯合稽查	1.跨組織合作關係 2.公、私協力夥伴關係	包含政府部門建立區域上下級政府及政府的不同職能部門間協力合作與整合一致以及構築政府部門和私人間夥伴關係	1.中央與地方關係 2.政府機關與公民社會關係

資料來源：本研究整理

肆、環境景觀跨域治理比較

　　翡翠水庫環境清潔在集水區垃圾清除部分，由於垃圾清除範圍涵蓋臺北市及新北市新店、烏來、石碇、坪林、雙溪等區公所不同行政轄區，從互動面觀之，屬於「跨越轄區的合作」關係。在運作面，藉由地方的府際間及跨域轄區的通力合作思考模式，以及建立水源局與不同區公所協力合作與整合一致功能，作為運作方式。在結構面，則屬於「中央與地方」關係。景觀規劃部分，從互動面觀之，翡管局長期與錫瑠環境綠化基金會合作，以及與國際扶輪社的短期合作，均屬於「跨組織合作」關係。在運作面，彼此間互依性，促使跨域治理之參與者的通力合作。在結構面，則為「政府機關與公民社會」關係。

　　石門水庫部分，環境清潔維護的業務，顧及現有人力，均委外由民間業者辦理，從互動面觀之，屬於「公、私協力夥伴」關係，運作面觀之，

需要利用企業合作以構築政府部門和私人間夥伴關係，結構面，強調政府委外辦理，即政府部門將業務委託民間辦理，由北區水資源局與民間簽訂契約，屬於「政府機關與企業組織」關係。至於在園區景觀維護美化部分，主要為改善園區遊園步道、周邊環境綠美化、排水及安全設施等，多半為委託技術服務方式，自 2011 年起至 2016 年止，均經由勞務採購發包與民間業者，從互動面觀之，亦屬於「公、私協力夥伴」關係，運作面，同樣為政府與企業間構築的政府部門和私人間夥伴關係，結構面，則為「政府機關與企業組織」關係。然自 2012 年起依據「國有公用財產無償提供使用之原則」，增加得無償提供政府機關（構）、法人或非法人團體以認養方式合作，此種合作關係是一群各自獨立的組織，為特定的認養綠美化目的及清楚的結果彼此合作承諾，互動面屬於「跨組織合作」關係。運作面則顯現彼此間的互依性，促使跨域治理之參與者的通力合作。結構面，由於政府與其他公民社會中的組織，基於功能互補的權力互賴，從而共同提供公共服務，達成「合產」的效果，屬於「政府機關與公民社會」關係。

　　前述二水庫分析可了解環境清潔部分，翡翠水庫與石門水庫在治理的互動面、運作面及結構面差異很大，前者是一種「中央與地方」關係，後者為「政府機關與企業組織」關係。至於景觀美化部分，翡翠水庫與石門亦顯示部分差異，翡翠水庫顯示的是「政府機關與公民社會」關係，而石門水庫則以 2012 年為區別，從「政府機關與企業組織」關係增加了「政府機關與公民社會」關係。翡翠水庫與石門水庫環境清潔與景觀美化跨域治理模式比較如表 8-16。

表 8-16　翡翠水庫與石門水庫環境清潔與景觀美化跨域治理模式比較

構面	水庫	類型	互動面	運作面	結構面
環境景觀治理	翡翠	環境清潔	跨越轄區的合作關係	地方的府際間及跨域轄區的通力合作思考模式，以及建立水源局與區公所協力合作與整合一致功能	中央與地方關係
		景觀美化	跨組織合作關係	彼此間互依性，促使跨域治理之參與者的通力合作	政府機關與公民社會關係
	石門	環境清潔	公、私協力夥伴關係	利用企業合作以構築政府部門和私人間夥伴關係	政府機關與企業組織關係
		景觀美化	公私協力夥伴關係	機關間、府際間及跨域轄區的通力合作思考模式	政府機關與企業組織關係
			2012 年起增加跨組織合作關係。	彼此間互依性，促使跨域治理之參與者的通力合作。	政府機關與企業組織關係、政府機關與公民社會關係

資料來源：本研究整理

伍、教育宣導跨域治理比較

　　翡翠水庫教育宣導分別為個人及團體二種性質參與導覽解說類型，在個人參與導覽解說部分，主導機關為翡管局與水源局，合作機構涵蓋學者、專家、退休人士及其他民間人士，從互動面觀之，雖共同為公共服務，但合作對象均為個人，而非部門組織，僅類似於「公、私協力夥伴」關係。運作面亦類似於構築公、私互動機制，結構面則類似於「政府機關與公民社會」關係。在團體參與導覽解說部分，主導機關為翡管局與水源局，合作機構有荒野保護協會、臺師大生物學系、國立臺灣大學植物標本館專家

等，從互動面觀之，有「公、私協力夥伴」關係。運作面觀之，政府與前述機構團體彼此間互依性，促使跨域治理之參與者的通力合作，政府部門並和私部門達成協力與共識，構築互動機制。結構面則屬於「政府機關與公民社會」關係。

石門水庫部分，教育宣導與民間合作導覽解說業務，同樣可區分個人及團體二種性質，個人與團體部分最早都在 2002 年，與在地的「桃園縣龍潭鄉導覽協會」合作，並於 2004 年將原導覽人員改組成立「珍水志工服務隊」。珍水志工人員多以當地龍潭鄉民為主，屬於個人參與，北區水資源局規劃民眾參與生態教育工作坊、研討會、教材推廣等多元化教育宣導活動，建立與在地居民、生態保育專家之協商機制。從其跨域治理模式分析，個人參與的互動面、運作面及結構面，分別可歸於類似的「公、私協力夥伴」關係、類似的構築公、私互動機制及類似的「政府機關與公民社會」關係。至於團體參與部分，互動面可歸於「公、私協力夥伴」關係，運作面則屬於政府部門和私人間構築的互動機制。結構面則歸於「政府機關與公民社會」關係。

前述分析可看出，翡翠水庫與石門水庫教育宣導跨域治理模式不論是民眾個人參與或是團體參與，都極其類似，差別只在於推動時間不同，翡翠水庫推動前述教育宣導治理模式於 1999 年即開始，較石門水庫 2002 年為早，無論時間早晚，二水庫在教育宣導部分，均將公民社會納入，使教育宣導推動成效明顯。翡翠水庫與石門水庫教育宣導跨域治理模式比較如表 8-17。

表 8-17　　翡翠水庫與石門水庫教育宣導跨域治理模式比較

構面	水庫	類型		互動面	運作面	結構面
教育宣導治理	翡翠	導覽解說	個人參與	類似公、私協力夥伴關係	類似於構築公、私互動機制	類似政府機關與公民社會關係
			團體參與	公、私協力夥伴關係	彼此間互依性，促使跨域治理之參與者的通力合作，政府部門並和私部門達成協力與共識，構築互動機制	政府機關與公民社會關係
	石門	導覽解說	個人參與	類似公、私協力夥伴關係	類似於構築公、私互動機制	類似政府機關與公民社會關係
			團體參與	公、私協力夥伴關係	彼此間互依性，促使跨域治理之參與者的通力合作，政府部門並和私部門達成協力與共識，構築互動機制	政府機關與公民社會關係

資料來源：本研究整理

第九章 翡翠水庫與石門水庫亢旱治理比較

　　翡翠水庫與石門水庫的水源運轉調度關係密切,其中翡翠水庫支援石門水庫水量已成常態,故雙方的水位水量、集水區雨量及運轉操作等互受影響,且同位於臺灣北部,均為臺灣重要的水資源。翡翠水庫僅在 2002 年發生一次亢旱,該次卻是北部地區最嚴重一次,同位於北部地區的石門水庫亦處亢旱而無倖免,翡翠水庫於後雖未再發生,石門水庫卻於 2002 年後陸續多年發生亢旱,翡翠水庫因而擔負吃重的支援用水任務,二水庫亢旱關係緊密,本章先就 2002 年北臺灣最大亢旱年石門水庫亢旱治理作一探討,再就翡翠與石門二水庫的協力關係、公民參與及跨域治理等分別分析比較,其中翡翠水庫亢旱治理模式部分於第七章已詳細分析探討,為便於比較,本章翡翠水庫亢旱治理分析仍以重點敘明,再與石門水庫分析比較。

第一節 石門水庫的亢旱治理暨供水的比較

　　石門水庫與翡翠水庫相同,均於 2002 年面臨北臺灣最嚴重的亢旱年,惟二水庫從功能、目標不同,面對的環境、處理方式均有差異,石門水庫自 2002 年後又陸續遭遇多次亢旱,亦多次面臨用水調度、供水轄區水量等

諸多問題，以下即從亢旱治理歷程、翡翠與石門二水庫的供水比較等層面探討之。

壹、亢旱治理歷程

北臺灣最大亢旱是在 2002 年，除了翡翠水庫面臨亢旱，同屬北部地區的石門水庫亦無倖免，其動員規模之大、影響範圍之深至今無出其右，2001年 11 月至 2002 年 1 月上半月石門水庫降雨量雖偏少，然亢旱前一年底水位仍有標高 234.6 公尺（有效蓄水容量約 1.56 億，66.32%），與歷年同期水位平均值 235.84 公尺相比，相差無幾。惟讓石門水庫產生旱象警覺是在降雨不足部分，石門水庫集水區 2001 年 11 月至 2002 年 4 月累積雨量為243 公厘，僅為歷年平均值的 36%，亦為水庫 1964 年運轉以來最低累積降雨量，更甚者 4 月份水庫集水區降雨僅約 17 公厘，為水庫運轉以來第二低降雨量，加以中央氣象局預報未來雨量偏低，使石門水庫管理機構警覺可能面臨枯旱之跡象。度過 2002 年亢旱後，石門水庫又於 2003、2006、2011、2014-2015 等年遇程度不等的亢旱，以下即從 2002 年亢旱、其他亢旱年處理及亢旱後凸顯的問題等三部分探討。

一、石門水庫 2002 亢旱應變

以下分就亢旱跡象、亢旱前應變協調、人造雨作業及抗旱限水成果等部分述之如下：

（一）亢旱跡象

2002 年北臺灣的石門水庫與翡翠水庫同樣面臨嚴重乾旱，與水庫水量息息相關的二個因素-水位與雨量，石門水庫面臨情形與翡翠類似，即水位在前一年底仍有標高 234.67 公尺（有效蓄水容量仍有 66.32% ），與歷年同

期水位相比，近於平均值 235.84 公尺，並未過低，然而較為異常者為石門水庫集水區降雨量明顯偏少，除了 4 月份水庫集水區降雨僅約 17 毫米，為水庫運轉以來第二低降雨量，2001 年 11 月至 2002 年 4 月累積雨量為 243 毫米，更僅為歷年平均值 680 毫米之 36%，為水庫自 1964 年運轉以來最低累積降雨量，加以中央氣象局預報未來三個月雨量仍屬偏低，種種跡象已顯示枯旱到來。

（二）亢旱前應變協調

石門水庫供水目標設計以農業灌溉為主，北區水資源局面臨旱象的用水調度除了公共給水外，尚須考慮農業用水問題，鑒於旱象明顯，與用水單位及供水單位的協調刻不容緩，除了供水的臺水公司外，農業灌溉主要仍在水利會部分，2002 年 1 月 11 日北區水資源局邀集桃園及石門農田水利會，針對一期稻作大量用水暨春節因應之用水量，研商第一期作灌溉用水檢討及因應措施會議，要求水利會加強稻作用水管理，並決定春節期間暫停灌溉供水。同年 1 月 28 日第二次邀集相關單位，除桃園及石門農田水利會外，尚包括北水處、臺水公司、經濟部水利處等單位，會議主要目的為研商石門水庫蓄水量不足可能造成缺水之因應措施。其後，復因支援新竹科學園區（以下簡稱竹科）問題，於 2 月 22 日邀集臺水公司第三區管理處協調調用農業用水事宜，協調結果石門水庫開始於 2 月 23 日支援新竹每日用水 5.5 萬噸，並漸增量至 8 萬噸，以紓解新竹地區缺水情況。2 月 25 日更擴大邀集包括中央單位的農委會、氣象局、經濟部水資源局、[1]水利處、

---

[1] 經濟部水資源局為經濟部水利署前身，為促使水利機關事權統一及提昇效率，經濟部於 2002 年 3 月 28 日整併水資源局、水利處、臺北水源特定區管理委員會等水利機關成立「經濟部水利署」。取自：經濟部水利署網站
http://www.wra.gov.tw/ct.asp?xItem=11711&ctNode=9871&comefrom=lp#9871.

第二河川局、臺水公司，及地方主管機關的北水處、新竹、苗栗及石門等農田水利會、新竹縣政府等單位，協商新竹地區各標的缺水因應措施會議，會中獲致新竹地區部分農田休耕暨調用農業用水以及建請經濟部、新竹縣政府及苗栗縣政府儘速成立旱災緊急應變小組，循程序協調農政主管機關辦理農田休耕及農業用水調度事宜等結論。總計北區水資源局自 1 月 11 日第一次協調會開始，針對石門水庫初期旱象，至 2 月 25 日止，北區水資源局召開協調會重點，主要為解決包括桃園及新竹等地區之缺水問題。[2] 自 1 月 11 日至 2 月 25 日陸續開會協調情形如表 9-1。

表 9-1　石門水庫初期旱象應變情形

日期	協調事項	召集及出席單位	決議重點
1.11	一期稻作暨春節用水量	召集：北區水資源局 出席：桃園農田水利會、石門農田水利會、臺水公司。	1.要求水利會加強稻作用水管理，提高用水效率。 2.決定春節期間暫停灌溉供水。
1.28	石門水庫蓄水量不足可能造成缺水之因應措施會議	召集：北區水資源局 出席：北水處、臺水公司、石門及桃園農田水利會、經濟部水利處。	加強用水管理
2.22	協調調用農業用水暨紓解新竹地區缺水情況	召集：北區水資源局 出席：臺水公司第三區管理處、新竹農田水利會。	石門水庫支援新竹用水每日 5.5 萬噸，並增至 8 萬噸。
2.25	協商新竹地區各標的缺水因	召集：北區水資源局 出席：農委會、氣象局、經濟部水資源	1.辦理新竹地區部分農田休耕，並請水公司辦理調用農業用水。 2.建請經濟部、新竹縣政府及苗栗縣政府儘速成

2　李鐵民、蘇俊明（2002）。九十一年石門水庫抗旱實錄，水資源管理季刊，4（3），頁 16-17。

	應措施	局、水利處、第二河川局、臺水公司、北水處、新竹、苗栗及石門農田水利會、新竹縣政府等。	立旱災緊急應變小組,循程序協調農政主管機關辦理農田休耕及農業用水調度事宜。

資料來源：本研究整理

　　石門水庫針對旱象進行初期因應,惟由於旱象未緩,原由北區水資源局為主導的因應,自 2 月底起提升應變層級直至 6 月中旬止,分由經濟部水資源局、經濟部及「旱災中央災害應變中心」等接續主導,包括水資源局的 2 月 27、3 月 11 日二次會議,分別解決農田休耕、竹科用水及水利會大區域輪灌、石門水庫減少供水板新水廠、停供次要民生用水等問題;經濟部 4 月 26 日決議將石門水庫公共給水自 5 月 2 日起減為 135 萬噸,並實施夜間減壓,農業用水自 5 月 1 日起由每日 60 萬噸減至 45 萬噸供水。「旱災中央災害應變中心」的 5 月 2 日、5 月 9 日及 6 月 13 日、6 月 27 日等四次會議,主要為公共給水、農用水調用、夜間減壓、北水處支援水量等,另針對供水吃緊之區域,宣佈自 5 月 13 日起進入第三階段限水措施,每周供水五天半,停水一天半。並於每周四依照最新降雨狀況及水庫存量,由「旱災中央災害應變中心」決定該周末是否實施停水及以池塘灌溉、無法以池塘灌溉、池塘損害等補償討論事宜。自 2 月 27 日應變層級提升後至 6 月 27 日止情形如表 9-2。

表 9-2　　石門水庫抗旱層級提升應變情形

日期	協調事項	召集及出席單位	決議重點
2.27	桃園及新竹地區缺水因應會議	召集：水資源局(2003.3.28 改制為水利署)出席：北區水資源局、農委會、經濟部、竹科管理局、省水公司	石門及頭前溪灌區約 1.5 萬頃農田應辦休耕，調用頭前溪農業用水供應竹科產業用水及新竹地區民生用水，休耕補償費分由農委會、經濟部、竹科園區管理局及省水公司籌措部分補償經費。
3.11	因應持續枯旱桃竹地區供水協調會議	召集：水資源局出席：北區水資源局、省水公司、桃園農田水利會	（1）桃園農田水利會自 3 月 16 日起，本田用水以需水量六折供應，由桃園水利會採行大區域輪灌，延長輪灌期限及運用現有埤池存蓄水量。（2）石門水庫自 3 月 12 日起減供板新地區用水 10 萬噸，由每日原供水 160 萬噸減少為 150 萬噸，不足 10 萬噸，由自來水公司向北水處增購。（3）桃園地區由省水公司自 3 月 12 日起實施停供次要民生用水並強宣導節約用水。
4.26	全省各地區用水供需檢討會議	召集：經濟部	石門水庫供水區之公共給水自 5 月 2 日起供水量為 135 萬噸，並實施夜間減壓，農業用水自 5 月 1 日起由每日 60 萬噸減至 45 萬噸供水。
5.2	枯旱因應對策	召集：旱災中央災害應變中心與經濟部	自 5 月 3 日起石門水庫供水區農業用水每日 45 萬噸改調用公共給水，農用水改由桃園水利會池塘（約 2200 萬噸）供應，並實施夜間減壓。另由北水處支援尖離峰平均每日約 30 萬噸。
5.9	枯旱因應對策會議	召集：旱災中央災害應變中心	供水吃緊之石門水庫供水區（包含省水公司二區、十二區），宣佈自 5 月 13 日起進入第三階段限水措施，每周供水五天半，停水一天半。並於每周四依照最新降雨狀況及水庫存量，由旱災中央災害應變中心決定該周末是否實施停水及以池塘灌溉、無法以池塘灌溉、池塘損害等補償討論事宜。
6.13	枯旱因應對策會議	召集：旱災中央災害應變中心	配合 6 月 15 日端午假期，石門水庫供水區目前第三步驟每週停水一天半之限水措施，6 月 15 日及 6 月 16 日週末暫停實施。
6.27	枯旱因應對策會議	召集：旱災中央災害應變中心	石門水庫採總量管制，提供板新地區用水以不超過 36 萬噸為原則。

資料來源：本研究整理

（三）人造雨作業部分

石門水庫集水區上空人造雨作業，則由水利署會同中央氣象局、北區水資源局進行，除了石門水庫集水區選定石門、霞雲、復興、高義、巴陵、玉峰、長興派出所及奎輝派出所等多處設置施作站外，另包括苗栗的明德水庫、大埔水庫、永和山水庫、寶山第二水庫、鯉魚潭水庫、石岡壩等水庫集水區，均設置施作站進行人造雨作業，總計自 3 月 14 日起至 7 月 5 日抗旱結束止，共實施25次地面人造雨作業。由於人造雨作業需空軍支援，加以石門與翡翠等水庫同遇北臺灣最嚴重亢旱，故而人造雨作業並非獨立進行，於水庫集水區上方進行作業時均須多方相互協調支援。

（四）抗旱限水成果

石門水庫開始限水是從 3 月 12 日開始，至 6 月 30 日為止，期間長達111 日，依各期程旱象程度又劃分成三階段，各階段節水效果明顯，第一階段限水主要為實施停供次要民生用水，自 3 月 12 日起至 5 月 2 日止，計節水約 142 萬噸。第二階段採取夜間減壓方式，自 5 月 3 日起至 5 月 17 日止，計節水約 145 萬噸。第三階段自 5 月 18 日起至 6 月 30 日止共實施6 次，每次均停水一天半，分別為 5 月 18 日至 5 月 19 日節水 215 萬噸、5 月 25 日至 5 月 26 日節水 131 萬噸、6 月 1 日至 6 月 2 日節水 130 萬噸、6 月 8 日至 6 月 9 日節水 143 萬噸、6 月 22 日至 6 月 23 日節水 158 萬噸、6 月 29 日至 6 月 30 日節水 149 萬噸，第三階段合計節水 926 萬噸。石門水庫在抗旱的三個階段採取之措施，總計節水約 1,214 萬噸。各階段抗旱措施暨限水成果如表 9-3。

表 9-3　　石門水庫三階段抗旱措施暨限水成果

限水類型	時間	方式	成果
第一階段限水	3 月 12 日至 5 月 2 日止	1.本田用水以需水量六折供應，桃園水利會採行大區域輪灌，延長輪灌期限及運用現有埤池存蓄水量之方式因應 2 石門水庫自 3 月 12 日起減供板新地區用水 3.桃園地區公共給水實施停供次要民生用水	節水約 142 萬噸
第二階段	5 月 3 日至 5 月 17 日	夜間減壓	節水約 145 萬噸
第三階段	5 月 18 日至 6 月 30 日	實施供水五天半停水一天半，前後實施六次	節水約 926 萬噸。
節水成果總計	1,214 萬噸		

資料來源：本研究整理

　　2002 年亢旱後，水利署針對石門水庫供水面召開多次協調會，並做出重要改變，只要石門水庫枯水期水位標高 240 公尺以下時，臺水公司第 12 區處即板新水廠須向北水處購水至少每日 30 萬噸，標高 240 公尺以上及豐水期間，則依實際水量缺額向北水處購水以調度供應其他臺北縣地區。[3]

二、其他亢旱年處理

　　北部地區 2002 年發生嚴重抗旱，石門水庫無法倖免，且自 2002 年以來陸續又發生輕重不等的旱象，有的發生在當年，有的跨越年度，除 2002 年外，石門水庫較嚴重亢旱年包括 2003、2006、2011、2014-2015 等，有了 2002 年經驗，石門水庫遇亢旱時依其程度不等，分別採取不同作為，包

---

[3]　臺北自來水事業處（2006），臺北自來水事業處工作報告，臺北市議會公報，74（8），1439。

括應變層級、處理情形等，影響層面則依嚴峻程度而別，輕者影響農業的稻作灌溉，重者則影響民生用水。其中 2014 年 9 月至 2015 年 5 月間，歷經長達 9 個月跨越年度的乾旱事件，應變已至「旱災中央應變中心」之旱象處理最高層級，調度亦達限水的第三階段，受影響包括新北市的板新、林口與桃園市等地區，影響程度更涵蓋稻作灌溉（停灌面積近 10 年之最）、工業及民生用水等，嚴重程度被喻為僅次於 2002 年的乾旱事件。[4] 2002 年後歷次亢旱應變層級、處理情形及影響層面等如表 9-4。

表 9-4　2002 年後石門水庫歷次亢旱因應情形

年	抗旱應變層級	處理情形	影響層面
2003	經濟部	桃園農田水利會之桃園大圳灌區 24,524 公頃、石門農田水利會之石門大圳灌區 12,206 公頃等停灌，並公告補償標準。	稻作灌溉
2006	經濟部	臺水公司協調北水處每日提供 40 萬噸以上水量。 石門水利會增加移用灌溉用水，並暫停供應新竹地區水量每日 8 萬噸，轉供大桃園地區用水。	稻作灌溉 民生用水
2011	經濟部	用水調度、降壓供水、加強灌溉管理、節水宣導及省水補助、運用抗旱井及人造雨作業	稻作灌溉 民生用水
2014-2015	經濟部旱災中央災害應變中心	灌溉管理 新北板新、林口地區與桃園市 第三階段限水	稻作灌溉（停灌面積近 10 年之最）、 工業、民生用水 旱象長達 9 個月，嚴重程度僅次於 2002 年的乾旱事件。

資料來源：本研究整理

4　朱容練等，2015 年乾旱事件分析，災害防救電子報，1。取自：財團法人國家災害防救科技中心 http://satis.ncdr.nat.gov.tw/ndd/pdf_his/2015/2015011-2014-2015%E4%B9%BE%E6%97%B1%E4%BA%8B%E4%BB%B6%E6%A6%82%E8%BF%B0.pdf.

三、石門水庫亢旱後凸顯的問題

石門水庫在歷經多次亢旱事件，凸顯了水權優先及水權團體落實用水量、現有有效容量已無法滿足供水區域用水等諸項問題，分述如下：

（一）水權優先及水權團體落實用水量

水利法第十八條規範用水標的以家用及公共給水為先，石門水庫歷經多次亢旱，轄區農民均須依據水利法配合公共給水辦理休耕，水庫管理機關則面對農民補償問題，然因水權於日據時代即由水利會取得，要農民辦理休耕仍須透過溝通與協調，即使現在公共用水需求量大增，且應以民生用水為優先考量下，在調配用水上，主管機關仍須事先透過與水利會的溝通協調，獲得配合後始能彈性運用，過程中的不經意動作有可能影響到雙方的互信……

> 國內各水庫有涉及水利會部分，我們都一直在做協調角色，和地區水利會及各需水團體溝通協調，即使溝通協調好，還需要彼此的互信動作，水利會提出用水需求了，各需水單位仍會有不均的情形，例如要了五分水卻用了七分，水由水庫一放下去，會經過水利會的渠道，田間閘欄就會開啟，這個時候信用、互信的基礎就很重要，截水灌溉用水多少，取自於信用，若彼此互動能以信用為重，就可能取得另一方的信任。（R1）

即使非旱時期亦復如此，遇亢旱期原水調度吃緊時尤為明顯，此種水庫管理機關須灌溉區所在的水利會配合，始能調度運用原水的現象，除凸顯水權為水利會所擁有的事實，亦衍生出誰應擁有水權優先的再思考問題。

其次，水利法第十七條亦明定「團體公司或人民，因每一標的，取得

水權，其用水量應以其事業所必需者為限。」

> 水利會從日據時代即取得水權，即桃園與石門二水利會取得用水優先使用權，在公共給水不夠用情形下，要調度過來就要補償水利會的用水損失，全球都這樣，水權使用應真正回歸到水利法第十七條…以事業所必須者為限。水權要收回很難，因農民是弱勢，收不回來。（R7）

由於水利會用水須提出用水需求，實務運作上各單位會有水量不均的情形，亦有實際使用量與需求量不符情形，不但水量無法核實，亦過度使用了水資源，在水資源已呈現短缺的石門水庫，水利會與水庫管理機關都應為落實用水量肩負責任。

（二）現有有效容量已無法滿足供水區域用水

自 2013 年至 2015 年近三年石門水庫進水量年平均為 14.54 億立方公尺，各標的總用水量年平均為 7.91 億立方公尺，惟洩洪量年平均亦高達 4.61 億立方公尺，易言之，石門水庫集水區雖達 746 平方公里，但因石門水庫經多年淤積，容量萎縮，無法完全容納諾大集水區帶來的所有進水量，致近三年平均有三成的水量均需排洩。在容量有限下，未來亦面臨用水增加的環境，根據北區水資源局委託的一項研究，以 2031（民 120 年）為目標推估年，並在保守情境下推估桃園及板新供水區日需求量約需 224.29 萬立方公尺（包含生活用水及工業用水），其中板新地區為 82.53 萬立方公尺，屆時年需求量將達 8.18 億立方公尺，至於農業灌溉用水年需求量則為 4.25 億立方公尺，[5] 前述因素下，已使石門水庫無法滿足區域用水需求的情形愈益嚴重。

---

[5]　經濟部水利署北區水資源局（2015），石門水庫調蓄潛能檢討及跨水系經營策略規劃，結 1，5-24。

貳、翡翠水庫與石門水庫供水比較

石門水庫有效容量無法滿足供水區域用水問題已在前述亢旱後凸顯，以下即以翡翠水庫與石門水庫供水條件比較，顯示其差異性：

一、非亢旱年供水比較

翡翠水庫供水區域包括臺北市及新北市的三重（二重疏洪道以東）中和、永和、新店等 4 個區與汐止區北山里、橫科里、宜興里、福山里、東勢里、忠山里及環河里等 7 個里，[6] 供水人口五百萬，由北水處為供水單位，最近一年即 2016 年供水 7.8 億，換算為每日供水約 214 萬噸，前述供水除原有供水區域外，尚固定支援石門水庫供水轄區的板新水廠。石門水庫則為一多目標水庫，主要供應桃園、新北市及新竹縣湖口等地區，用水單位包括臺水公司第二區、十二區管理處、桃園農田水利會、石門農田水利會、中油公司桃園煉油廠及中山科學研究院，以艾利風災後 2005 至 2013 年平均營運配水觀之，在公共給水約 4.04 億噸，農業用水約 4.21 億噸，另直接供應中山科學研究院及中油公司用水約 0.11 億立方公尺，年平均總用水量約 8.36 億立方公尺。[7] 其公共給水場主要包括板新、平鎮、龍潭、石門及大湳等淨水場，每日總供水量最大可達 148 萬立方公尺，其中第十二區管理處即為板新淨水廠，其供水範圍涵蓋新北市及桃園市，其中新北市區域包括汐止、板橋、新莊、樹林、土城、三峽、鶯歌、泰山、五股、蘆洲、八里等十區及三重、中和部份等地區，桃園則為龜山、八德等區，供水人口約 208 萬，主要用水人口多集中於新北市。前述新北區域需水量每日約 83 萬至 98 萬噸，板新水廠實際出水量每日約 68 萬噸，占每日總供

6　臺北自來水事業處（2016）。臺北自來水事業處 104 統計年報，19。
7　經濟部水利署北區水資源局（2014）。石門水庫營運 50 周年特刊，135。

水量約 46%，差距的 15 萬至 30 萬噸則向以翡翠水庫為水源的北水處購買，亢旱期翡翠水庫支援甚至超過 40 萬噸。

二、亢旱年供水比較

石門水庫自 2002 年亢旱後又分別於 2003、2006、2011、2014 及 2015 等年持續發生多次亢旱，每次均由翡翠水庫以增加支援量度過，2002 年翡翠水庫同時面臨亢旱，全年支援石門水庫水量仍有 7,427 萬噸，2003 年翡翠水庫雖擺脫亢旱，但利用量仍維持低檔，支援石門水庫量卻增加為 9,649 萬噸，其後，2006 及 2011 年支援水量分別為 11,433 及 11,837 萬噸，已超過板新水廠全年供水量的 50% 以上，而 2014 年底的石門水庫亢旱期，其乾旱效應持續至 2015 年，經統計當年北臺灣亢旱時，翡翠水庫供水為 8.2 億，換算為每日供水約 225 萬噸，全年支援石門水庫供水轄區的板新水廠約 1.23 億噸，2015 年則約 1.41 億頓，[8] 使 2014、2015 連二年支援水量再創新高，每日支援水量一度增至 43 萬公噸，[9] 而同為北部的翡翠水庫 2014 年底水位尚達 166.09 公尺，蓄水率接近 9 成。翡翠水庫與石門水庫歷年運轉比較詳如表 9-5。

---

[8]　臺北翡翠水庫管理局（2017），翡翠水庫歷年水源利用統計表，取自：臺北翡翠水庫管理局網站 http://www.feitsui.gov.taipei/lp.asp?ctNode=31463&CtUnit=11150&BaseDSD=7&mp=122011.

[9]　臺北翡翠水庫管理局（2014）。「翡翠水庫水情正常，全力支援板新用水」，新聞稿，2014.12.3。

表 9-5　翡翠水庫與石門水庫歷年運轉（含亢旱年）比較　　　（單位：萬立方公尺）

	翡翠水庫與南勢溪水源合併利用			石門水庫利用量
	翡翠水庫利用量	南勢溪流量	支援臺灣自來水公司（主要為板新水廠供水區＋少部分新北、基隆）	
2002	（亢旱年）59976	66604	7427	（亢旱年）88920（板新水廠 20928）
2003	50143	59800	9649	（亢旱年）64154（板新水廠 21400）
2004	81926	138111	10217	66886（板新水廠 21864）
2005	123727	182985	7098	95877（板新水廠 22189）
2006	88776	108834	11433	（亢旱年）77985（板新水廠 22700）
2007	107217	166924	10801	79745（板新水廠 22977）
2008	95416	139037	10315	79800（板新水廠 22867）
2009	82432	107863	13383	78768（板新水廠 22033）
2010	82226	92739	11417	82671（板新水廠 22644）
2011	105907	123060	11837	（亢旱年）82860（板新水廠 22849）
2012	104685	151531	9554	90042（板新水廠 23108）
2013	94901	127330	10565	85456（板新水廠 23379）
2014	82402	97999	12317	（亢旱年）84792（板新水廠 23765）
2015	87660	124919	14129	（亢旱年）67143（板新水廠 23533）

註：　1.利用量包括發電放水利用及供應自來水利用
　　　2.支援石門水庫供水區除臺水公司第十二區管理處的板新水廠外，也包括少量的第一區管理處（部分新北市及基隆）。
資料來源：本研究整理

第二節　翡翠水庫與石門水庫亢旱治理協力關係的比較

翡翠與石門二水庫亢旱治理關係密切，以下即從經費提供與服務輸送類型及協調類型模式等二部分分析比較。

壹、經費提供與服務輸送類型

翡翠水庫亢旱期各階段抗旱工作推動，所需經費來源均由臺北市政府、中央等不同層級政府預算支應，至於服務輸送部分，由政府主導節約用水宣導、各階段限水之用水調度，屬於「政府主導」模式。石門水庫部分，不論初期應變或是旱象層級提升之應變，從 2002 年亢旱年起，歷經多次亢旱，包括補償經費在內的相關經費支出，均由北區水資源局、水利署等各級政府支應，加以各階段用水協調、調度及宣導等，經費與服務提供皆屬「政府主導」模式。至於石門水庫其他亢旱年，其供水轄區接受翡翠水庫原水支援部分，無論自翡管局或北區水資源局角度，都屬於府際層次的「政府治理」模式。

貳、協調類型模式

翡管局與北水處因應亢旱，採取的是網絡模式治理的概念，藉由網絡，成功扮演政府與民間亢旱期間新型式的合作角色。在基礎關係上，初期與媒體雙方協力合作、各取資源，及至後續與各級學校、醫院、公（工）會及與水有關行業的會議協調配合等，均處於彼此合作的基礎上。依賴程度部分，各方共體時艱度過旱象，可謂相互依賴。在交換媒介部分，雙方成員互不隸屬，並未簽訂契約，互動以信任為溝通載具。解決衝突和協調的手段部分，各方解決衝突並非以法令規範，而係平等對話。文化淵源部分，

各方互動各取資源，顯示互惠文化。依前述五項特徵顯示，翡翠水庫亢旱協調類型屬於「網絡」模式。

石門水庫部分，自 2002 年後至今，仍有多次亢旱發生，2002 年亢旱應變方式遂成為重要參考，差別只在後續多次亢旱年的深度及廣度均不及 2002。水利會農業用水與北區水資源局供水，看似政府主導，但因亢旱調水需水利會配合暫時釋出稻作灌溉用水權力，水利會損失則由政府補償，政府則將釋出的水調配至其他公共給水，政府藉由水利會配合讓出，以休耕換取補償，雙方互動類似資源交換。公共給水需民眾、私人公司等配合，讓石門水庫原水使用量撐至下個颱風帶來雨水，石門水庫供水各行動者須相互配合，相互依存，屬於相互依賴程度。水利會配合釋出灌溉水，民眾配合節水，均非政府權威指示，亦非市場需求因素，取決於彼此的相互信任。遇有衝突和協調手段，亦是以相互間對話及良好關係化解。彼此的文化淵源並非競爭或服從，而是表現於互惠文化。在抗旱的協力模式，亦屬於「網絡」模式。

從前述經費服務與協調類型特徵中觀之，翡翠與石門等二水庫抗旱模式，均為「網絡」治理範疇，無論翡翠水庫的調度機構-翡管局、北水處，或是石門水庫的調度機構—北區水資源局、臺水公司，在用水調度的網絡情境中，形式上雖擁有自主與自我管理的環境，甚而主導的權威，但因應亢旱成效是否成功，仍需視各參與者配合程度。翡翠水庫與石門水庫亢旱應變關係模式及協力模式比較如表 9-6。

表 9-6 翡翠水庫與石門水庫亢旱應變關係模式及協力模式比較

經費服務與協調類型特徵		翡翠水庫		石門水庫	
		2002 亢旱年應變	支援石門水庫亢旱年原水（2002、2003、2006、2011、2014-2015	2002 亢旱年應變	亢旱年接受翡翠水庫支援（2002、2003、2006、2011、2014-2015）
功能暨關係模式	經費提供	政府部門	政府治理	政府部門	政府治理
	服務輸送	政府部門		政府部門	
	關係模式	政府主導		政府主導	
類型暨協力模式	基礎關係	資源交換		資源交換	
	依賴程度	相互依賴		相互依賴	
	交換媒介	信任		信任	
	衝突解決和協調手段	對話、關係		對話、關係	
	文化淵源	互惠		互惠	
	協力模式	網絡		網絡	

資料來源：本研究整理

第三節 翡翠水庫與石門水庫亢旱治理公民參與的比較

　　翡翠水庫與石門水庫由於功能、環境的不同，面對的公民參與模式即有差異，本節針對翡翠與石門二水庫，就 Arnstein 公民參與八階梯理論、Irland 的公民參與系統、Cavaye 的公民及社群的參與及 Eidsvik 的公民參與模式等四種公民參與模式進行分析比較。

壹、亢旱治理公民參與模式比較

　　翡翠水庫 2002 年亢旱期共計四個月零五天,亢旱期民眾雖以提出建議及民意調查等方式參與意見,有關機構的翡管局與北水處亦能做出回應,惟議題意見未必被採納,且無法擔保民眾可對其關心的決策產生影響,在前述 Arnstein 等四種不同公民參與模式中,詮釋的意義會有差異。石門水庫部分,北區水資源局面臨歷次旱象的用水調度有公共給水及農業用水,除須公共給水對象的一般民眾配合節水、限水外,亦須水利會停止農灌的合作,此與翡翠水庫功能為單一用水目標不同,以下即以公民參與四個模式就二水庫比較如下:

一、階梯模式二水庫落於象徵式參與

　　翡翠水庫部分,依 Arnstein 公民參與八階梯理論,為「安撫」階段,屬於「象徵式」參與層次的第五階梯,即使修正的六階論,仍落於「象徵式」參與層次。石門水庫部分,依 Arnstein 公民參與八階梯理論「諮商」至「安撫」階段界定:民眾對政府政策雖有部分影響力,但充其量只是一個更高級的象徵主義,因為權力持有人仍繼續保有決定權力。依此界定則旱象的公民參與屬於「象徵式」參與層次的第四至第五階梯,即使修正的六階論,仍落於「象徵式」參與層次。

二、公民參與系統落於象徵式參與

　　翡翠水庫於亢旱期間,協調各方利益團體,調配水源客觀中立,不代表任何一方,減少產生的摩擦,在 Irland 的公民參與系統為「居間」階段,亦屬於「象徵式」層次。石門水庫的亢旱期間,則須協調包括水利會在內的各方利益團體,調配水源客觀中立,不代表任何一方,減少產生的摩擦,在 Irland 的公民參與系統為「居間」階段,亦屬於「象徵式」層次。

三、公民及社群的參與型態仍屬象徵式參與

翡翠水庫針對亢旱，於其抗旱計畫目標確定下，提供包括減免水費、補償員工工作損失等誘因，使公民與政府共體時艱，一同投入抗旱行列，在 Cavaye 的觀點，為「結構良好的社群參與」，仍屬於「象徵式」參與層次。石門水庫部分亦類似，針對亢旱，於其抗旱計畫目標確定下，提供補償誘因，使公民與政府共體時艱，一同投入抗旱行列，可歸為 Cavaye 的觀點下的「結構良好的社群參與」，仍屬於「象徵式」參與層次。

四、公民參與模式屬參與狀態

較為特別的則為 Eidsvik 的五種公民參與模式觀點，翡翠水庫部分，在其中的「合作」模式界定，民眾與決策者雙方合作，相互需求互蒙得利，民眾於過程中即屬參與狀態，若依 Eidsvik 合作模式標準，2002 年亢旱期間，公民與翡管局、北水處等互動，已屬「公民權力」的層次。石門水庫部分，同樣的 Eidsvik 的五種公民參與模式觀點，其中的「合作」模式界定，是水利會、民眾與決策者彼此合作，相互需求互蒙得利，各方於過程中即屬參與狀態，若依 Eidsvik「合作」模式標準，石門水庫公民參與亦可類歸為第六梯級，已屬「公民權力」的層次。

貳、翡翠水庫與石門水庫公民參與比較

前述分析，在 Arnstein 等四位學者公民參與階梯的界定中，翡翠水庫與石門水庫公民參與階梯相同，其中前述二水庫在 Eidsvik 的公民參與模式觀點屬於「合作」模式，均可列為公民權力層次，四個模式中已有一個模式達到公民權力層次，故二水庫在公民參與部分，均可介於第五至第六階梯間的公民權力層次。翡翠水庫與石門水庫亢旱治理階梯比較如圖 9-1。

翡翠水庫亢旱治理		層　次	石門水庫亢旱治理	
8		公民權力 （Citizen Power）		8
7				7
6	Eidsvik 合作模式		Eidsvik 的合作模式	6
5	Arnstein 安撫階段 Cavaye 結構良好社群參與	象徵式參與 （Tokenism）	Arnstein 的夥伴關係 Cavaye 的社群夥伴關係	5
4	Irland 居間階段		Irland 的居間階段	4
3				3
2		無參與狀態 （Nonparticipation）		2
1				1

圖 9-1　翡翠水庫與石門水庫亢旱治理公民參與階梯比較
資料來源：本研究繪製

第四節　翡翠水庫與石門水庫亢旱跨域治理的比較

　　翡翠水庫與石門水庫由於功能目標不同，跨域治理接觸的面稍有不同，本節將以本研究建構的跨域治理的互動、運作及結構等三層面模式分析比較翡翠水庫與石門水庫的跨域治理，藉跨域治理模式比較分析，了解翡翠水庫與石門水庫跨域治理情形，分述如後。

壹、2002 年亢旱跨域治理比較

　　北臺灣 2002 年的亢旱，目前為止是臺灣地區最嚴重的亢旱，同為北部的翡翠與石門二水庫同時面臨亢旱治理，二水庫依其所處環境而採取不同治理方式度過此次亢旱，以下分就翡翠水庫及石門水庫跨域治理作分析，再就其差別探討，分析比較如下：

一、翡翠水庫跨域治理

　　翡翠水庫部分，主導機關有翡管局及北水處，以及中央任務編組的「旱災中央災害應變中心」，合作機構（團體）包括中央的經濟部水利署、北區水資源局、臺水公司、中央氣象局及空軍氣象中心，臺北市政府所屬新聞處暨其他相關單位。亦涵蓋各工（公）會、法人團體、民間團體、公司行號等代表以及參與的民眾，民眾並藉由三次的民意調查表達政府限水措施的意見，受影響地區並遍及臺北市、新北市及接受支援的桃園等轄區，從互動面觀之，屬於「跨組織合作」及「跨越轄區的合作」關係。運作面則呈現多種面向，包括支援石門水庫供水轄區用水的府際間及跨域轄區的通力合作思考、政府部門不同職能部門間協力合作與整合一致等方式，另由於非政府部門組織、民間團體及民眾在抗旱過程中積極參與，政府部門亦須構築與私人互動機制，而在與民間企業協調用水調配則仍展現與前不同的政府主導機制。結構面則包括「中央與地方」、「地方政府間」、「政府機關與公民社會」及「政府機關與企業組織」等四種關係。

二、石門水庫跨域治理

　　北區水資源局管轄之石門水庫，於 2002 年面臨旱象的用水協調包括用水的水利會及供水的臺水公司，有關單位尚包括北水處、農委會、經濟部

水利處、第二河川局、水資源局、新竹縣政府及「旱災中央應變中心」等
單位，至於支援的水利會地區包括新竹、苗栗等。從互動面觀之可歸於「跨
越轄區的合作」關係，而北區水資源局與水利會間亦含有「跨組織合作」
關係。由於亢旱處理牽涉組織廣，運作面觀之，包括採取機關間、府際間
及跨域轄區的通力合作思考模式，政府部門亦須構築與私人互動機制及參
與者彼此間互依性，促使跨域治理之參與者的通力合作。結構面觀之，治
理類型呈現多面向，包括「中央與地方」、「政府機關與公民社會」及「政
府機關與企業組織」等關係。至於 2002 年後又發生嚴重不等的旱象，其中
2014 年 9 月至 2015 年 5 月間，歷經長達 9 個月跨越年度的乾旱事件，其
應變已至亢旱最高應變層級的「旱災中央應變中心」，限水亦達第三階段，
其跨域治理模式與前類似。

三、翡翠與石門跨域治理的差別

　　翡翠與石門二水庫亢旱治理模式雖然類似，然而程度仍有差別，主要
顯示在民間團體的配合面，翡翠水庫僅須面對民眾及民間團體，以要求節
約用水配合，翡翠水庫仍可掌控，石門水庫除須面對民眾及民間團體，尚
須面對擁有水權的水利會，雖有休耕補償以彌補農民損失作法，惟溝通過
程較費工夫，且同意的主動權不在北區水資源局，有其一定難度。其次，
由於石門水庫隸屬中央，與翡翠水庫屬於地方政府層級不同，故結構面並
無「地方政府間」關係。

貳、其他亢旱年跨域治理模式比較

　　翡翠水庫亢旱時間在 2002 年，本身面臨乾枯情形下，年支援石門水庫
量仍達 7,427 萬立方公尺，除 2002 年支援外，其後於 2003、2006、2011、
2014 及 2015 等石門水庫亢旱年，無論翡翠水庫蓄水狀況好壞，仍持續支

援，且支援水量次次增加，凸顯目前翡翠水庫與石門水庫支援與被支援的
角色。從跨域治理的互動面觀之，由於公共事務性質的公共給水，常超越
區域疆界，原有石門水庫水源無法負荷，為使問題順利解決，急需採取二
水庫跨區域的合作，故而屬於「跨越轄區的合作」關係。運作面觀之，調
度用水需具系統思維理念，採取跨域轄區的通力合作思考模式。結構面觀
之，翡翠水庫隸屬臺北市政府，北區水資源局隸屬於經濟部水利署，屬於
「中央與地方」關係。前述二水庫 2002 年亢旱及其他亢旱年跨域治理模式
比較如表 9-7。

表 9-7　翡翠水庫與石門水庫 2002 年亢旱及其他亢旱年跨域治理模式比較

構面	水庫	類型		互動面	運作面	結構面
亢旱治理	翡翠	亢旱治理	2002 亢旱	跨組織合作及跨越轄區的合作關係	府際間及跨域轄區的通力合作思考、政府部門間協力合作與整合一致等方式、構築政府與私人互動機制及參與者彼此間互依性，促使跨域治理之參與者的通力合作。	1.中央與地方 2.地方政府間 3.政府機關與公民社會 4.政府機關與企業組織
			支援石門 2002 暨其他亢旱年	跨越轄區的合作	需具系統思維理念，採取跨域轄區的通力合作思考模式。	中央與地方關係
	石門	亢旱治理	2002 暨其他亢旱年	跨組織合作及跨越轄區的合作關係	府際間及跨域轄區的通力合作思考模式，政府構築與私人互動機制及參與者彼此間互依性，促使跨域治理之參與者的通力合作	1.中央與地方關係 2.政府機關與公民社會 3.政府機關與企業組織關係

資料來源：本研究整理

第十章　結論

　　翡翠水庫向為國內水庫管理典範，治理經驗值得借鏡，但因管理機構屬公部門，有其預算及市長政見考量，加以受限地方與中央層級困境，部分業務即使有心推動，也可能受於諸多限制，致目標難以實現。經本研究後，可觀之歷任首長及工作人員對治理的辛勞付出，是以以下的研究發現，絕不代表翡翠水庫的治理欠佳或須檢討針貶之處，相反的，經過本研究深入探討，更能看出翡翠水庫實至名歸的治理績效，堪稱國內水庫管理的佼佼者，故而本研究的發現、建言，只是研究者對管理機構更深的誠摯期許，未帶任何貶抑之意，除此，亦對國內其他水庫共同面臨的問題提出關注，經由前述各章探討分析後，以下即從研究發現、研究建議及研究展望等做一總結。

第一節　研究發現

　　經由前述各章探討後，本研究發現將先就翡翠水庫治理環境做總結說明，由於翡翠水庫治理環境與國內其他水庫存在差異，這些存在的環境差異將影響主政者治理水庫走向，其次，以翡翠水庫業務治理面做總結，包括治理關係及各構面的研究發現，最後再就亢旱治理面提出，研究發現如

下：

壹、翡翠水庫治理環境

　　翡翠水庫治理有其營運時先天即存在的環境，有些則為決策者的個人因素，這些環境多為結構性質較難改變，經由對治理環境的了解可對翡翠水庫有更深入認識，以下即從先天未被開發及嚴格法令規範優勢、水庫使用標的不同的影響、設立水源特定區的功能、資源相對不足的治理、不同決策者展現不同思維及治理業務的持續性等六部分說明。

一、先天未被開發及嚴格法令規範優勢

　　翡翠水庫興建前，其集水區並未大量開發，即使翡翠水庫集水區計畫初期，住居戶因土地受限於非水庫蓄水範圍的法令限制，致無法一併徵收，惟數量極少，擁有先天未被大量開發的優勢，且管理法令依據為限制較嚴的「都市計畫法」，規範使用人限制妨礙一切都市計畫之使用，由於以都市計畫手段管理非都市區，故其管理較嚴，使該水庫集水區的水土保持及水源維護治理條件較國內其他水庫為優。

二、水庫使用標的不同的影響

　　翡翠與國內其他水庫設計初期的使用標的不同，翡翠水庫為單一目標水庫，即以公共給水為主要標的，國內其他水庫則仍以農業供水為主；其次為發電、防洪、給水及觀光等，屬於多目標功能水庫，既以農業灌溉為主，水質條件要求即不相同，管理方式自是不同。

三、設立水源特定區的功能

　　翡翠水庫周遭有水源特定區的劃設，集水區涵蓋在內，並設有水源局，

統籌維護水源區業務，經由都市計畫法設立之水源、水質、水量保護區，負責管理新店溪青潭堰上游集水區之水源、水質、水量之安全與潔淨，並為防止水庫淤積，禁止水源特定區範圍內土地濫墾或開發行為，以延長水庫使用年限，藉以保護供應大臺北地區目前約五百萬人口自來水之水源、水質不受破壞與污染，因水源特定區劃設而有集水區主管機關水源局的成立，使翡翠水庫既有水庫管理機構管理，又另設有專責機關管理集水區，二機構的管理使翡翠水庫相較其他國內水庫的管理環境可謂得天獨厚。

四、資源相對不足的治理

翡翠水庫由翡管局管理，行政層級隸屬於臺北市政府，石門水庫則隸屬經濟部水利署，為中央層級單位，在治理資源上石門水庫確實較臺北市政府所管轄的翡翠水庫甚具優勢，尤其集水區的水土保持部分，無論是造林、道路水土保持、崩塌地處理、溪流整治、興建防砂壩等，一個大規模有系列的整治計畫動輒十餘億，這是地方政府所屬的翡翠水庫所無法比擬的。

五、不同決策者展現不同思維

翡翠水庫在營運初期並未有計畫的與非政府部門合作，即使如烏來杜鵑等的復育項目亦屬被動配合，這種情形，部分與翡翠水庫管理機構成立初期，仍強調以專業業務為主有關，故而著重於水庫大壩安全、操作運轉等業務面向，另一部分則仍在於決策者的管理思維，經研究發現，同樣翡翠水庫環境，不同決策者會展現不同思維，繼任者有可能推動更為積極，例如將生態業務轉化為環境教育等創新作法，即為決策者因應不同環境作法，對水庫治理均有助益。

六、部分業務的連續性

前述研究另發現，翡翠水庫部分治理業務是有連續性的，不因首長的更迭而受影響，對大臺北地區民眾言，政府就只有一個，部分業務施政推動不因政黨更迭而有所不同，在研究後發現，部分持續性的治理議題，包括水源維護的聯合稽查業務及教育宣導的志工制度化等業務推動，繼任者仍會持續性推動，甚而更為積極。

貳、業務治理面

分為治理關係及業務二部分述之。

一、治理關係

治理關係主要在翡管局與水源局的主要治理機構關係及多機關治理的效應等二部分，研究發現如下：

（一）主要治理機關關係

翡翠水庫興建期間即有集水區主管機關水源會（水源局前身）的成立，2002 年前，無論是水源局或水源會時期均隸屬臺灣省政府，由於經費因素，與翡建會（翡管局前身）關係為既接受督促，又相輔相成，為日後翡翠水庫治理打下良好基礎，此種既有水庫管理機關又有集水區主管機關設立的條件非其他水庫所能比擬。但由於翡管局與水源局隸屬上級不同，彼此形成一種特別治理關係，此種關係為「既競爭又合作」，尤其顯示在水土保持及水源維護等治理面上，競爭雖有其正面功能，亦不得不防其負面效應，此種關係尤如槓桿原理般，端賴重物與支撐點的距離而定，而此重物就是「本位主義」，政策推動好比施力點，政策推動時若本位主義愈重，則施力困難，只要稍有偏差，就會出現費力的負

面功能。

（二）多機關治理的效應

翡翠水庫多年治理下，與各機關的協調溝通日蒸熟練，然而多年來互動，在水庫管理機構仍面臨說不出的困境；全球氣候變遷導致極端氣候，颱風與暴雨頻率增加，事先整治與事後補救的效率益顯重要，現有翡翠水庫治理業務涉及機關包括管理機構的臺北市政府的翡管局、集水區主管機關的經濟部水利署水源局、林業部分的農委會林務局、水土保持部分的水土保持局及下游供應住戶用水的北水處等，各機關由於業務不同、考量不同，以致立場相異，確實需費心力溝通協調，加以公文往返所耗時間，不論事先整治或事後補救，在治理時間緊促下易顯治理效率的窘境。

二、業務治理

業務治理面的發現，包括生態需求的侷限、水土保持治理與在地意見、水源維護及環境景觀治理資源整合問題及教育宣導的經費挹注等部分如下：

（一）生態需求的侷限

翡翠水庫生態治理的經費提供與服務輸送呈現合作模式，與第三部門協力則主要以網絡為主，雙方參與呈現出自主與自我管理的特質，成功扮演政府新型式的合作，前述治理模式，增加了管理機構以外的多元看法，分別成就了翡翠水庫陸上動、植物生態的基礎調查、棲息環境的維護及烏來杜鵑的復育成功等等，提供了好的水質環境，及後續研究的基礎。值此生態治理經多年努力，將管制下的多樣化生態透過教材、活動、導覽等介紹給大眾，成效斐然的同時，似應思索調整的可能性，生態治理構面的生

態調查於 2003 年以後改以發包委託方式，以招標價格取勝，委託內容主要仍由翡管局主導，此種以政府單方需求為主的思考方式，雖然運行多年，但是否足以因應氣候變遷下，棲地及生態環境急速變化的需求，是在前述治理成效下另外可以思考的空間。

（二）水土保持治理與在地意見

翡翠水庫水土保持業務從其治理模式觀之，長時間多以「政府治理」為主，未見與第三部門甚而在地民眾的合作經驗，後續接任者亦採取同一模式，最多僅由基金會以經費贊助進行，而無實質的參與意見，此種治理方式主要由於水土保持業務的專業性質及翡翠水庫集水區目前屬管制區等有關。然而，自另角度觀之，翡翠水庫雖為管制區，但集水區遼闊，鄰界周遭常有私人種植茶園及坪林休憩點帶來的人潮，無法與外界全然隔絕，水土保持治理面由於環節相扣，部分地點甚而直接與當地人利害相關，在地民眾意見就顯得重要，誠如……以專業為基礎的尊重民意，讓大家回到理性面來檢討，多聽一點而非多讓一些，並非一味的讓步，在地知識能了解水什麼時候會淹……如何做到以專業為基礎的尊重民意，讓在地民眾意見參與共同治理，似可作為管理機構日後考慮之處。

（三）水源維護及環境景觀治理資源整合問題

水源局於 2013 年成立的「公、私協力平台交流機制」成為網絡治理重要部分，使翡翠水庫的水源維護及環境景觀治理等業務，能有第三部門的意見參與而達到公民權力層次，對翡翠水庫集水區有一定程度治理效果，可惜此項資源未能整合，水源局與在地非政府團體自 2013 年合組機制運作後即定期互動，這項民間資源的運用不啻為民眾參與水資源管理的基礎，水庫管理機構似可與集水區主管機構就這項資源整合，運用於水庫管理層面。然而，二機構要整合亦面臨地方與中央不同層級的整合問題，實務推

動上有其業務及立場等問題需解決，整合要能成功，除翡管局與水源局的主動外，經濟部水利署亦應扮演主要推手角色。

（四）教育宣導的經費挹注

翡翠水庫的教育宣導主要呈現於網絡模式的概念，包括學術機構、環保團體、在地其他團體等的參與，導覽人員則來自各行業，各方參與者原擁有專業領域不同，讓翡翠水庫教育宣導注入不同想法，使管理機構能提供更具深度、廣度及有效的做法。翡翠水庫的教育宣導在翡管局及水源局二機關分別推動下，不論與學術單位的合作或與非政府團體的合作關係等，均展現公民組織高度自主與獨立性，達公民權力層次，在跨域治理上屬於類似公、私協力及公、私協力夥伴關係。多年來翡翠水庫的教育宣導表現在生態教材、活動及志工導覽等細項上，尤其志工導覽扮演更為重要角色，現任決策者將志工團體有系統管理，即代表決策者對導覽業務的重視，惟不可否認，水庫管理機構的預算編列有其規範，亦須依市長的指示辦理，致在經費運用上常礙於規範而有捉襟見肘之困境，現今仍能運行如常不外於首長的支持及志工的熱誠，然而要建立長久體制，還在於經費能制度化的使用，包括市長對經費運用原則性指示的解套及會計單位的配合，如此，始能讓教育宣導推動更為順暢。

三、非專業因素干擾成為水庫治理隱憂

水庫管理機構因應颱風的運轉措施，當造成水庫淤積的嚴重影響時，就會影響到水庫的壽命，然而無論翡翠或是石門，遇到干擾的處理方式不同，影響效應自是不同，但是干擾因素絕非限於翡翠與石門等二水庫，尤其國內其他大型水庫，都有可能於颱風洪水肆虐的同時面臨非專業的干擾，管理機構的決策者若不謹慎處理，非專業因素干擾將成為水庫治理看不見的隱憂。

參、亢旱治理面

亢旱治理面的研究發現主要在於翡翠水庫及石門水庫供水量現況以及水源狀況等，包括漏水率降低與水量增長，主要溪流流量穩定性及石門水庫不佳的蓄水量等，以下即從翡翠水庫支援的供水反思、主要溪流流量難以穩定及石門水庫蓄水困境等三層面說明如下：

一、翡翠水庫支援的供水反思

自 2003 年起北水處的管網改善，使大臺北漏水率從 2005 年 26.99％降低至 2016 年 14.95％，2016 年轄區配水量 7 億噸，相較於 2005 年改善前之 8.4 億噸，每年可節省 1.4 億噸的自來水，相當於三分之一座翡翠水庫蓄水量，此可從 2007-2016 年北水處的配水量遞減即可看出。再以 2014 年亢旱為例，北水處 2014 年因管網改善而節省 1.79 億噸轄區配水量，其中的 1.23 億噸擴大支援石門水庫供水的板新地區，並留存 0.56 億噸於水庫中，相當於省下半座翡翠水庫水量。若板新水廠轉由北水處經營，所需水源來自翡翠水庫與南勢溪二處，在翡翠水庫與南勢溪聯合運用下，依前述翡翠水庫多出的水量，翡翠水庫亦有能力增加調度供應板新供水區域，石門水庫因而可省下 46% 的年供應水量，部分仍可供應其他支援地區，部分則儲存水庫，石門水庫亢旱期頻率將可降低許多。自「板新地區供水改善計畫二期工程」完工後，翡翠水庫供應人口預計高達 630 萬人以上，涵蓋原臺水公司板新水廠的人口量，更加確定翡翠水庫水量足以納入臺水公司的板新水廠。

二、主要溪流流量難以穩定

雖然水利署已針對板新地區提出供水改善計畫，以流域生活圈之理念，檢討評估新店溪及大漢溪之水源調度能力，以靈活調度新店溪及大漢溪流

域水源，但由於新店溪的調度受到翡翠水庫與南勢溪聯合運用影響；在北水處優先使用南勢溪取水的原則下，加上氣候變遷效應，使南勢溪下游的新店溪流量難以穩定。

三、石門水庫蓄水困境

石門水庫本身則蓄水條件不佳，石門水庫有效容量經多年淤積後僅餘二億，約為原計畫容量的 65%，在降雨不均的氣候因素下，空有 707 平方公里諾大集水區，石門水庫在容量有限下卻攔不住多餘的水，前述板新地區供水改善計畫固可讓石門水庫供水壓力舒緩但並未實質解決問題。

四、水利會擁有水權的思考

國內除翡翠水庫外，其他水庫均面臨水利會擁用水權的問題，水利會擁有水權主要於日本時代開始，其功能以灌溉為主，發展有其環境背景，以當時社會發展環境，包括人口用水、工業用水等均能因應，然而臺灣水資源環境歷經幾十年的變遷已走到瓶頸，新的水資源開發受阻，用水需求卻激增，加以氣候異常，亢旱頻率增加，調度單位常須與水利會協調，農損、賠償常常須協調再三，吵吵嚷嚷，增加用水調度困難，民生用水優先的環境使得水利會擁有水權灌溉反成為突兀，成為未來應可思考的議題。

第二節　研究建議

經由前述研究發現，以下提出包括鉅視層面的建立以流域為主的共管機構、供水轄區調整與整合自來水事業、落實規定及改變水權使用現狀、非專業因素干擾的避免等四項建議及微視層面的尋求新的生態合作夥伴、提供合作機制強化水土保持及整合交流平台機制等三項建議，述之如後。

壹、鉅視面

鉅視面提出四個建議方向如下：

一、建立以流域為主的共管機構

將集水區涉及的林業、環保、水土保持等業務與供水、水庫管理機構等合併，另成立新的管理機構，可解決目前水庫業務涉及多機構治理的效率及日後水庫老化維護預算等問題。此一機構非單屬臺北市政府亦非經濟部，而係採雙方共管方式，此與以往學者專家曾論述隸屬中央管轄的流域管理局運作不同，由於賦予實際解決業務權限且可同時享有中央預算資源，對臺北市民水源頭管理助益甚大，共管方式亦未喪失臺北市議員監督權力，臺北市議會經適當溝通下未必反對，由於事涉中央及臺北市政府權責，二層級政府須先達成共識，作法上可先由中央邀臺北市共籌規劃原則開始，一旦完成共管機構設置，翡翠水庫更能因應日後設施老化暨氣候環境變遷導致的大規模維護治理。

二、供水轄區調整與整合自來水事業

無論前述以流域管理為主的機構是否成立，「供水轄區重劃調整」與「由二自來水事業共組新公司」均為可思考面向，然而無論是哪種面向，牽涉均廣，後者的共組新公司又較前者轄區重劃更形複雜，建議可先從前者先做，即將現有石門水庫供水轄區的板新給水廠劃由翡翠水庫供水轄區的北水處經營，此項供水轄區調整事涉經濟部權責，需由中央推動。在推動供水轄區調整時，亦應針對板新淨水廠營收面處理，自 2002 年至今，板新淨水廠僅 2009 及 2015 年較前一年為差，其餘均為正成長，易言之，板新淨水廠屬於臺水公司賺錢的單位，要將賺錢單位改由別人經營，牽涉面甚廣，應是政府處理成功與否的癥結點。

三、落實規定及改變水權使用現狀

有關解決水利會擁有水權部分，可分短、長期目標進行，短期目標應落實水利法十七條規定，即水權取得的團體公司或人民，其用水量須回歸到以事業所必須者為限⋯農田水利會應以提供農業灌溉用水為主要任務，而水利會會員的用水有無依照規範，水利會自應約束，水庫管理機構亦應以管理立場落實用水項目的管控。

長期目標則應將水利會擁有水權使用的現狀改變，先以政策決定再討論修法，至於補償農業損失部分，其目的主要在於農民的生計，這部分可以其他方式作為改變後的配套。

四、非專業因素干擾的避免

水庫操作有其專業性，亦有其規範遵循，主事者應依其專業判定或是內部討論後，決定是否須因突來的指令而改變作法，包括有無違反操作規範、改變決策影響效應等，若明顯逾越專業的指令，決策者仍應拒絕，以免為水庫治理帶來不確定的風險。

貳、微視面

微視面提出三個建議方向如下：

一、尋求新的生態合作夥伴

無論是生態調查或是棲息地維護，原有委託關係，均以政府需求為主，主要以政府的角度單一層面思考問題，雖屬管轄權限但畢竟生態領域人才有限，且長期於公部門難免受到業務量排擠及視野侷限困擾，若改變為雙方均平等的夥伴關係，或是再尋求理念相合的學術機構，雙方建立彼此需求，以其專業提供意見，管理機構則從預算及執行面等思考篩選，始能跳

脫見樹不見林的狹窄窠臼。其次，既然已有學術單位進入研究，翡翠水庫就有學術平台功能，其他有關學術機構亦可申請參與，甚而進一步合作調查，共同治理。至於管理機構則可積極邀約學術或生態研究團體，不同機構人員的研究，或可在動植物生態上有不同發現，甚而有新的見解，總之，水庫生態與水資源息息相關，多層了解集水區內生態情形對水庫管理有正面功能。

二、提供合作機制強化水土保持

水庫管理機構可成立與第三部門及公民團體的合作機制，可以在地團體為主，提供水土保持處理方式、處理範圍之參考，若需技術面的意見，可加入專業團體及學術機構等人員，平時不定期至集水區脆弱處了解現況，提供預防意見，遇特別狀況時，包括水土保持嚴重流失及大面積坍塌等更可借重此機制現場會勘，提出處理看法，雖有意見紛雜等問題，管理機構仍有分析彙整能力，如此，集水區水土保持的點與面均可顧及。

三、整合交流平台機制

水庫管理機構可與水源局合作，將水源局與在地團體的交流平台機制納入管理機構機制內，合作方式亦可多樣化，與前述水土保持合作機制不同，以水庫管理機構而言，納入該機制可多聽在地團體意見，對業務推動甚而施政方針會有不同面向的思考。至於納入的方式「整併」為主要方式，若短期不能實現，可先後以會議決議送交水庫管理機構、水庫管理機構參與交流平台機制會議等進行，如此，水庫管理機關始能聽到更多元聲音。

第三節　研究發展

　　未來在翡翠水庫的後續研究，仍有不少可接續的研究方向，包括翡翠水庫大壩安全及水庫操作等二層面以及將曾文水庫納入研究，以增加水庫研究數量，並供主管機關推動業務參考及爾後研究更為客觀的比較等，述之如下：

壹、翡翠水庫的研究層面增加

　　翡翠水庫研究層面包括大壩安全及水庫操作運轉等業務領域，述之如下：

一、大壩安全面

　　大壩安全向為大臺北地區民眾所關注，因其影響層面涵蓋臺北市及新北市居民，亦為雙北居民所關注議題，大壩安全面主要著重在「大壩安全監測與管理」，細部項目涵蓋監測評析、大壩設施維護、監測系統強化等。

二、操作運轉面

　　包括與北水處及臺電合作的供水兼發電、攔蓄洪水等細部項目，亦包括颱洪時期與石門水庫的聯合操作等。

貳、曾文水庫列入研究

　　將曾文水庫列入後續研究，包括本研究的業務治理及亢旱等二層面，並將前述大壩安全及水庫操作等層面納入，連同已研究的翡翠及石門二大水庫，將國內前三大（蓄水量）主要水庫做一完整比較，提供主管機關推動業務參考並供後續研究者研究使用。

參考文獻

一、中文部分

（一）期刊論文

李長晏

2004　全球化治理：地方政府跨區域合作分析。*研考雙月刊*。28（5）：55-65。

2012　*區域發展與跨域治理理論與實務*。元照出版社。

李柏諭

2010　跨域公共事務的管理邏輯：治理演化的類型分析。*文官制度季刊*。2（4）：1-39。

李鐵民、蘇俊明

2002　九十一年石門水庫抗旱實錄。*水資源管理季刊*。4（3）：16-26。

呂宗盈等

2015　水庫集水區國有土地占用問題之研究。*建築與規劃學報*。16（1）：81-97。

何幸娟等

2012　石門水庫集水區崩塌時空變遷與保育治理成效探討。*水保技術*。7（3）:174-188。

2013　莫拉克颱風後曾文水庫集水區山坡地保育治理成效評估。*中興工程*。(118)：21-30。

林信輝等

2009　水庫集水區環境棲地管理與治理保育對策之研究。*水利署 98 年度委辦計畫成果發表會*。經濟部水利署。

紀俊臣

2006　*都市及區域治理*。臺北：五南圖書出版公司。

孫稚堤等

2012　流域治理與土地倫理之研究－以石門水庫上游集水區的原住民族部落為例。*地理學報*。66：21-51。

姚祥瑞

2014　中央與地方權限劃分：臺北市自來水水權劃分觀點，*中國地方自治*。66（5）：4-26。

2016　公共治理決策模式探討：以大臺北管網改善決策為例，*中國地方自治*。69（4）：25-61。

2016　*臺灣的六都與中央權力互動參考-府際治理觀點*。臺北：蘭臺出版社。

葉昭憲等

2010　水庫保護帶土地取得方式評估研究。*臺灣水利*。58（3）：（94-102）。

詹中原等

2006　*政府危機管理*。蘆洲：國立空中大學。

（二）政府出版品

臺北市政府

2014　大事記要。*臺北市年鑑*。臺北：臺北市政府。

臺北翡翠水庫管理局

1999-2016　*翡翠水庫年刊*。臺北：臺北翡翠水庫管理局。

2001　*水、生命、翡翠，水資源教育宣導成果*。臺北：臺北翡翠水庫管理局，2001。

2002　　翡翠水庫竣工十五周年特刊-「水庫情緣自淺深」。臺北：臺北翡翠水庫管理局。

2007　　「水、生命、翡翠」-翡翠水庫環境與常見動、植物圖鑑。臺北：臺北翡翠水庫管理局，7版。

臺北自來水事業處

2003　　抗旱四月實錄。臺北：臺北自來水事業處。

經濟部水利署北區水資源局

2006　　北區水資源局94年度年報。桃園：經濟部北區水資源局出版。

2011　　北區水資源局99年度年報。桃園：經濟部北區水資源局出版。

2012　　北區水資源局100年度年報。桃園：經濟部北區水資源局出版。

2014　　北區水資源局102年度年報。桃園：經濟部北區水資源局出版。

2015　　北區水資源局103年度年報。桃園：經濟部北區水資源局出版。

2016　　北區水資源局104年度年報。桃園：經濟部北區水資源局出版。

2014　　石門水庫營運50周年特刊。桃園：經濟部水利署北區水資源局。

2015　　石門水庫調蓄潛能檢討及跨水系經營策略規劃。桃園：經濟部水利署北區水資源局。

經濟部水利署臺北水源特定區管理局

2005-2016　　臺北水源特定區管理局工作年報。臺北：臺北水源特定區管理局。

2013　　護水30周年紀念專刊。臺北：臺北水源特定區管理局。

經濟部水利署南區水資源局

2013　　曾文水庫40周年紀念專刊。臺南：經濟部水利署南區水資源局。

（三）政府新聞稿

行政院

2015　　毛揆：全面思考水資源政策 建構有效率管理機制。即時新聞。2015.3.19。

臺北翡翠水庫管理局

2011　　翡翠水庫保育有成　翡翠樹蛙現蹤。*新聞稿*。2011.5.27。

2014　　防淤減淤有成　翡翠水庫不老－去年淤積量減至 33.2 萬立方公尺再用百年以上沒問題。*新聞稿*。2014.3.3。

2014　　大臺北水源故鄉的探索　邀您參加生態環教活動。*新聞稿*。2014.3.4。

2014　　翡翠水庫食蛇龜保護區最新研究成果出爐。*新聞稿*。2014.11.23。

2014　　中央與地方攜手提升翡翠水庫水源區污水處理率　確保雙北市民高品質飲用水源。*新聞稿*。2014.11.2。

2017　　水資源共享，翡翠水庫全力支援板新地區用水。*新聞稿*。2017.2.23。

（四）其他

臺北翡翠水庫管理局書面工作報告（2006），臺北市議會公報 74（8）。

臺北翡翠水庫管理局書面工作報告（2007），臺北市議會公報 75（10）。

臺北翡翠水庫管理局書面工作報告（2009），臺北市議會公報 80（8）。

臺北翡翠水庫管理局書面工作報告（2011），臺北市議會公報 87（2）。

臺北翡翠水庫管理局書面工作報告（2014），臺北市議會公報 96（3）。

臺北翡翠水庫管理局書面工作報告（2015），臺北市議會公報 103（1）。

旱災中央災害應變中心

2002　　*旱災中央災害應變中心總結報告*。

經濟部水利署

2002　　節水抗旱大作戰　北市全面動起來。*臺北地區抗旱應變措施紀實*。未出版。

臺北翡翠水庫管理局

1988　　*翡翠水庫計畫執行成效評估報告*。未出版。

2002　　*翡翠水庫 91 年抗旱四月紀實報告*。未出版。

臺北水源特定區管理局

2014　　「經濟部水利署臺北水源特定區管理局與 NGO 團體公私協力交流」

第 6 次會議紀錄。2014.9.5。

2015　「經濟部水利署臺北水源特定區管理局與 NGO 團體公私協力交流」第 7 次會議紀錄。2015.3.27。

行政院環保署

2008　「北宜高速公路坪林行控中心專用道開放供外來旅客(每日最多四千車次)水源區保護共同管理協調會報執行監督委員會」第六次協商會議會議記錄。2008.6.23。

李佳純

2016　石門水庫集水區整體治理規劃成效評估。臺北科技大學土木工程系土木與防災碩士班碩士論文。

傅小芷

2011　建構以部落為基礎之流域資源治理策略-以新竹縣尖石鄉石門水庫集水區為例。國立政治大學地政學研究所碩士論文。

江昌宇

2014　水庫集水區空間規劃策略之研究-以烏山頭水庫風景特定區為例。國立高學大學創意設計與建築學系研究所碩士論文碩士論文。

洪繼懋

2008　石門水庫集水區崩塌地保育治理管理系統之研擬。中華大學營建管理研究所碩士論文碩士論文。

陳亞婷

2010　初探石門水庫集水區保育治理工程生態保育措施推動歷程及參與觀察者環境教育學習行為模式之轉變。國立臺灣師範大學環境教育研究所碩士論文。

陳文欣

2010　水庫集水區整體治理規劃之探討—以德基水庫為例。國立臺灣大學生物環境系統工程學碩士論文。

陳柏宇

2013　　政策執行中跨域協力預防貪腐之探討-以「曾文南化烏山頭水庫治理及穩定南部地區供水計畫」為例。世新大學行政管理學碩士論文。

侯耀堂
2013　　阿公店水庫延壽對策之研究。國立成功大學土木工程學碩士論文。

二、英文部分

Abramson, J. S.,& B. B. Rosenthal
1995　　Interdisciplinary and interorganizational ollaboration.In NASW (Eds.). *Encyclopedia of social work* (19th)1479-1489. Maryland:NASW.

Arnstein ,Sherry. R.
1969　　A Ladder of Citizen Participation, *Journal of the American Institute of Planner*, 4:216-224.
1977　　*A Ladder of Citizen Participation in the Politics of Technology*, London:Longmanand Open University.240-243.

The Commission on Global Governance
1995　　*Our Global Neighborhood: The Report of the Commission on Global Governance*. Oxford University Press.

Bellamy,C
2011　　The Whitehall Programme and After: ResearchingGovernment in Time of Governance. *Public Administration* .89(1): 78-92.

Bell, S. & A. Hindmoor
2009　　*Rethinking governance: The Centrality of the State in Modern Society*. Cambridge: Cambridge University Press.

Bevir, M., & R. A. W. Rhodes
2008a　　Decentered Theory, Change and Network Governance .*Theories of Democratic Network Governance*.eds. Sørensen, Eva & Jacob Torfing.

Hampshire: Palgrave Macmillan, 77-91.

2011　"The Stateless State."*The Sage Handbook of Governance*, ed. Mark Bevir. London: Sage Publication Ltd.

Bloomfield, P.

2006　The challenging business of long-term public private partnerships: Reflections on local experience. *Public Administration Review*. 66(3): 400-411.

Cavaye,J.

2004　Governance and Community Engagement：The Australian Experience, W.R.Lovan,M.Murray,＆Shaffer,R.（eds.）,*Participatory Governance:Planning,Conflict Mediation and Public Decision-Making in Civil Society*.85-101.Burlington：Ashgate Publish CO.

Eidsvik, H. K.

1978　*Involving the Public in Park Planning*. Canada: Parks.

Gidron, B., Kramer, R. M., & Salamon, L. M.

1992　*Government and the Third Sector:Emergong Relationships in Welfare States* (1st Ed.).San Francisco, CA.: Jossey Bass.

Grimshaw, D., S. Vincent, & H. Willmott

2002　Going Privately: Partnership and Outsourcing in UK Public Services. *Public Administration*.80(3): 475-502.

Grindle, M. S

2004　Good Enough Governance: Poverty Reduction and Reformin Developing Countries.*Governance: An International Journal of Policy,Administration, and Institutions* .17(4): 525-548.

Gazley, B.

2008　Beyond the Contract: The Scope and Nature of Informal GovernmentNonprofit Partnerships. *Public Administration*

　　　　　　Review.68(1): 141-154.

Hughes,O

1998　　*Public Management and Administration：An Introduction*. New York: St Martin's Press.

Irland, L. C.

1975　　Citizen participation—A tool for conflict management on the public lands. *Public Administration Review*, 35(3), 263-269.

King,C.S., &C.Stivers

1998　　*Government is Us：Public Administration in an Anti-Government Era*.Thousand Oaks,CA.：Sage.

Kooiman, J. & S. Jentoft

2009　　Meta-governance: Value, Norms and Principles,and the Making of Hard Choice. *Public Administration*. 87(4): 818-836.

Lan, Z., & D. H. Rosenbloom

1992　　Editorial. *Public Administration Review*, 52(6):535-537.

Lewicki,R.J. &Bunker,B.B.

1996　　"Developing and Maintaining Trust in Work Relationships, "R.M.Kramer et al.（eds）*Trust in Organizations：Frontiers of Theory and Research*.Thousand Oak,C.A.：Sage.

M,Bevir., & R. A. W. Rhodes

2008a　　Decentred Theory, Change and Network Governance .*Theories of Democratic Network Governance*, eds. ,Sørensen, Eva & Jacob Torfing. Hampshire: Palgrave Macmillan, 77-91.

Minogue, Martin.

2000　　*Should Flawed Models of Public Management be Exported? Issues and Practice*. U.K Manchester: Public Policy and Management

Working Paper.

Marsh,D

2011   The New Orthodoxy: the Differentiated Polity Model.*Public Administration* 89(1): 32-48.

Osborne, D., & T. Gaebler

1992   *Reinventing Government:Reading*, MA: Addison-Weseley.

O'Toole, L. J., Jr.

1997   Treating Networks Seriously: Practical and Research-Based Agendas .Public Administration. *Public Administration Review.* 57(1): 45-52.

Pierre,J (Ed.)

1997   *Partnerships in Urban Governance: European and American Experiences* . Basingstoke, Hampshire: Macmillan Press.

Pierre,J

2007   From Government to Governmance-And back? Understanding the Changing Role of Government in Governmance .*International Conference Government Performance Management.*

Rhodes, R.A.W.

1996   The New Governance: Governing without Government. *Political Studies.*XLIV, 652-667.

1999   *Foreword：Governance and Networks*. Gerry Stoker ed.,*The New Management of British Local Governance.*London：MacMillan Press Ltd.

Rosenbloom, D. H

1998   *Public Administration: Understanding Management, Politics, and Law in the Public Sector*. 4th Ed. New York: McGraw-Hill Companies, Inc.,

D.H,Rosenbloom., &R.S,Kravchuk

2002   *Public Administration: Understanding Management, Politics, and Law   in the Public Sector.* 5th Ed. New York: McGraw-Hill Companies, Inc.

Newman,J.

2005   *Remaking Governance：Peoples,Politics and the Public Sphere.*Bristol：The Policy Press.

O' Toole,L.J.

1997   Treating Networks Seriously: Practical and Research-Based Agendas in Public Administration. *Public Administration Review.*57(1): 45-52.

國家圖書館出版品預行編目資料

臺灣水庫治理：翡翠水庫的經驗/ 姚祥瑞　著
-- 民國 107 年 1 月　初版. --
臺北市：蘭臺出版社 -
ISBN： 978-986-5633-65-3 (平裝)
1.水資源管理　2.翡翠水庫
443.6433　　　　　　　　　　　　106023619

台灣社會文化研究叢書 1

臺灣水庫治理：
翡翠水庫的經驗

著　　者：姚祥瑞
執行編輯：楊容容
執行美編：林宜農
封面設計：林宜農
出 版 者：蘭臺出版社
發　　行：蘭臺出版社
地　　址：台北市中正區重慶南路 1 段 121 號 8 樓之 14
電　　話：(02)2331-1675 或(02)2331-1691
傳　　真：(02)2382-6225
E—MAIL：books5w@yahoo.com.tw 或 books5w@gmail.com
網路書店：http://bookstv.com.tw　http://store.pchome.com.tw/yesbooks/
　　　　　三民書局　博客來網路書店 http://www.books.com.tw
總 經 銷：聯合發行有限公司
電　　話：(02) 2917-8022　　　　傳　真：(02) 2915-2712
劃撥戶名：蘭臺出版社　帳號：18995335
香港代理：香港聯合零售有限公司
地　　址：香港新界大蒲汀麗路 36 號中華商務印刷大樓
C&C Building, 36,Ting, Lai, Road, Tai,Po, New,Territories
電　　話：(852)2150-2100　　　　傳真：(852)2356-0735
經　　銷：廈門外圖集團有限公司
地　　址：廈門市湖里區悅華路8 號4 樓
電　　話：(592) 2230177　　　　傳　真：(592) 5365089
出版日期：中華民國 107 年 1 月　初版
定　　價：新臺幣 480 元整 (平裝)
ISBN：　978-986-5633-65-3